Udo Reuß

AF833192

Steuererklärung 2024/2025

Arbeitnehmer, Beamte

Stiftung Warentest

Mit Leitfaden für ELSTER

Inhaltsverzeichnis

Auf ein Neues

Muss ich eine Steuererklärung machen? Lohnt es sich, freiwillig mit dem Finanzamt abzurechnen? Wie stehen die Chancen auf eine attraktive Steuererstattung? Im Folgenden geben wir einen ersten Überblick für die Steuererklärung für das Jahr 2024, beschreiben, wer abrechnen muss, und informieren über neue und bisherige Sparchancen.

Wenn Sie letztes Jahr eine größere Summe vom Finanzamt zurückbekommen haben und auch dieses Mal mit einer Erstattung rechnen, wird es Ihnen vermutlich leichter fallen, sich auch 2025 an die Formulare zu setzen.

Wenn Sie für das Jahr 2023 eine Steuererklärung abgegeben haben, ist Ihnen vielleicht aufgefallen, dass es recht umfangreiche Änderungen bei vielen Formularen gab und sogar einige neue. In diesem Jahr gibt es weniger Neuerungen. Das ist erfreulich und überschaubar.

Immer unübersichtlicher ist die Steuergesetzgebung. So ist erst am 28. März 2024 das lange umstrittene Wachstumschancengesetz in Kraft getreten. Es bringt Renten- und Pensionsbeziehern sogar rückwirkend ab 2023 Verbesserungen. Die meisten Änderungen gelten aber ab 2024. Leider haben viele geplante Vorhaben es nicht ins Gesetz geschafft.

Nach aktuellem Rechtsstand liegt der Grundfreibetrag 2024 bei 11 604 Euro. Bis zu diesem Betrag müssen Sie auf Ihr steuerpflichtiges Einkommen keine Steuern zahlen. Weil der Grundfreibetrag das Existenzminimum sichert und das Bürgergeld zu Jahresbeginn 2024 stark gestiegen ist, will der Bundesfinanzminister den Grundfreibetrag rückwirkend um weitere 180 Euro auf 11 784 Euro erhöhen. Dasselbe gilt für den Kinderfreibetrag. Den will Christian Lindner rückwirkend um 228 Euro auf 6 612 Euro anheben. Beides muss aber noch gesetzlich beschlossen werden.

Eine Übersicht zu den wichtigsten Steueränderungen, die bis zum Redaktionsschluss verabschiedet worden sind, finden Sie ab → Seite 7.

Fest steht hingegen, dass Sie sich wieder an die alte Abgabefrist gewöhnen müssen. Falls Sie eine Steuererklärung für 2024 abgeben müssen, muss diese bis zum 31. Juli 2025 beim Finanzamt sein. In den Vorjahren hatten Sie etwas mehr Zeit. Arbeitnehmende und Verbeamtete sollten die Chance nutzen – auch freiwillig –, sich mit der Steuererklärung Geld vom Finanzamt zurückzuholen.

Dazu viele bekannte Sparchancen

Mit unserer Übersicht zu den Neuerungen können Sie gleich sehen, auf welche Punkte Sie bei der diesjährigen Steuererklärung im Vergleich zum Vorjahr besonders achten sollten. Auch wenn Sie erstmals eine Steuererklärung machen (müssen), können Sie neue Möglichkeiten in den Blick nehmen, um möglichst viel herauszuholen. Darüber hinaus bestehen zahlreiche Sparmöglichkeiten, die vielen seit Jahren bekannt sind. Auf diese alten Bekannten werden wir an entsprechender Stelle eingehen, wenn wir Sie Schritt für Schritt durch die aktuellen Steuerformulare führen.

Ob Sie diese weiter traditionell auf Papier ausfüllen oder sich für die digitale Abrechnung beim Finanzamt entscheiden, bleibt meist Ihnen überlassen. Eine Entscheidungshilfe und Unterstützung, wie die erste Abrechnung über das Online-Portal ELSTER der Finanzverwaltung klappen kann, erhalten Sie ab → Seite 33. Außerdem geben wir Ihnen weitere Steuerspartipps – quasi als Vorbereitung für künftige Steuererklärungen, sodass Sie in Zukunft noch besser beim Finanzamt dastehen können.

Steuerjahr 2024: Das ist neu

Auch für das Steuerjahr 2024 gibt es eine Reihe an Steueränderungen. Die meisten bringen Verbesserungen. Einige gesetzliche Maßnahmen wurden sogar rückwirkend beschlossen. Sollte es im laufenden Jahr noch weitere relevante Änderungen geben, die die Steuererklärung für 2024 betreffen, finden Sie die Informationen dazu online auf der Seite test.de/Steuerratgeber-Extra.

Einige der wichtigsten Steueränderungen, die bereits Anfang 2024 oder im Laufe des Jahres erfolgten, zeigt die folgende Übersicht:

→ **Mehr steuerfrei:** Der Grundfreibetrag liegt 2024 bei 11 604 Euro für Alleinstehende und damit 696 Euro über dem Vorjahreswert. Für Ehe- und Lebenspartner sind es 23 208 Euro im Jahr. Für ein zu versteuerndes Einkommen bis zu der Grenze zahlen Sie keine Steuern. Der Grundfreibetrag soll rückwirkend auf 11 784 Euro erhöht werden. Der Kinderfreibetrag (einschließlich des Freibetrags für den Betreuungs- und Erziehungs- oder Ausbildungsbedarf des Kindes) liegt aktuell bei 4 656 Euro je Kind und Elternteil. Geplant ist, dass dieser rückwirkend auf insgesamt 9 540 Euro für ein Ehepaar angehoben wird.

→ **Unterhaltshöchstbetrag:** Zahlen Sie zum Beispiel an Ihr erwachsenes Kind, für das es kein Kindergeld mehr gibt, Unterhalt, können Sie jetzt voraussichtlich bis zu 11 784 Euro als außergewöhnliche Belastungen absetzen.

→ **Einkommensteuertarif:** Um den Effekt der kalten Progression abzumildern, wurden die Eckwerte des Steuertarifs um 6,3 Prozent erhöht. Der Spitzensteuersatz mit 42 Prozent greift jetzt erst bei einem zu versteuernden Einkommen von 66 761 Euro (2023: 62 810 Euro).

→ **Solidaritätszuschlag:** Rund 10 Prozent der Steuerpflichtigen müssen weiterhin den Solidaritätszuschlag zahlen. 2024 stieg die Freigrenze von bisher 17 543 Euro auf 18 130 Euro (festgesetzte Einkommenssteuer als

Bemessungsgrundlage für den Soli). Für zusammen veranlagte Paare gilt der doppelte Betrag.

- **Arbeitnehmer-Sparzulage:** Die Arbeitnehmer-Sparzulage ist ein Zuschuss vom Finanzamt zu vermögenswirksamen Leistungen (VL). Das ist ein freiwilliges Angebot des Arbeitgebers. Oft gibt es zusätzlich zum Gehalt bis zu 40 Euro monatlich, die der Chef als VL in eine vom Arbeitnehmer ausgewählte geförderte Geldanlage einzahlt. Abhängig vom Einkommen erhält dieser zusätzlich pro Jahr zwischen 43 und 80 Euro Arbeitnehmer-Sparzulage, wenn er sie in der Steuererklärung beantragt. Der Kreis der Anspruchsberechtigten wurde um 14 Millionen erweitert, indem die Einkommensgrenze ab 2024 verdoppelt wurde. Sie beträgt jetzt 40 000 Euro für Alleinstehende und 80 000 Euro für zusammen veranlagte Paare.
- **Vermögensbeteiligung:** Überlässt der Arbeitgeber seinen Arbeitnehmern verbilligt oder kostenlos Vermögensbeteiligungen in Form von Kapitalbeteiligungen oder Darlehensforderungen, ist der geldwerte Vorteil bis zu 2000 Euro (bisher: 1440 Euro) pro Jahr steuerfrei. Das Mitarbeiterbeteiligungsprogramm muss aber allen Arbeitnehmern offenstehen, die seit mindestens einem Jahr beschäftigt sind.
- **Minijobgrenze:** Zum Jahresanfang 2024 wurde der Mindestlohn auf 12,41 Euro pro Stunde erhöht. Daran ist auch die Verdienstgrenze im Minijob gekoppelt. Sie ist von 520 Euro auf 538 Euro im Monat gestiegen.
- **Rente:** Renten werden schrittweise erst ab 2058 statt ab 2040 voll besteuert. Für Neurentner, die ab 2023 erstmals Rente bekommen, steigt der Besteuerungsanteil der Rente jährlich nur noch um einen halben Prozentpunkt statt um 1 Prozent an. Wer 2024 in Rente geht, muss 83 Prozent der Rente versteuern statt 84 Prozent.
- **Altersentlastungsbetrag:** Das ist ein Steuerfreibetrag, den Steuerpflichtige ab 64 Jahren für ihre voll steuerpflichtigen Einkünfte (zum Beispiel aus nichtselbstständiger Arbeit oder Vermietung) bekommen. Auch der Altersentlastungsbetrag wird langsamer reduziert. Ab 2023 sinkt der Prozentsatz nur noch um 0,4 Prozentpunkte jährlich. Der Höchstbetrag wird in jedem Jahr statt wie bisher um 38 Euro nur noch

um 19 Euro abgeschmolzen. Vom höheren Altersentlastungsbetrag können Sie profitieren, wenn Sie eine Steuererklärung abgeben.

- **Versorgungsfreibetrag:** Der Versorgungsfreibetrag, beispielsweise bei Beamtenpensionen und Betriebsrenten, wird ebenfalls ab 2023 anders berechnet. Der Prozentsatz, der zur Ermittlung des Freibetrags verwendet wird, sinkt nun langsamer. Jährlich verringert er sich um 0,4 Prozent statt bisher um 0,8 Prozent. Der Höchstbetrag sinkt jährlich um 30 Euro (statt 60 Euro) und der Zuschlag zum Versorgungsfreibetrag um jährlich 9 Euro (statt 18 Euro).
- **Dezemberhilfe 2022:** Die als Entlastung für die hohen Gas- und Fernwärmekosten an Verbraucher gezahlte „Dezemberhilfe 2022" wird doch nicht besteuert. Die zuvor verabschiedete Steuerpflicht wurde wieder gestrichen. Die Dezemberhilfe 2022 ist steuerfrei.
- **Pauschbetrag für Berufskraftfahrer:** Der Pauschbetrag für Berufskraftfahrer, die im Fahrzeug übernachten, wird von 8 Euro auf 9 Euro pro Übernachtung erhöht. Diesen steuerfreien Betrag gibt es zusätzlich zu den normalen Verpflegungsmehraufwendungen von 14 Euro bzw. 28 Euro.
- **Private Veräußerungsgeschäfte:** Für Spekulationsgeschäfte wie dem Verkauf von Edelmetallen und Kryptowährungen gibt es eine Freigrenze von nunmehr 1000 Euro statt bisher 600 Euro. Bleiben die Gewinne aus allen privaten Veräußerungsgeschäften eines Jahres darunter, sind sie steuerfrei.
- **Sonderabschreibung für Mietwohnungsneubau:** Vermieter können für neu gebaute Mietwohnungen von einer Sonderabschreibung profitieren. Die bisherige Baukostengrenze wurde von 4800 Euro auf 5200 Euro je Quadratmeter Wohnfläche erhöht. Außerdem steigt die Bemessungsgrundlage für die Sonderabschreibung von bisher höchstens 2500 Euro auf 4000 Euro je Quadratmeter Wohnfläche deutlich.
- **Degressive Abschreibung für Wohngebäude:** Für Wohngebäude, die zwischen dem 1. Oktober 2023 und dem 30. September 2029 gebaut oder gekauft werden, gibt es eine neue degressive Abschreibung. Im Jahr der Fertigstellung können Vermieter so 5 Prozent der Kosten antei-

lig abschreiben, in den folgenden Jahren dann jeweils weitere 5 Prozent des Restwerts. Der Wechsel zur linearen Abschreibung ist jederzeit möglich.

→ **Höhere Freigrenze für Geschenke:** Bei Geschenken an Geschäftspartner können Steuerpflichtige jetzt mehr ausgeben: Bis zur Freigrenze von 50 Euro netto im Jahr pro Person statt 35 Euro.

→ **Erweiterter Verlustvortrag:** Verluste dürfen bis zu zwei Vorjahre zurück- beziehungsweise in Folgejahre vorgetragen werden, um dann mit Gewinnen verrechnet zu werden. Hohe Verluste müssen jedoch über mehrere Jahre verteilt werden. Beim Verlustvortrag gilt: Verluste aus Vorjahren dürfen im Folgejahr jeweils nur bis zu 1 Million Euro (2 Millionen Euro bei zusammen veranlagten Paaren) mit dem aktuellen Gesamtbetrag der Einkünfte verrechnet werden. Sind die Verluste noch höher, ist eine zusätzliche Verrechnung pro Jahr begrenzt auf 60 Prozent des aktuellen Gesamtbetrags der Einkünfte. Für die Steuerjahre 2024 bis 2027 wird diese Begrenzung auf 70 Prozent erhöht.

→ **Zustellfiktion:** Erhalten Sie einen Steuerbescheid, haben Sie einen Monat Zeit, um Einspruch dagegen einzulegen. Für die Fristwahrung kann entscheidend sein, wann der Bescheid beim Empfänger angekommen ist. Ab 2025 gilt dieser vier statt bisher drei Tage nach Abgabe bei der Post als zugestellt. Fällt der vierte Tag auf ein Wochenende oder einen Feiertag, endet die Frist am darauffolgenden Werktag.

Grundbegriffe erklärt

Wenn es um Steuern geht, sind die Inhalte nicht immer leicht zu verstehen. Hinzu kommt, dass es sicher unterhaltsamere Themen gibt, als beispielsweise den Progressionsvorbehalt oder die Berechnungsgrundlage, um die Höhe der „zumutbaren Belastung“ zu ermitteln. Die gute Nachricht ist aber, dass Sie sich nur mit vergleichsweise wenigen Fachbegriffen auseinandersetzen müssen. Die schlechte Nachricht ist jedoch: Manche Fachbegriffe sind in der Alltagssprache verwurzelt und stehen dort für allgemeine Sachverhalte – in der Steuerfachsprache bedeuten sie aber etwas ganz anderes.

So werden beispielsweise Begriffe wie „Einkommen“ oder „Einkünfte“ in der Alltagssprache ziemlich gleich verwendet. In der Steuerfachsprache liegen sie allerdings weit auseinander. Darüber hinaus gibt es Spezialbegriffe, unter denen sich steuerliche Laien kaum etwas vorstellen können. Einige der wichtigsten Begriffe stellen wir Ihnen kurz vor, sodass Sie beim Ausfüllen der Erklärung besser verstehen, worum es geht, und bei Problemen noch einmal nachschlagen können.

Auf der Einnahmenseite dreht sich im Steuerrecht alles um den Begriff der **Einkünfte**. Davon gibt es sieben unterschiedliche, die sogenannten **Einkunftsarten**. Die unterliegen der Einkommenssteuer, sind nach ihrer jeweiligen Quelle benannt und heißen deshalb einigermaßen nachvollziehbar: Einkünfte aus Land- und Forstwirtschaft, Gewerbebetrieb, selbstständiger Arbeit, nichtselbstständiger Arbeit, Kapitalvermögen, Vermietung und Verpachtung. Die siebte Einkunftsart nennt sich „sonstige Einkünfte“, und darunter fällt, was bei den anderen Einkunftsarten nicht unterzubringen ist, beispielsweise Renteneinkünfte.

Einige Fachbegriffe erklärt

Die zentrale Einkunftsart aller Arbeitnehmer, ob Angestellte, Arbeiter oder Beamte, heißt **Einkünfte aus nichtselbstständiger Arbeit**. Die ergeben sich vor allem aus Löhnen und Gehältern, die der Arbeitgeber zahlt.

Aber Löhne und Gehälter sind nicht dem Begriff Einkünfte aus nichtselbstständiger Arbeit gleichzusetzen: Vereinfacht gesagt sind Einkünfte im steuerlichen Sinn nämlich immer die Einnahmen aus einer Quelle minus die Ausgaben, die erforderlich sind, um diese Einnahmen zu erzielen. Für Arbeitnehmer und Beamte heißt das: Ihre Einkünfte sind vor allem Lohn oder Gehalt abzüglich der Kosten, die sie für ihren Job aufbringen müssen. Die heißen **Werbungskosten** und stehen ihnen zunächst in Form des **Arbeitnehmerpauschbetrags** zu.

Der Pauschbetrag beläuft sich aktuell auf 1230 Euro für ein Kalenderjahr. Arbeitnehmer können ihn auch dann in vollem Umfang nutzen, wenn sie nur einige Monate im Jahr gearbeitet haben. Alle, die höhere Ausgaben für ihren Job haben, etwa für Fahrten zur Arbeit, ein häusliches Arbeitszimmer, die Anschaffung eines Computers, Fachbücher, andere Arbeitsmittel oder eine doppelte Haushaltsführung, können diese Ausgaben als Werbungskosten in tatsächlicher Höhe geltend machen.

→ Zum Beispiel Ariane

Sie ist alleinstehend und arbeitet in der Krankenhausverwaltung, Bruttolohn im Jahr 30 000 Euro. Die drei Kilometer zur Klinik fährt sie entweder mit dem Rad oder mit ihrem Auto. Ausgaben für den Job hat sie sonst keine, andere Einkünfte auch nicht. Mit ihren Werbungskosten kommt sie nicht über den Arbeitnehmerpauschbetrag von 1230 Euro, denn ihr Arbeitsweg schlägt gerade mal mit 198 Euro zu Buche (3 km mal 220 Tage mal 0,30 Euro, → Seite 68). Sie erzielt folglich 28 770 Euro Einkünfte aus nichtselbstständiger Tätigkeit (30 000 minus 1230). Hätte sie einen längeren Arbeitsweg von 20 Kilometern, kämen allein dadurch 1320 Euro Werbungskosten zusammen (20 km mal 220 Tage mal 0,30 Euro). Das würde Arianes Einkünfte auf 28 680 Euro drücken (30 000 minus 1320).

Das Finanzamt fasst alle positiven und negativen Einkünfte zusammen. Freibeträge, beispielsweise der Entlastungsbetrag für Alleinerziehende (Steuerklasse II, → Seite 15), sind zudem zu berücksichtigen. Das Zwischenergebnis wird als **Gesamtbetrag der Einkünfte** bezeichnet. Der Betrag spielt zum Beispiel bei der Berechnung von Steuervorteilen eine Rolle oder bei der Berechnung der zumutbaren Belastung (→ Seite 252). An dieser Stelle dient er uns vor allem als Ausgangspunkt für einen nächsten Rechenschritt.

Werden vom Gesamtbetrag der Einkünfte **Sonderausgaben** und **außergewöhnliche Belastungen** abgezogen, ergibt das in der Steuersprache das **Einkommen**. Sonderausgaben sind bestimmte private Kosten, die steuerlich abzugsfähig sind. Dazu gehören beispielsweise Spenden oder Kirchensteuer. Jedem steht zunächst ein Sonderausgabenpauschbetrag von jährlich 36 Euro zu. Die wichtigsten Sonderausgaben für Arbeitnehmer sind in der Regel die Beitragszahlungen an Renten-, Kranken- und Pflegeversicherungen (→ Seite 105). Diese speziellen Sonderausgaben werden auch **Vorsorgeaufwendungen** genannt und zusätzlich zum Sonderausgabenpauschbetrag berücksichtigt.

Unter außergewöhnlichen Belastungen versteht das Steuerrecht weitere private Ausgaben, die das Finanzamt ganz oder teilweise steuermindernd anerkennt. Darunter fallen etwa Krankheitskosten oder Aufwendungen behinderter Menschen (→ Seite 124).

Wie die weitaus meisten Arbeitnehmer kann Ariane aus dem Beispiel zuvor einen Teil ihrer Versicherungskosten absetzen. Für 2024 wären das 5 647 Euro für die gezahlten Rentenversicherungs-, Kranken- und Pflegeversicherungsbeiträge. Wenn sie keine weiteren Sonderausgaben und keine außergewöhnlichen Belastungen geltend machen kann, käme sie damit auf ein Einkommen von 23 087 Euro (28 770 minus 5 647 minus 36 Euro Sonderausgabenpauschale).

Um aus dem Einkommen das **zu versteuernde Einkommen** zu berechnen, also den Betrag, der unter dem Strich tatsächlich zu versteuern ist, können weitere **Freibeträge** abgezogen werden. Vor allem geht es an dieser Stelle um den Kinderfreibetrag und den sogenannten Betreuungsfreibetrag. Das betrifft vor allem gut verdienende Eltern, bei denen die finanzielle Entlastung durch das Kindergeld geringer ausfällt als die Entlastung durch beide Freibeträge (→ Seite 144).

Da Ariane einen erwachsenen Sohn hat, der steuerlich nicht zu berücksichtigen ist, entspricht ihr Einkommens dem zu versteuernden Einkommen von 23 087 Euro. Nach geltendem Steuertarif müsste sie als Alleinstehende 2 516 Euro Einkommenssteuer zahlen. Solidaritätszuschlag wird für sie nicht mehr fällig. Gegebenenfalls kämen noch bis zu rund 230 Euro Kirchensteuer hinzu. Wer herausfinden will, wie viel Einkommenssteuer je nach Einkommen fällig wird, findet dazu online unter bmf-steuerrechner.de („Berechnung der Einkommenssteuer") ein praktisches Tool.

Liegt das zu versteuernde Einkommen unter dem **Grundfreibetrag,** oft auch **steuerfreies Existenzminimum** genannt, wird keine Einkommenssteuer fällig. Der Grundfreibetrag liegt 2024 bei 11 604 Euro (geplant: 11 784 Euro) für Alleinstehende und bei 23 208 Euro für Verheiratete/eingetragene Lebenspartner.

Lohnersatz: Kurzarbeit, Arbeitslosigkeit und Elternzeit

Neben dem Arbeitslohn erhalten Angestellte manchmal Lohnersatzleistungen. Die heißen so, weil sie anstelle von Arbeitslohn gezahlt werden, zum Beispiel Arbeitslosengeld, Kurzarbeitergeld, Mutterschafts-, Eltern- oder Krankengeld (➔ Seite 233). Solche Leistungen sind steuerfrei, können aber trotzdem zu höheren Steuern führen. Das funktioniert über den sogenannten **Progressionsvorbehalt.** Hinter dem sperrigen Begriff verbirgt sich für Arbeitnehmer im Zusammenhang mit Lohnersatzleistungen folgender Vorgang: Zum zu versteuernden Einkommen wird eine im Jahresverlauf bezogene Lohnersatzleistung hinzugezählt und auf dieser Grundlage der durchschnittliche Steuersatz ermittelt. Danach zieht man die Lohnersatzleistung wieder ab und wendet den so ermittelten Steuersatz auf das ursprüngliche zu versteuernde Einkommen an.

Das führt in der Regel zu einer höheren Steuerbelastung als vorher. Hätte beispielsweise Ariane zu ihrem zu versteuernden Einkommen von 23 087 Euro noch 2 000 Euro Kurzarbeitergeld erhalten, wäre ihr Durchschnittssteuersatz (➔ Seite 261) von 10,9 Prozent auf 12,1 Prozent gestiegen. Sie müsste auf dasselbe zu versteuernde Einkommen von 23 087 Euro „dank Progressionsvorbehalt" 287 Euro mehr Einkommenssteuer zahlen.

Gleich möglichst passend Lohnsteuer zahlen

Den laufenden Steuerabzug von Lohn und Gehalt übernimmt der Arbeitgeber im Auftrag des Finanzamts. Das funktioniert über sechs unterschiedliche **Lohnsteuerklassen.** Vor allem die familiäre Situation entscheidet darüber, welcher Lohnsteuerklasse Sie angehören.

- **Alleinstehende.** Ohne Kinder sind Sie in Klasse I. Haben Sie mindestens ein Kind, kann es auch Steuerklasse II sein. Hier wird ein besonderer Freibetrag, der Entlastungsbetrag für Alleinerziehende, berücksichtigt.
- **Ehepaare und eingetragene Lebenspartnerschaften.** Sie können wählen. Dabei ist die Kombination der Steuerklassen IV/IV in der Regel erste Wahl, wenn beide Partner etwa gleich viel verdienen. Liegen die Löhne weit auseinander, sorgt die Kombination III/V für den geringsten laufenden Steuerabzug (Klasse III für den Partner mit dem höheren Gehalt, → Seite 237). Bei großen Lohnunterschieden müssen Ehepaare jedoch mit zum Teil erheblichen Nachzahlungen rechnen. Um dies zu vermeiden, besteht für Paare eine Alternative unter dem Begriff „Faktorverfahren". Ein Faktor gleicht den Verdienstunterschied aus und mindert die Steuerbelastung im Vergleich zur Steuerklassenwahl IV/IV („vier-vier"). Die jährliche Gesamtbelastung nach Abgabe der Steuererklärung ändert sich nicht. Der Faktor kann ebenso wie die anderen Steuerklassen aber die Höhe von Lohnersatzleistungen, etwa von Elterngeld, beeinflussen (→ Seite 233).

Die Lohnsteuerklasse VI gilt für ein zweites und für jedes weitere Arbeitsverhältnis – unabhängig von familiären Verhältnissen. Die Zuordnung zu Lohnsteuerklassen beeinflusst die Abzüge vom Bruttolohn und damit die Höhe des laufenden Nettolohns. So ist zum Beispiel ein Bruttomonatsgehalt von 3 000 Euro in den Klassen I und IV mit 322 Euro Lohnsteuer belastet (ohne Solidaritätszuschlag und ohne Kirchensteuer). In der Klasse III sind es knapp 64 Euro und in der Klasse V 650 Euro Lohnsteuer. Die Unterschiede kommen daher, dass die einzelnen Steuerklassen unterschiedliche Freibeträge und Pauschalen enthalten. So drücken der in Klasse III eingearbeitete doppelte Grundfreibetrag und ein teilweise höherer Abzugsbetrag für Vorsorgeaufwendungen (das sind hier die Beiträge für die Renten-, Kranken- und Pflegeversicherung) die laufende Steuerlast erheblich.

Welche Steuerklassenkombination für Ehe- und Lebenspartner am günstigsten ist, finden Sie im Internet auf der BMF-Homepage unter bundesfinanzministerium.de (Suchbegriff „Steuerklassenwahl").

Der Steuerabzug über die Lohnsteuerklasse erfolgt im Jahresverlauf pauschal nach einem ziemlich groben Raster. Dadurch kann der laufende Lohnsteuerabzug von der tatsächlichen Steuerschuld erheblich abweichen. Im Bundesdurchschnitt zahlten die Finanzämter Arbeitnehmern pro Steuererklärung in den vergangenen Jahren rund 1063 Euro zurück.

Warum die meisten zu viel Steuern zahlen

Mehr bleibt netto nicht übrig? Beim Blick auf die monatliche Lohn- oder Gehaltsabrechnung wird die eine oder der andere vielleicht enttäuscht sein: Bei einem Monatsbruttogehalt von zum Beispiel 4500 Euro bekommen Sie netto circa 2885 Euro ausgezahlt. Ein größerer Teil des Bruttoverdienstes fließt in die einzelnen Zweige der Sozialversicherung. Den weiteren größeren Posten macht die Lohnsteuer aus: In Steuerklasse IV werden zum Beispiel gut 694 Euro im Monat fällig.

Die Höhe der Lohnsteuer, die der Arbeitgeber direkt an das Finanzamt weiterleitet, ist allerdings nicht unbedingt ganz genau: Beim Sofortabzug der Lohnsteuer wird die konkrete Lage des einzelnen Arbeitnehmers nur zum Teil berücksichtigt. Das führt dazu, dass das Finanzamt sehr oft zunächst mehr Geld kassiert, als ihm zusteht. So wird der Arbeitnehmerpauschbetrag in den Lohnsteuerklassen I bis V in jedem Monat mit gut

Lohnt sich die Steuererklärung?
Das Finanzamt kassiert im Jahresverlauf in der Regel mehr, als ihm zusteht. Daher sollten Sie grundsätzlich immer prüfen, ob sich eine Steuererklärung für Sie lohnt. Wenn ja, müssen Sie nur noch den inneren Schweinehund überwinden, die Steuererklärung ausfüllen und abgeben. Wer dazu keine Zeit findet oder aus anderen Gründen Hilfe benötigt, findet diese bei professionellen Beratern (→ Seite 262).

100 Euro berücksichtigt (1230 durch 12). Hat ein Arbeitnehmer beispielsweise aber nur sechs Monate eines Jahres gearbeitet, etwa weil er im Juli erstmals einen Job angetreten hat, weil er in den anderen Monaten arbeitslos war oder weil er am 1. Juli in Rente ging, konnte er nur für sechs Monate den Arbeitnehmerpauschbetrag nutzen, also 615 Euro. Die restlichen 615 Euro stehen ihm aber trotzdem zu, weil es ein Jahresbetrag ist. Ein Arbeitnehmer erhält ihn auch dann ohne zeitanteilige Kürzung, wenn er nur an einem einzigen Tag des Jahres gearbeitet hat. Die Berechnung, nach der ein Arbeitgeber die Lohnsteuer einbehält, geht aber davon aus, dass ein Angestellter volle zwölf Monate des Jahres beschäftigt ist. Wer kürzer gearbeitet hat, zahlt somit zu viel Lohnsteuer für den Arbeitslohn.

Solange sich die Werbungskosten im Rahmen des Arbeitnehmerpauschbetrags bewegen, bleibt der Nachteil für Arbeitnehmer meist überschaubar. Liegen sie höher, etwa weil Sie eine weite Entfernung zwischen Wohnung und Betrieb zurücklegen, durch häufige Dienstreisen, ein Heimbüro, einen zweiten Haushalt am Arbeitsort, Fortbildungsaufwand oder höhere Ausgaben für Arbeitsmittel, kann ein Angestellter übers Jahr ein paar Hunderter oder gar Tausender zu viel Steuern bezahlen. Grund: Die Lohnsteuerberechnung berücksichtigt grundsätzlich nur den Arbeitnehmerpauschbetrag. Höhere Ausgaben senken die laufende Steuerlast nur, wenn Arbeitnehmer und Beamte dafür einen Freibetrag beantragt haben (→ Seite 213). Ansonsten können sie erst in der Steuererklärung die

Kosten geltend machen. Wer keine abgibt, beschenkt die Staatskasse auf Dauer.

Gleiches gilt für Sonderausgaben oberhalb der eingearbeiteten und mageren Pauschale von 36 Euro (3 Euro monatlich), etwa für Kirchensteuer, Spenden oder Ausbildungskosten. Für außergewöhnliche Belastungen wie Krankheitskosten und Unterhaltszahlungen (→ Seite 174) gibt es beim Lohnsteuerabzug im Jahresverlauf keine Pauschale.

Anders sieht es beim Vorsorgeaufwand aus. Die Beiträge zur Renten-, Kranken- und Pflegeversicherung drücken bereits den laufenden Lohnsteuerabzug, und das in der Regel sehr zutreffend.

Viele andere Steuervergünstigungen bleiben beim Lohnsteuerabzug unberücksichtigt. Hier hilft nur die Abgabe einer Steuererklärung, um an sein Geld zu kommen. Folgende Beispiele geben einen ersten Einblick:

→ **So bleiben als** Härteausgleich bis zu 410 Euro Einkünfte im Jahr steuerfrei, die Angestellte neben dem Lohn einnehmen. Arbeitnehmer, Beamte und Pensionäre können bis zu dieser Höhe zum Beispiel Miet-, Renten-, freiberufliche oder gewerbliche Einkünfte steuerfrei einnehmen. Für Kapitaleinkünfte funktioniert das jedoch nicht (→ Seite 225).

→ **Für Nebeneinkünfte von Angestellten** bis 820 Euro gibt es einen „erweiterten Härteausgleich". Dabei unterliegen Einkünfte zwischen 410 und 820 Euro nur teilweise einer Besteuerung (→ Seite 225).

→ **Auch der Altersentlastungsbetrag** für Menschen, die am 1. Januar des Steuerjahres mindestens 64 Jahre alt waren (→ Seite 196), wird nur über eine Steuererklärung berücksichtigt.

→ **Steuererstattungen** für Dienstleistungen rund um den Privathaushalt (→ Seite 133) oder für (Partei-)Spenden (→ Seite 117) erhalten Arbeitnehmer und Beamte ebenfalls erst, wenn sie die Posten in der Steuererklärung abrechnen.

→ **Nur die Eltern,** die eine Steuererklärung samt Anlage(n) Kind abgeben, können Kinderbetreuungskosten und weitere steuerliche Kinderförderungen geltend machen (→ ab Seite 144). Für Unterhaltszahlungen an den erwachsenen Nachwuchs brauchen Eltern die Anlage Unterhalt (→ Seite 174).

Wer abrechnen muss – wer abrechnen sollte

Viele Arbeitnehmer und Beamte müssen nicht nachdenken, ob sie eine Steuererklärung abgeben. Sie sind dazu verpflichtet. Der Fiskus befürchtet in diesen Fällen, dass ihm ohne Steuererklärung etwas durch die Lappen gehen könnte. Also will das Finanzamt schwarz auf weiß und ganz genau sehen, was das Jahr über finanziell gelaufen ist. Unter dem Strich führen viele dieser „Pflichtveranlagungen“ aber trotzdem dazu, dass der Fiskus Geld zurückgeben muss.

Wann die Steuererklärung Pflicht ist

Arbeitnehmer müssen eine Steuererklärung abgeben, wenn sie im Jahresverlauf neben ihrem Arbeitslohn weitere steuerpflichtige Einkünfte oder Lohnersatzleistungen von mehr als 410 Euro eingenommen haben. Nebeneinkünfte bis 410 Euro im Jahr bleiben für Sie steuerfrei (→ Seite 225). Wer beispielsweise Ackerland verpachtet, muss eine Steuererklärung abgeben, wenn die Pachteinkünfte 410 Euro übersteigen.

Die Abgabepflicht betrifft auch viele Ehepaare und eingetragene Lebenspartner. Ist etwa der eine Arbeitnehmer und der andere Freiberufler, Rentner oder Vermieter, wird eine Steuererklärung fällig, wenn Einkünfte aus diesen Quellen von mehr als 410 Euro vorliegen. Für Paare mit gemeinsamer Steuererklärung verdoppelt sich die 410-Euro-Grenze nicht. Alternativ überlegen Sie nun vielleicht, dass Sie und Ihr Partner einzeln Ihre Steuererklärungen einreichen. Dann können Sie zwar beide den Freibetrag erhalten. Allerdings besteht bei einer Einzelveranlagung dann auch wieder für beide Partner die Pflicht zur Abgabe. Außerdem profitieren Sie nicht vom für Paare günstigen Ehegattensplitting (→ Seite 237).

Steuerpflichtige Nebeneinkünfte und Lohnersatzleistungen werden erfreulicherweise nicht zusammengerechnet. Ein Arbeitnehmer, der im Jahr zum Beispiel bis zu 410 Euro Einkünfte aus einer vermieteten Immobilie hat und dazu bis zu 410 Euro Kurzarbeitergeld erhält, ist nicht dazu verpflichtet, eine Steuererklärung abzugeben.

Eine Ausnahme von der Abgabeverpflichtung bilden Zinsen und andere Einkünfte aus Kapitalvermögen. Wurden private Kapitaleinkünfte pauschal mit 25 Prozent Abgeltungssteuer, Solidaritätszuschlag und gegebenenfalls Kirchensteuer belegt, lösen sie keine Steuererklärungspflicht aus, egal wie hoch sie sind. Wenn Sie allerdings kirchensteuerpflichtig sind und eine **Sperrvermerkserklärung** beim Bundeszentralamt für Steuern (BZSt) eingereicht haben, ist eine Steuererklärung in der Regel Pflicht. Wenn Arbeitnehmer die sogenannte **Günstigerprüfung** beantragen wollen, weil sie der Meinung sind, dass ihnen die Abgeltungssteuer Nachteile bringt, funktioniert das nur mithilfe einer Steuererklärung, einschließlich der Anlage KAP (→ ab Seite 164).

Ehepaare, bei denen beide als Arbeitnehmer berufstätig sind, müssen dann eine Steuererklärung abgeben, wenn sie sich für das Faktorverfahren oder für die **Steuerklassenkombination III/V** entschieden haben und der Lohn des zweiten Partners nach Klasse V versteuert wurde (→ ab Seite 237). Sind Sie und Ihr Partner beide in Steuerklasse IV (ohne Faktor), besteht grundsätzlich keine Verpflichtung, eine Steuererklärung abzugeben. Dagegen löst **Klasse VI**, die es für ein zweites und jedes weitere Arbeitsverhältnis gibt, bei Alleinstehenden wie bei Paaren die Pflicht aus, eine Steuererklärung abzugeben.

Wenn beim Lohnsteuerabzug im Jahresverlauf zusätzliche **Freibeträge** neben den je nach Steuerklasse automatisch geltenden Freibeträgen berücksichtigt wurden, führt das ebenfalls zur Pflichtabgabe. Solche Freibeträge können Sie im Laufe des Jahres für Posten beantragen, die Sie sonst erst in der Steuererklärung abrechnen würden. So zahlen Sie gleich etwas passender Lohnsteuer. Einen Freibetrag bekommen Sie zum Beispiel, wenn Sie Werbungskosten oberhalb des Arbeitnehmerpauschbetrags geltend machen können. Zusätzliche Freibeträge gibt es etwa für Unterhaltszahlungen, Krankheitskosten oder für Vermietungsverluste. Sie alle können den laufenden Lohnsteuerabzug drücken (→ Seite 213). Sie sorgen also dafür, dass Sie quasi gleich bei der monatlichen Gehaltsabrechnung einigermaßen passend Steuern und nicht vorab zu viel Steuern zahlen, die Sie sich spätestens mit der Steuererklärung sowieso zurückholen würden. Sie können den Freibetrag also gewissermaßen „vorausschauend" beantragen. Anhand der Steuererklärung prüft das Amt dann nachträglich, ob die beantragte Erwartung eingetroffen ist.

Ausnahmen sind hier Behinderten- und Hinterbliebenenpauschbeträge (→ ab Seite 124). Ihre Eintragung löst keine Abgabepflicht aus.

Arbeitnehmer und Beamte sind grundsätzlich verpflichtet, eine Einkommensteuererklärung abzugeben, wenn die vom Arbeitgeber pauschal berücksichtigten Beiträge zur Kranken- und Pflegeversicherung höher ausgefallen sind als die tatsächlich gezahlten Beiträge. Das betrifft viele Beamte (→ Seite 243). Die Pflichtabgabe entfällt aber auch in diesem Fall bei Bruttoarbeitslöhnen bis 12 870 Euro bei einem Alleinstehenden.

Schließlich wird auch dann eine Steuererklärung fällig, wenn das **Finanzamt** eine sehen will und **zur Abgabe auffordert.** Dem sollte man besser nachkommen. Wenn nicht, darf das Amt Zwangsgeld oder einen Verspätungszuschlag festsetzen und Einnahmen und Ausgaben schätzen. Persönliche steuermindernde Beträge werden dann nur ausnahmsweise berücksichtigt, sodass die Steuer folglich entsprechend hoch ausfällt.

Oft lohnt sich die freiwillige Erklärung

Menschen in den Lohnsteuerklassen I, II und IV sowie Alleinverdiener in Klasse III sind grundsätzlich nicht verpflichtet, eine Einkommensteuererklärung abzugeben. Sie müssen abgeben, wenn einer der zuvor genannten Pflichtgründe auf sie zutrifft. Ungeachtet dessen ist es oft vorteilhaft, freiwillig eine Steuererklärung abzugeben. Das nennt sich „Antragsveranlagung", und wenn mindestens einer der folgenden Umstände zutrifft, haben Sie Aussichten auf eine Steuererstattung:

- Die **Werbungskosten** liegen oberhalb des Arbeitnehmerpauschbetrags von 1230 Euro im Jahr. Das ist oft schon der Fall, wenn der Betrieb mindestens 19 Kilometer von der Wohnung entfernt liegt. Wenn Sie viel von zu Hause aus gearbeitet haben, können Sie bis zu 1 260 Euro als Homeoffice-Pauschale geltend machen. Zu den Werbungskosten

zählen auch zum Beispiel Ausgaben für eine doppelte Haushaltsführung, für eine Fortbildung und ein Arbeitszimmer zu Hause. Was sonst alles zu den Werbungskosten gehört, finden Sie → ab Seite 68.

- Sie können höhere Versicherungsbeiträge geltend machen, daneben weitere **Sonderausgaben** oberhalb der Pauschale von 36/72 Euro (Alleinstehende/Ehe- und Lebenspartner), zum Beispiel für die Kirchensteuer, für Spenden oder für eine erste Berufsausbildung (→ Seite 116).
- Sie können das Finanzamt an höheren Krankheitskosten, an Ausgaben für die Unterstützung bedürftiger Angehöriger oder an weiteren **außergewöhnlichen Belastungen** beteiligen (→ Seite 124).
- **Sie waren nicht das gesamte Jahr über angestellt.** Dadurch werden Pauschalen, die Ihnen ganzjährig zustehen, beim laufenden Lohnsteuerabzug nur für einen Teil des Jahres berücksichtigt (→ Seite 249).
- **Private Lebensumstände** haben sich aus steuerlicher Sicht zum Besseren verändert, etwa durch Hochzeit oder eine Geburt, sodass Ihnen etwa als Eltern zusätzliche Steuerfreibeträge zustehen.
- Sie können Ausgaben für Haushaltshilfen, für Handwerker- und andere **Dienstleistungen im Privathaushalt** geltend machen. Gefördert werden auch Kosten für Treppenreinigung und den Hauswart, die in sehr vielen Haushalten anfallen, oder auch für den Winterdienst und für Gartenarbeiten (→ Seite 133).
- Sie haben **Verluste** aus verschiedenen Einkunftsarten zu verrechnen oder in andere Jahre zu übertragen (→ Seite 180 und 262).
- Bei Zinsen und anderen **Kapitalerträgen** kann es sich lohnen, eine Steuererklärung abzugeben: beispielsweise, wenn der eigene Grenzsteuersatz unter 25 Prozent liegt (→ Seite 261) oder wenn der Alters-

entlastungsbetrag (➔ Seite 256)auch für Zinsen, Dividenden, Kursgewinne und andere Kapitalerträge nutzbar ist.

➔ Sie können **Kinderbetreuungskosten** für Ihr Kind bis zum 14. Geburtstag geltend machen. Diese Ausgaben sind als Sonderausgaben abzugsfähig (➔ Seite 144).

➔ Zum Beispiel das Ehepaar Bianka und Ben

Beide haben Lohnsteuerklasse IV und arbeiten im selben Betrieb. Die 20 Kilometer dorthin fährt das kinderlose Ehepaar an 220 Tagen mit Bens privatem Pkw. Bianka verdient monatlich 2 500 Euro brutto, Ben 3 000 Euro. Er hatte 2024 für eine berufliche Fortbildung 1 500 Euro ausgegeben. Weitere steuerlich relevante Einnahmen, Ausgaben oder eingetragene Freibeträge haben sie nicht. Im Jahresverlauf zieht ihnen der Arbeitgeber zusammen rund 6 457 Euro Lohnsteuer ab. Die vereinfachte Rechnung zeigt, dass ihnen die freiwillige Steuererklärung 687 Euro Steuererstattung bringt, die von den Ausgaben für den Arbeitsweg und die Fortbildung verursacht wurde.

Bruttojahreslohn (3 000 plus 2 500 mal 12)	**66 000**
minus Fahrtkosten zur Arbeit (220 Tage mal 20 km mal 0,30 Euro mal 2 Personen, ➔ Seite 68)	−2 640
minus Ausgaben für berufliche Fortbildung	−1 500
Einkünfte	61 860
minus Rentenversicherungsbeiträge (66 000 mal 18,6 %, davon 100 % im Jahr 2024 minus 6 138 Euro Arbeitgeberanteil, ➔ Seite 106)	−6 138
minus Krankenversicherungsbeiträge (66 000 mal 8,15 % minus 4 % für Krankengeld)	−5 164
minus abzugsfähige Pflegeversicherungsbeiträge (66 000 mal 2,3 %)	−1 518
minus Sonderausgabenpauschale (36 mal 2)	−72
zu versteuerndes Einkommen	**48 968**
Einkommensteuer laut Einkommensteuertabelle	5 770
im Jahresverlauf bei Kombination IV/IV bereits abgeführt	6 457
Steuererstattung (5 770 minus 6 457, Angaben in Euro)	**687**

Bereit zum Abrechnen

Bevor Sie mit der Steuererklärung starten, müssen Sie für sich einige Fragen beantworten, zum Beispiel, wie Sie abrechnen: traditionell auf Papier oder komfortabel digital? Wichtig auch: Welche Fristen gelten, und wer hilft wenn nötig weiter?

Nach der ersten Durchsicht von Kapitel 1 wissen Sie oder ahnen zumindest, dass die Steuererklärung für Sie Pflicht ist? Vielleicht gilt das sogar zum ersten Mal überhaupt, etwa weil Sie 2024 Lohnersatz wie Arbeitslosen- oder Kurzarbeitergeld bekommen haben?

Bevor Sie mit dem Ausfüllen der Steuerformulare loslegen, sollten Sie für sich einige Fragen klären:

- **Wollen Sie die Steuererklärung** allein anfertigen oder mit Unterstützung eines Steuerexperten, also beispielsweise mithilfe des Steuerberaters oder in einem Lohnsteuerhilfeverein?
- **Wenn Sie auf Unterstützung verzichten:** Wollen Sie digital mit dem Finanzamt abrechnen, oder wollen Sie doch noch die traditionellen Papierformulare in Grün nutzen?
- **Welche zeitlichen Fristen** müssen Sie jeweils beachten?

Gerundete Werte eintragen

Meist müssen Sie nur volle Euro-Beträge in die Formulare eintragen. Ausgaben können Sie zu Ihren Gunsten auf den nächsten vollen Euro aufrunden (etwa von 320,35 auf 321 Euro), Einnahmen auf den vollen Euro abrunden. Cent-Beträge gehören nur an die Stellen, wo der Vordruck sie vorsieht.

Vor diesen Fragen stehen Sie natürlich auch, wenn Sie zwar nicht zur Steuererklärung verpflichtet sind, aber abrechnen wollen, um zu viel gezahlte Steuern zurückzuholen. Die Entscheidung darüber, welche Abrechnungsform Sie wählen, hängt von diversen Umständen ab, zum Beispiel, wie erfahren Sie in Steuerfragen sind, wie kompliziert Ihr Steuerfall ist und welche Kenntnisse Sie selbst im Umgang mit der Steuererklärung auf dem Computer haben.

Einige Vorbereitungen treffen

Ganz gleich, wie Sie letztlich abrechnen wollen: Es hilft, wenn Sie einige Vorarbeiten erledigen, angefangen mit dem Zusammensuchen der Belege. Viele Daten werden dem Finanzamt zwar elektronisch übermittelt, etwa die Höhe Ihres Monatsverdienstes und die von Ihnen geleisteten Beiträge an die gesetzliche Renten-, Kranken- und Pflegeversicherung (→ E-Daten, Seite 53). Gleichzeitig erhalten Sie aber per Post einen Ausdruck dieser Daten. Legen Sie diese Belege zusammen ab, ebenso weitere Bescheide und Mitteilungen über steuerpflichtige Einnahmen, etwa Steuerbescheinigungen von Banken oder über Mieteinnahmen.

Weiterhin brauchen Sie Kontoauszüge, Quittungen, Rechnungen oder andere Belege für Ausgaben, die steuerlich relevant sein können. Sollten Sie Rechnungen nicht finden, können Sie Ersatzbelege beschaffen oder Eigenbelege ausstellen. Nachvollziehbare Eigenbelege akzeptiert das Amt etwa für Ausgaben wie Fahrtkosten zum Arzt mit dem Pkw oder die Reinigungskosten von Berufskleidung. Mit der Abgabe der Steuererklärung müssen Belege in der Regel **nicht** eingereicht werden. Sie müssen aber vorzeigbar sein, wenn das Amt sie sehen will. Und es erleichtert natürlich das Ausfüllen der Formulare, wenn Sie alles parat liegen haben oder gebündelt an einen Steuerexperten übergeben können.

Bestimmte Ausgaben wie Fahrt- und Übernachtungskosten könnten Sie auf Listen notieren. Das verbessert die Übersicht und hilft beim Ausfüllen der Formulare. Weil das Finanzamt Steuererklärungen zunehmend automatisch bearbeitet, sollten alle wichtigen Angaben in die entsprechenden Zeilen geschrieben werden. Weitere Anlagen sind dann entbehrlich.

Allein abrechnen oder mithilfe vom Profi?

Viele Arbeitnehmer und Beamte erstellen die Steuererklärung allein – ohne einen Experten. Warum auch nicht: Haben Sie nur Lohn oder Gehalt und kaum andere Einkünfte, können Sie Ihre Angelegenheiten mit dem Finanzamt im Regelfall selbst klären. Dennoch ist es natürlich immer eine Option, eine Steuererklärung vom Profi machen zu lassen. Dann wissen Sie aus erster Hand, welche Posten einen Vorteil bringen können oder was es in Ihrem Fall zu beachten gibt, und können auf dieser Grundlage entscheiden, ob Sie in den folgenden Jahren den Service weiter nutzen oder es in Zukunft allein probieren.

Aktuelle Informationen
Verzichten Sie auf einen Experten? Dann finden Sie zum Beispiel unter test.de im Bereich „Steuern + Recht" regelmäßig aktualisierte Informationen über neue Urteile, Gesetzesänderungen und vieles mehr. So können Sie im Laufe des Jahres auf dem neuesten Stand bleiben.

Komplexer Fall? Besser mit Unterstützung!

Es gibt aber auch steuerliche Situationen, in denen Sie Hilfe bei einer Expertin oder einem Experten holen sollten, auch wenn Sie für diese Unterstützung ein Honorar bezahlen müssen. Sonst könnte das eingesparte Beraterhonorar zum Verlustgeschäft werden, zum Beispiel bei Selbstanzeigen, Vermögensübertragungen innerhalb der Familie, bei Grundstücksverkäufen, Verlusten oder unübersichtlichen Nebeneinkünften. Manchmal ist ein Steuerprofi auch für eher alltägliche Sachen empfehlenswert, etwa im Bereich der Förderung von Kindern über 18, bei Ausgaben für eine energetische Sanierung oder wenn Ehepaare/Lebenspartner getrennte Steuererklärungen abgeben.

Dieser Ratgeber weist an den entsprechenden Stellen darauf hin, ob professionelle steuerliche Hilfe empfehlenswert oder unbedingt geboten ist. Umfragen belegen, dass etwa die Hälfte der Befragten gelegentlich oder ständig Rat bei Steuerprofis sucht, sei es beim Steuerberater oder beim Lohnsteuerhilfeverein, und damit auch sehr zufrieden ist.

Zu wem soll ich gehen?

Für alle, die Hilfe im Umgang mit dem Finanzamt suchen, kommt einer der über 100 000 Steuerberater und Steuerberatungsgesellschaften in Deutschland infrage. Sie verlangen ein Honorar, das sich nach der Höhe der Einkünfte und dem Schwierigkeitsgrad des Falls richtet. Arbeitnehmer, Beamte, Rentner und Pensionäre können sich außerdem von einem Lohnsteuerhilfeverein beraten lassen, meist ist das etwas günstiger. Die Vereine kümmern sich aber nur um ihre Mitglieder. Der jährliche Mitgliedsbeitrag ist in der Regel nach der Einkommenshöhe gestaffelt. Bei den meisten Vereinen sind das zwischen etwa 50 und 450 Euro im Jahr. Der Mitgliedsbeitrag ist bereits der jährliche Gesamtpreis der Beratung.

Allerdings haben Lohnsteuerhilfevereine nur eine begrenzte Beratungsbefugnis. Abgesehen von einigen Ausnahmen dürfen sie Freiberufler, Gewerbetreibende und Landwirte grundsätzlich nicht beraten.

Im Service-Teil finden Sie auf → Seite 262/263 weitere Informationen zur Suche und erfolgreichen Zusammenarbeit mit einem Steuerexperten.

Auf Papier oder digital? So können Sie abrechnen

Immer häufiger geht die Steuererklärung auf elektronischem Weg beim Finanzamt ein: Mehr als 70 Prozent der Einkommensteuererklärungen erfolgen mittlerweile nicht mehr auf den traditionell grünen Papierformularen. Der Höhenflug von „ELSTER", das für „Elektronische Steuererklärung" steht, hat verschiede Gründe. Einer davon: Viele Steuerzahler sind verpflichtet, ihre Angelegenheiten elektronisch mit dem Finanzamt zu regeln und ihre Jahresabrechnung mit elektronischer Unterschrift abzugeben. Pflicht ist das zum Beispiel für Freiberufler, Gewerbetreibende sowie Land- und Forstwirte, also für alle, die unternehmerisch tätig sind und sogenannte Gewinneinkünfte haben. Selbst wenn Sie als Rentnerin nebenbei unternehmerisch tätig sind, fallen Sie unter die „ELSTER-Pflicht", auch wenn es nur um geringe Einkünfte geht.

Ausnahmen akzeptiert das Amt nur in wenigen Fällen, etwa, wenn Computer und Internetzugang fehlen und ihre Anschaffung eine „unzumutbare Härte" bedeuten würde. Übungsleiter und andere Ehrenamtler bleiben verschont, wenn ihre Einnahmen die Steuerfreibeträge (→ Seite 189) nicht übersteigen.

Auch Steuerberater und Lohnsteuerhilfevereine müssen die Steuererklärungen ihrer Mandanten elektronisch ans Finanzamt übermitteln.

Trifft für Sie keine der genannten Voraussetzungen zu, sondern haben Sie zum Beispiel nur Ihre Einkünfte aus angestellter Tätigkeit abzurechnen?

Dann haben Sie weiterhin die Wahl, ob Sie auf Papier oder elektronischem Weg mit dem Finanzamt abrechnen:

Sie wollen den Papierformularen treu bleiben?

Haben Sie Ihre Steuererklärung in den vergangenen Jahren auf Papier gemacht und wollen es dabei belassen, weil Sie sich daran gewöhnt haben? Dann erhalten Sie die Formulare aus Papier beim Finanzamt.

Alternativ besteht die Möglichkeit, dass Sie sich die Papiere im Internet herunterladen: auf der Seite formulare-bfinv.de. Auf der Startseite finden Sie die Formulare für die Einkommensteuererklärung 2024 entweder rechts unter „häufig genutzte Formulare" oder links im „Formularcenter".

Vorteile der elektronischen Abrechnung nutzen

Selbst wenn Sie bisher die Papierformulare genutzt haben: Vielleicht juckt es Sie in den Fingern und Sie überlegen, ob Sie es nicht einfach mal mit der Steuererklärung am PC versuchen wollen? Ehrlich gesagt: Was haben Sie zu verlieren, außer vielleicht ein wenig Zeit? Zur Not können Sie immer noch auf die Papierformulare zurückgreifen.

Vielleicht stellen Sie aber auch schnell fest, welche Vorteile die elektronische Abrechnung hat. Diese haben Sie vermutlich bereits wahrgenommen, wenn Sie schon in früheren Jahren den Schritt zu ELSTER gemacht haben.

Ein Vorteil: Wenn Sie Ihre Steuererklärung einmal über das Online-Portal elster.de der Finanzverwaltung erledigt haben, können Sie in den folgenden Jahren auf all Ihre bisherigen ELSTER-Daten zugreifen. Sie können zudem auf die Daten zugreifen, die dem Finanzamt automatisch übermittelt wurden, und diese direkt in die aktuelle Steuererklärung einfließen lassen (➔ „E-Daten", Seite 513). Das erspart eine Menge Tipp-Arbeit. Letztlich erfahren Sie durch Programmhilfen und Plausibilitätskontrollen, wenn Sie eventuell wichtige Daten vergessen haben oder wenn diese falsch sein könnten. Sollten Sie Belege und andere Dokumente mit der Steuererklärung einreichen müssen, lassen sich auch diese elektronisch übermitteln.

Als Rentner oder Pensionär einfacher abrechnen
Wollen Sie als Rentner oder Pensionär Ihre Steuern online erklären, haben Sie die Möglichkeit für eine vereinfachte Abrechnung über das Portal „einfachELSTER". Hier ist es möglich, die Steuererklärung ohne Benutzerkonto über ELSTER einzureichen. Informationen zum Einstieg und zur Nutzung finden Sie auf einfach.elster.de.

Haben Sie alles in ELSTER eingegeben, ermittelt das Programm, mit welcher Steuererstattung oder Forderung Sie rechnen können oder müssen. Das liefert Planungssicherheit, die Sie bei der Abrechnung auf Papier nicht bekommen.

Um den Einstieg in ELSTER allein oder eventuell mit der Unterstützung von Kindern oder Freunden zu schaffen, geben wir Ihnen ab Seite 33 einen „Leitfaden" für ELSTER an die Hand. Dort erfahren Sie, wie Sie sich registrieren und die entscheidenden Formulare finden können. Haben Sie in den Vorjahren bereits mit ELSTER gearbeitet, können Sie diesen Abschnitt überspringen und sich direkt dem Kapitel „Durch die Formulare" ab Seite 51 widmen.

Kommerzielle Programme nutzen

Erstellen Sie via Internet über elster.de Ihre Steuererklärung, können Sie allerdings nicht mit zusätzlichen Steuertipps und Gestaltungshinweisen rechnen. Wollen Sie eine solche Hilfestellung, sollten Sie für die Steuererklärung ein kommerzielles Programm nutzen. Sie haben ihren (kleinen) Preis, dafür erhalten Sie hier aber viele Zusatztipps, die beim Ausfüllen der Formulare hilfreich sein können.

Finanztest hat diese Programme zuletzt im Frühjahr 2024 getestet (Heft 5/2024). Im Test waren 31 Programme, darunter Download-Software für den PC, Handy-Apps und Browser-Anwendungen. Ergebnis: Für die Steuererklärung am PC lag die mit sehr umfangreichen Funktionen ausgestattete Download-Software von Wiso Steuer vorn, dicht gefolgt von der preiswerten Lösung Tax (beide vom Anbieter Buhl). Die Web-Variante von Wiso Steuer schnitt als einziges Browser-Programm ebenfalls sehr gut ab.

Für die Steuererklärung am Handy fielen die Noten für die meisten getesteten Programme deutlich schlechter aus. Auch bei den Smartphone-Apps lag Wiso Steuer mit Abstand vorn. Die ausführlichen Testergebnisse finden Sie auf test.de mit der Suche nach „Steuersoftware". Sie benötigen jedoch für jedes Steuerjahr die jeweilige aktuelle Version.

Eine ausführliche Übersicht zu Steuerprogrammen finden Sie auf der ELSTER-Homepage. Auch wenn Sie sich nicht bei ELSTER registriert haben, finden Sie auf der Startseite elster.de in der linken Menüleiste den Punkt „Weitere Softwareprodukte". Hier sind Software-Produkte aufgeführt, die ELSTER unterstützen. Neben einigen kostenfreien Programmen ist eine Vielzahl kostenpflichtiger kommerzieller Anbieter aufgeführt. Zu jedem Programm finden Sie in der rechten Spalte einen Link, der Sie zum jeweiligen Anbieter führt.

Registrierung bei ELSTER oft nötig

Wenn Sie mit kommerziellen Programmen arbeiten und die Einkommensteuererklärung mit elektronischer Unterschrift papierlos abgeben möchten, müssen Sie sich allerdings ebenfalls vorher bei ELSTER registriert haben. Das funktioniert so, wie → ab Seite 33 in den drei Schritten dargestellt. Nach der Registrierung lassen sich alle wesentlichen Funktionen, die „Mein ELSTER" bietet, auch mit kommerziellen Programmen nutzen.

1

ELSTER: einfach einsteigen

Egal, ob es Ihre erste Steuererklärung überhaupt ist oder Sie nach Jahren auf Papier erstmals den Umstieg auf die elektronische Steuererklärung vorhaben: Um Ihre Steuern über ELSTER, das Online-Portal der Finanzverwaltung, erklären zu können, müssen Sie sich dort über die Startseite elster.de registrieren. Sie ist in Teilen im Screenshot 1 zu sehen. Hier finden Sie die Schaltfläche „Benutzerkonto erstellen", die Sie anwählen müssen.

Bevor Sie damit loslegen, lohnt ein Blick auf die übrigen Informationen auf der Elster-Startseite. Vor allem die Schaltfläche „Wie finde ich Hilfe?" bietet Ausführliches zur Elster-Nutzung, darunter neben zahlreichen Fragen und Antworten auch Videoanleitungen, etwa zum Registrierungsprozess. Unter „Für wen ist Elster?" wählen Sie die Rubrik „Privatpersonen" und erfahren unter anderem, was über das Portal alles möglich ist.

Im linken unteren Teil der Elster-Startseite (hier nicht abgebildet) finden Sie unter „Presse und Medien" den Bereich „Flyer und Merkblätter". Dort können Sie sich Informationen ansehen und herunterladen, zum Beispiel zum Registrierungsprozess oder dazu, wer verpflichtet ist, eine Steuererklärung mit elektronischer Unterschrift abzugeben. Arbeitnehmer und

Abweichungen 2024

Um Ihnen den Einstieg in ELSTER zu erleichtern, verwenden wir auf den folgenden Seiten Abbildungen mit Ausschnitten der Internetseite elster.de – allerdings für das Steuerjahr 2023. Die geänderten Formulare für 2024 standen zum Zeitpunkt der Fertigstellung dieses Buchs noch nicht über ELSTER zur Verfügung. Beachten Sie deshalb: Wenn Sie die Steuererklärung für 2024 anfertigen, kann die tatsächliche Darstellung auf elster.de von diesen Abbildungen eventuell abweichen.

Beamte sind grundsätzlich nicht zur Abgabe einer elektronischen Steuererklärung verpflichtet. Das ändert sich aber, wenn sie außerdem bestimmte andere Einkünfte haben.

Unter dem ebenfalls unten auf der Elster-Startseite aufgeführten Begriff „Systemanforderungen“ können Sie prüfen, ob Ihr Computer und sein Betriebssystem „Elster-geeignet“ sind. All diese Informationen können Sie abrufen, ohne sich bei Elster registrieren zu müssen.

Für die Erstellung einer Steuererklärung benötigen Sie zuerst ein Benutzerkonto. Sie müssen sich daher beim Online-Finanzamt **„MeinElster“** registrieren. Etwas weiter unten erklären wir Ihnen zunächst die klassische Registrierungsart und danach eine neue schnelle Registrierung (Screenshot 2), die seit Juni 2024 für Privatpersonen funktioniert. Mithilfe eines Online-Identifizierungsverfahrens können Sie sich sowohl identifizieren als auch danach sofort im Elster-Portal einloggen. Mehr dazu → Seite 39.

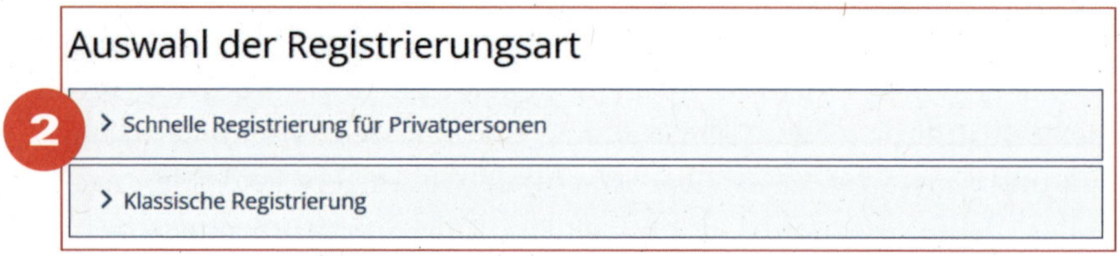

Dank der App **„ElsterSecure“**, die die App „ElsterSmart“ ersetzt hat, können Sie übrigens auch per Smartphone oder Tablet auf MeinElster zugreifen. ElsterSecure funktioniert mit einer passwortlosen Authentifizierung ohne dass Sie eine Zertifikatsdatei übertragen müssen.

Damit ist es eine komfortable Login-Variante für MeinElster. Hier benötigen Sie kein klassisches Elster-Zertifikat. Stattdessen kann die Registrierung für MeinElster mit einem mobilen Gerät abgeschlossen und der Zugangsschlüssel sicher in ElsterSecure gespeichert werden. Einloggen können Sie sich, indem Sie einen QR-Code mit der App scannen. Für die Nutzung von Elster ist damit kein Computer mehr nötig.

Zuvor müssen Sie ElsterSecure für Ihr Elster-Benutzerkonto einrichten. Haben Sie sich bereits registriert und bislang die Login-Option Zertifikatsdatei genutzt, könnten sie diese weiterhin parallel nutzen. Damit könnten Sie zum Beispiel eine Steuererklärung, die Sie mit einem anderen Steuerprogramm erstellt haben, elektronisch ans Finanzamt übermitteln.

Neu seit 2023 ist die **App „MeinElster+“**. Mit dieser können Sie steuerlich absetzbare Rechnungen und Belege selbst mit Ihrem Handy fotografieren und alle wichtigen Belege (etwa Handwerkerrechnung, Spendenquittung etc.) für die nächste Einkommensteuererklärung in Ihr Benutzerkonto bei MeinElster hochladen. So haben Sie Ihre Belege direkt zur Hand, wenn Sie sie für Ihre Einkommensteuererklärung brauchen und sparen sich das Zusammensuchen.

Außerdem können Sie in der App Ihre Belege gleich verständlichen Kategorien zuordnen und durch die integrierte Texterkennung die Werte markieren, die später für Ihre Steuererklärung interessant sind. Wenn Sie die Belege so vorbereitet haben, wird MeinElster einen Vorschlag machen, wo Ihr Beleg in der Steuererklärung verwendet werden kann. Die in der App markierten Werte können dann ohne weitere Tipparbeit und ohne Zahlendreher übernommen werden.

Zuvor müssen Sie die App einmalig mit Ihrem Benutzerkonto koppeln. Hierzu erzeugen Sie in Ihrem Benutzerkonto einen QR-Code, den Sie mit der App scannen. Dann geben Sie Ihr Passwort ein. Anschließend können Sie Ihre Belege digital erfassen und hochladen.

In der App MeinElster+ finden Sie auch einen Chat, der Sie rund um das Thema Elster unterstützt. Es ist geplant, diese App stetig um weitere Funktionen zu ergänzen. Die integrierte Texterkennung wird laufend verbessert. Mein Elster+ ist verfügbar für Smartphones ab Android-Version 11

3

sowie iPhones ab iOS 14. Unter elster.de/eportal/infoseite/meinelsterplus finden Sie Video-Anleitungen, um die App erstmals einzurichten und wie Sie Ihre Belege kategorisieren können.

Als Erstes müssen Sie sich aber bei MeinElster registrieren. Privatpersonen können sich neuerdings mit einem Handy online identifizieren und den Registrierungsprozess in rund 20 Minuten abschließen (**schnelle Registrierung für Privatpersonen**). Sie können sich dann mit der ElsterSecure-App auf MeinElster einloggen. Das ist hier die einzige Login-Variante. Daneben gibt es weiterhin die **klassische Registrierungsart**, die wir hier erklären:

Schritt 1: Mit der Registrierung beginnen

Diesen Weg können nicht nur Privatpersonen, sondern auch Arbeitgeber, Unternehmen, Vereine und andere Organisationen nutzen. Sie bestätigen Ihre Identität durch Briefversand. Deshalb kann es bis zu zwei Wochen dauern, dass die Registrierung abgeschlossen ist.

Dafür haben Sie neben der App ElsterSecure weitere Möglichkeiten, sich auf Ihr Benutzerkonto einzuloggen. Am häufigsten wird die Variante „Zertifikatsdatei" genutzt. Sie ist kostenlos, mit einigen Schritten zu erledigen und reicht für die meisten Arbeitnehmer und Beamte völlig aus. Für Unternehmen und steuerberatende Berufe gibt es weitere Varianten, auf die

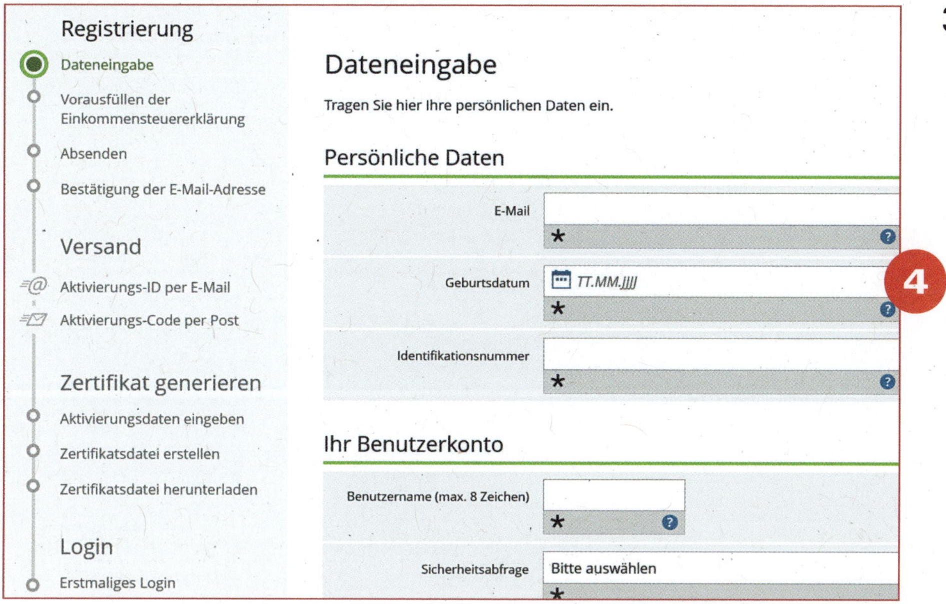

wir hier nicht eingehen (Sicherheitsstick und Signaturkarte). Möglich wäre noch, dass Sie sich mit Ihrem Personalausweis einloggen. Das funktioniert mit einem zusätzlichen Kartenlesegerät.

Um die Registrierung per Zertifikatsdatei zu starten, klicken Sie auf der Elster-Startseite „Benutzerkonto erstellen" an und entscheiden sich dann für die Option Klassische Registrierung. Wählen Sie dann die Login-Option Zertifikatsdatei aus (Screenshot 3).

Auf der nächsten Seite markieren Sie „Für mich (und gemeinsam veranlagten Partner)". Der Klick auf „Weiter" und dann auf „Nächste Seite" bringt Sie zu der obigen abgebildeten Eingabemaske (Screenshot 4), in die Sie Ihre persönlichen Daten eintragen. Achtung: Sie benötigen nun Ihre elfstellige **Steuer-Identifikationsnummer.** Das ist nicht Ihre „Steuernummer", die sich etwa bei einem Umzug ändern könnte, sondern das ist Ihre persönliche Identifikationsnummer, die ein Leben lang gilt und die Ihnen vom Bundeszentralamt für Steuern zugeteilt wurde. Sie finden sie in der Regel auf Anschreiben des Finanzamts oder auf Steuerbescheiden.

Den „Benutzernamen" können Sie sich überlegen. Bei der „Sicherheitsabfrage" haben Sie die Wahl unter mehreren Vorschlägen.

Mit einem Klick auf die blau unterlegten Fragezeichen erhalten Sie weitere Informationen zu den jeweiligen Zeilen. Das kleine Kästchen links unten („Ich bestätige, dass ich den Hinweis zur Kenntnis genommen habe")

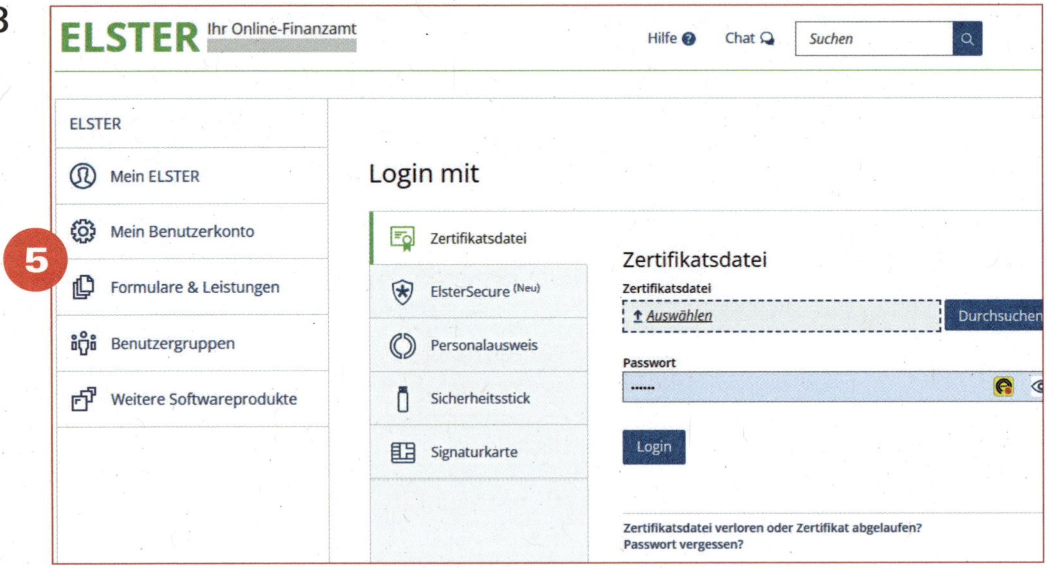

klicken Sie an, gehen anschließend unten rechts auf „Weiter" und nach erfolgreicher Prüfung auf „Absenden".

Schritt 2: Antworten der Finanzverwaltung

Als Nächstes schickt Ihnen Elster eine erste E-Mail, mit der Ihre Mailadresse überprüft wird. Das passiert in der Regel sofort. In der E-Mail werden Sie aufgefordert, den Erhalt der empfangenen Nachricht zu bestätigen. Dazu klicken Sie in der E-Mail auf den unterstrichenen Link. Danach erhalten Sie eine zweite E-Mail, die unter anderem eine „Aktivierungs-ID" enthält.

Diese zweite E-Mail sollten Sie gut aufbewahren, denn Sie brauchen sie später noch. Jetzt beginnt eine Wartezeit von etwa 7 Tagen, bis Sie per Post einen Brief mit einem „Aktivierungs-Code" erhalten.

Schritt 3: Registrierung abschließen

Liegt der Aktivierungs-Code vor, gehen Sie in die zweite Mail, die Sie vor ein paar Tagen erhalten haben, und klicken auf den farbigen Link. Es öffnet sich eine Internetseite, auf der Sie die Aktivierungs-ID aus der zweiten E-Mail und den Aktivierungs-Code aus dem Brief eingeben. Gehen Sie auf „Absenden", öffnet sich danach eine Eingabemaske, in der Sie ein selbst gewähltes persönliches Passwort eingeben und wiederholen. Sie klicken auf „Erstellen" und anschließend auf „Zertifikatsdatei herunterladen". Der Vorgang kann etwas länger dauern, brechen Sie ihn also keinesfalls ab,

wenn sich erst einmal nichts tut. Speichern Sie die Datei (mit der Endung „.pfx“) auf Ihrem Rechner dort, wo Sie sie wiederfinden. Machen Sie möglichst eine Sicherheitskopie der Zertifikatsdatei, die Sie zum Beispiel auf einer externen Festplatte ablegen.

Tragen Sie die Zertifikatsdatei und Ihr persönliches Passwort ein. Mit einem Klick auf „Login“ haben Sie die Registrierung abgeschlossen. Prüfen Sie anschließend Ihr gespeichertes Profil und ergänzen Sie wenn nötig fehlende Daten.

Beim nächsten Login über die Elster-Startseite öffnet sich die auf Seite 38 abgebildete Eingabemaske (Screenshot 5). Klicken Sie den Button „Durchsuchen“ an, öffnet sich ein Zugang zu den Verzeichnissen auf Ihrem Computer, und Sie können die Zertifikatsdatei auswählen und öffnen.

Danach geben Sie noch Ihr Passwort ein und gehen auf die Schaltfläche „Login“. Anschließend öffnet sich Ihre persönliche Seite „Mein Elster“ (Screenshot 6). Von hier aus können Sie die gesamte Kommunikation mit Elster abwickeln, Profile, das Benutzerkonto und Formulare bearbeiten. Das läuft vor allem über die linke Taskleiste unter den Oberbegriffen „Mein Elster“ und „Mein Benutzerkonto“.

Neu: Schnelle Registrierung

Wer mit der Abgabe seiner Steuererklärung unter Zeitdruck steht, dem wird gefallen, dass jetzt eine **schnelle, volldigitale Sofort-Registrierung** möglich ist. Nutzen können sie nur Privatpersonen (auch für den gemeinsam veranlagten Partner). Um sich digital auszuweisen, müssen Sie die App „Nect Wallet“ herunterladen. Dann nehmen Sie Videos von Ihrem Personalausweis mit Onlinefunktion und Ihrem Gesicht auf.

Für das Online-Identifizierungsverfahren benötigen Sie also neben dem Personalausweis oder Aufenthaltstitel ein Smartphone mit den genannten Apps. Für spätere Logins kann nur die ElsterSecure-App verwendet werden. Damit kann dann von der Registrierung über die Erstellung der Steuererklärung bis hin zum Steuerbescheid der gesamte Prozess volldigital abgebildet werden.

Registrierung für andere Personen

Für Ehe- und eingetragene Lebenspartner genügt es, wenn sich einer der beiden Partner registriert. Solange dem Finanzamt nichts anderes vorliegt, geht es davon aus, dass der Inhalt der Steuererklärung beiden Partnern bekannt ist und von beiden gebilligt wird.

Sie können auch für Verwandte die Steuererklärung über Ihr Elster-Konto einreichen. Dort ist jedoch Vorsicht geboten, da Sie hierbei die Steuererklärung elektronisch unterschreiben. Deshalb ist es besser, wenn Sie ihnen helfen, sich ein eigenes Elster-Konto einzurichten. Zur Registrierung können Sie dabei auch Ihre E-Mail-Adresse nutzen, wenn Sie, wie oben beschrieben, die Bestätigung vornehmen.

Datenabruf nur mit Code

Um die an das Finanzamt übermittelten E-Daten automatisch in die Steuererklärung einfügen zu können, müssen Sie den Datenabruf gesondert beantragen. Wenn die Registrierung bei Elster abgeschlossen ist und Sie eingeloggt sind, wählen Sie auf der Elster-Startseite im Bereich „Formulare und Leistungen" den Punkt „Bescheinigungen verwalten" aus. Um hier die Daten abrufen zu können, benötigen Sie einen zehnstelligen Abrufcode, der Ihnen per Post (zusammen mit den Daten, die für die erste Registrierung nötig waren) zugeschickt wurde. Der Belegabruf ist auch für Daten von anderen Personen möglich, etwa für den Ehepartner. Wählen Sie dort „Bescheinigungen anderer Personen" und „Abrufberechtigung beantragen".

Auf Stolpersteine achten und zu Beginn Geduld bewahren

Wenn Sie mit Elster online loslegen wollen, sollten Sie mögliche Hürden im Blick haben:

- ➔ **Warten:** Sie können nicht gleich mit dem Ausfüllen beginnen. Die Registrierung dauert in der Regel fünf bis sieben Tage. Kommt der Brief mit dem Aktivierungs-Code nicht so bald wie erhofft, werden Sie nicht zu ungeduldig. Beginnen Sie nicht gleich mit einer neuen Registrierung, denn das kann zu Verwirrung und im Ergebnis letztlich zu noch längeren Wartezeiten führen.
- ➔ **Schnelle Registrierung:** Falls es mit der pünktlichen Abgabe knapp werden kann, können Sie den Prozess beschleunigen, indem Sie sich für die schnelle Registrierung übers Handy entscheiden.
- ➔ **Ablage:** Sorgen Sie für eine sichere (und wieder auffindbare) Aufbewahrung von Zertifikatsdatei und persönlichem Passwort. Ein Verlust erfordert eine Neuregistrierung! Gleiches kann passieren, wenn Sie die Registrierungsdaten dreimal falsch eingegeben haben.
- ➔ **Frist:** Der Registrierungsvorgang muss nach spätestens 90 Tagen abgeschlossen sein, sonst wird eine neue Registrierung erforderlich.
- ➔ **Gültigkeit:** Die Registrierung ist drei Jahre gültig, kann aber rechtzeitig (und einfach) verlängert werden.
- ➔ **Kontrolle:** Prüfen Sie alle Daten, die Sie im Rahmen des Abrufs von Bescheinigungen erhalten. Sie bestätigen mit Ihrer Steuererklärung deren Richtigkeit und Vollständigkeit. Fehlende Daten müssen Sie manuell ergänzen, ebenso wie in der Steuererklärung auf Papier (➔ Seite 53). Wenn Sie Korrekturen vornehmen, empfiehlt sich eine Erläuterung im Hauptvordruck (➔ Seite 56).
- ➔ **Abrechnen:** Tragen Sie weiterhin alle Sonderausgaben, Werbungskosten, außergewöhnlichen Belastungen und sonstige abzugsfähige Aufwendungen in die Formulare ein und prüfen Sie alle aus Vorjahren übernommenen Daten.

Die Steuererklärung anfertigen

Sobald die Registrierung abgeschlossen ist, können Sie mit der Steuererklärung loslegen. Im Kapitel „Durch die Formulare“ (→ ab Seite 51) erfahren Sie Schritt für Schritt, was Sie in welche Formulare eintragen. Doch wie gelangen Sie dorthin?

Loggen Sie sich zunächst ein mit Ihrer Zertifikatsdatei und Ihrem Passwort. Starten Sie das Benutzerfeld „Neues Formular, Einkommensteuererklärung unbeschränkte Steuerpflicht“ und wählen das gewünschte Jahr aus. Danach werden Sie als Erstes gefragt, ob Sie Ihre Vorjahresdaten in die neue Steuererklärung übernehmen wollen. Das setzt allerdings voraus, dass Sie bereits für 2023 eine Elster-Steuererklärung eingereicht haben. Anderenfalls gehen Sie auf „Ohne Datenübernahme fortfahren“.

Wichtig: Haben Sie beispielsweise schon vor einigen Tagen mit der Steuererklärung begonnen, aber diese nicht abgeschlossen, können Sie auf Ihren zuletzt gespeicherten Entwurf zugreifen.

Formulare: Hauptvordruck und Anlagen auswählen

Haben Sie das Formular für eine neue Einkommensteuererklärung ausgewählt, können Sie auf der nächsten Seite festlegen, ob Sie die für Ihre Steuererklärung notwendigen Vordrucke mithilfe des Anlagenassistenten auswählen wollen (Screenshot 7). Der Anlagenassistent stellt Ihnen verschiedene Fragen, die Sie mit Nein oder Ja beantworten, um zur Auswahl der nötigen Anlagen zu kommen (Screenshot 8).

Sie können auch ohne den Anlagenassistenten fortfahren und die Anlagen direkt anklicken (Screenshot 9). Haben Sie die Anlagenauswahl geöffnet, können Sie zudem erkennen, ob Ehepaare bestimmte Vordrucke wie die Anlage Kind gemeinsam oder, wie die Anlage KAP, einzeln ausfüllen müssen.

Der Hauptvordruck ist normalerweise bereits mit einem Häkchen versehen, da Sie diesen immer benötigen. Falls Sie sich unsicher sind, finden Sie mit einem Klick auf den Text oberhalb der Tabelle „Welche Anlagen brauche ich?“eine umfangreiche Hilfe. Außerdem lassen sich auch später

Anlagenassistent

Falls Sie die Einkommensteuererklärung 2023 für eine Einzelperson erstellen, dann machen Sie bitte nur Angaben zu Person A. Sollten Sie die Einkommensteuererklärung für ein Ehepaar beziehungsweise eine eingetragene Lebenspartnerschaft erstellen, dann machen Sie bitte zusätzlich Angaben zu Person B.

Vorname	Name	Identifikationsnummer
Steuerpflichtige Person / Ehemann / Person A		
*	*	
Ehefrau / Person B		

Ohne Anlagenassistent fortfahren

Mit Anlagenassistent fortfahren >

7

Möchten Sie in der Einkommensteuererklärung 2023 Angaben zu Kindern machen? *

- ○ Nein
- ○ Ja

Haben Sie in 2023 Beiträge in einen Riester-Vertrag eingezahlt? *

- ○ Nein
- ○ Ja

Möchten Sie für 2023 Angaben zu übrigen Sonderausgaben (zum Beispiel Kirchensteuer, Spenden und Mitgliedsbeiträge) machen? *

- ○ Nein

8

Allgemeine Angaben	
Hauptvordruck	☑
Anlage Kind	☑
Anlage Vorsorgeaufwand	☑
Haushaltsnahe Beschäftigungsverhältnisse, Dienstleistungen und Handwerkerleistungen	☑
Anlage Außergewöhnliche Belastungen	☑
Anlage AV	☑
Anlage Mobilitätsprämie	☐
Anlage Energetische Maßnahmen	☐
Anlage Sonderausgaben	☑

9

noch Anlagen hinzufügen oder wieder entfernen, falls Sie falsch entschieden haben sollten.

Gespeicherte Daten einfügen

Nach der Auswahl der Anlagen erhalten Sie mit einem Klick auf „Weiter" die Frage, ob Sie Bescheinigungen einfügen möchten. Entscheiden Sie sich dafür, können Sie Ihre Steuererklärung mit den „E-Daten" füllen, die dem Finanzamt bereits von anderen Stellen elektronisch übermittelt wurden. Dazu zählen zum Beispiel die Höhen Ihrer ausgezahlten Renten oder die geleisteten Sozialversicherungsbeiträge.

Voraussetzung für den Abruf der Daten ist allerdings, dass Sie ihn beantragt haben – allein die Registrierung bei Elster reicht nicht (siehe Info-Kasten). Wählen Sie den Abruf der Bescheinigungen, werden etwa die Zahlen aus der Rentenbezugsmitteilung oder der Leistungsmitteilung der Pensionskasse direkt in Ihre Steuererklärung eingetragen. Sie wählen dazu in der nächsten Abfrage die betreffende Person aus. Verheiratete finden die Bescheinigung des Ehepartners unter „Bescheinigungen anderer Personen".

Anschließend bestätigen Sie noch einmal die Zuordnung zur richtigen Person. Zuletzt geben Sie den Abrufcode ein, den Sie per Post erhalten haben (➔ Kasten Seite 40). Danach erhalten Sie eine Übersicht über alle Bescheinigungen, die andere Stellen elektronisch gemeldet haben. Sie können sich diese einzeln ansehen oder gleich mit einem Klick auf die Zeile „Formular mit Angaben aus den Bescheinigungen aktualisieren" vollständig übernehmen. Müssen Sie für Ihren Ehepartner noch die Bescheinigungen übernehmen, klicken Sie auf „Zurück zur Personenauswahl".

Sind alle Belege übernommen, wählen Sie „Direkt zum Formular" und gelangen zurück zur Startseite Ihrer Steuererklärung. Dorthin kommen Sie auch wieder, wenn Sie keine Bescheinigungen abgerufen haben.

Die einzelnen Formulare abarbeiten

Ab jetzt geht es durch die einzelnen Formulare, angefangen mit dem Hauptvordruck (Screenshot ⑩). Links auf der Seite können Sie jeweils an-

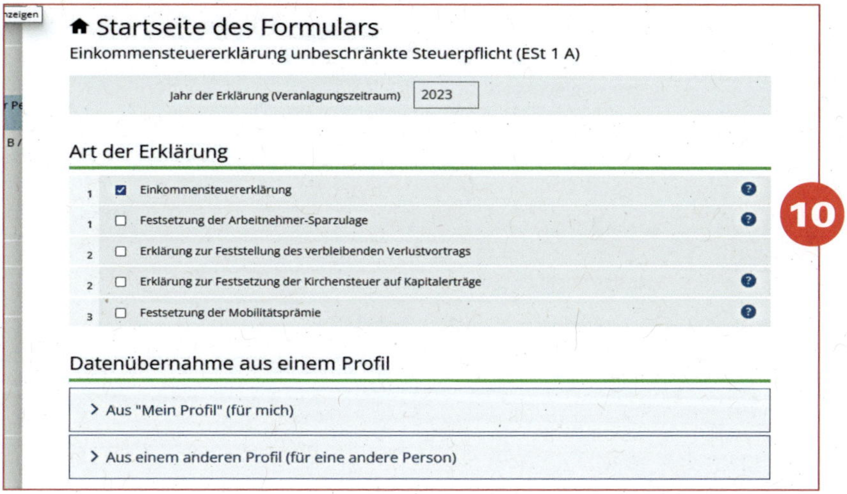

sehen, welche Formulare Sie ausgewählt haben und um welche Angaben es jeweils geht (Screenshot 11). Um diese Informationen zu öffnen, klicken Sie auf die kleine blaue Schaltfläche mit Linien links im Bild. Diese Informationen können Sie auch wieder ausblenden.

Rechts machen Sie Ihre jeweiligen Angaben: Im Hauptvordruck werden zum Beispiel Ihre persönlichen Daten wie Name und Identifikationsnummer abgefragt. Diese können Sie aus Ihrem Elster-Profil in die Vordrucke einlesen lassen („Datenübernahme aus meinem Profil"). Bei den allgemeinen Angaben im Hauptvordruck können Sie auswählen, ob Sie den

Ausfüllhilfen nutzen

Orientieren Sie sich beim Ausfüllen an der Bezeichnung des Formulars und den Zeilennummern. Sie entsprechen genau den Zeilenzahlen des Papierformulars. Das ist eine gute Orientierungshilfe für alle, die zusätzlich zum Computerprogramm dieses gedruckte Ratgeberbuch verwenden. Die amtlichen Hinweise und Erläuterungen zu den einzelnen Formularzeilen erhalten Sie mit einem Klick auf die Fragezeichen bei den Eingabefeldern.

Durch einen Klick auf eine andere Zeile auf der linken Bildschirmseite wechseln Sie zu anderen Bereichen in der Steuererklärung. Mit der blau unterlegten Schaltfläche „Anlagen hinzufügen/entfernen" können Sie erneut die „Anlagenauswahl" aufrufen und weitere Formulare auswählen.

11

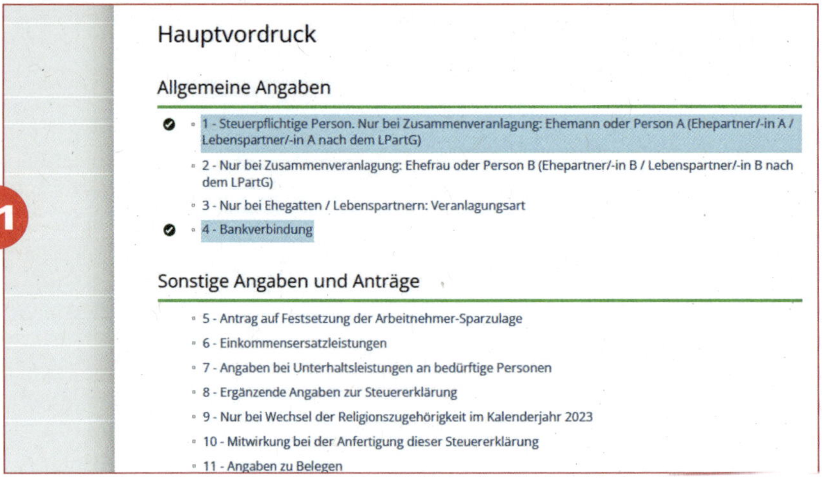

Steuerbescheid wie bisher als Brief auf Papier erhalten oder elektronisch abrufen möchten.

Haben Sie das Info-Fenster links geöffnet, finden Sie noch eine weitere Hilfe, die Sie beim Ausfüllen nutzen können: Dort finden Sie eine Legende zu den Programmhinweisen (Screenshot 12). Ein Ausrufezeichen bedeutet, dass Sie Angaben ergänzen müssen. Zeilen mit hellblauem Hintergrund zeigen an, dass hier bereits Daten enthalten sind, beispielsweise aus den automatisch übernommenen Bescheinigungen der gesetzlichen Rentenversicherung oder Krankenkasse. Kommen Sie an einer Stelle nicht weiter, kann auch der Klick auf das kleine Kästchen mit den drei Punkten helfen. Hier werden Ihnen mögliche Aktionen angezeigt.

Die Formulare und die einzelnen Zeilen sind dieselben, die auch das Papierformular enthält. Deshalb können Sie sich beim Ausfüllen an den jeweiligen Angaben im folgenden Kapitel („Durch die Formulare", ➔ Seite 51) orientieren. Anders als im Papierformular müssen aber auch die Felder mit E-Daten (➔ Seite 53) ausgefüllt sein. Wenn Sie die elektronisch gemeldeten Daten bereits automatisch übernommen haben, sollten Sie die Angaben noch einmal überprüfen. Schließlich handelt es sich um Ihre Angaben in Ihrer Steuererklärung. Falls notwendig, können Sie diese Angaben ändern oder ganz löschen.

Die übrigen Felder füllen Sie genauso aus wie in der Papiererklärung. Sie bewegen sich dabei durch die Steuererklärung, indem Sie entweder rechts unten auf „Nächste Seite" klicken oder im linken Fenster einfach den Abschnitt oder das ganze Formular wechseln. Die Vordrucke können Sie

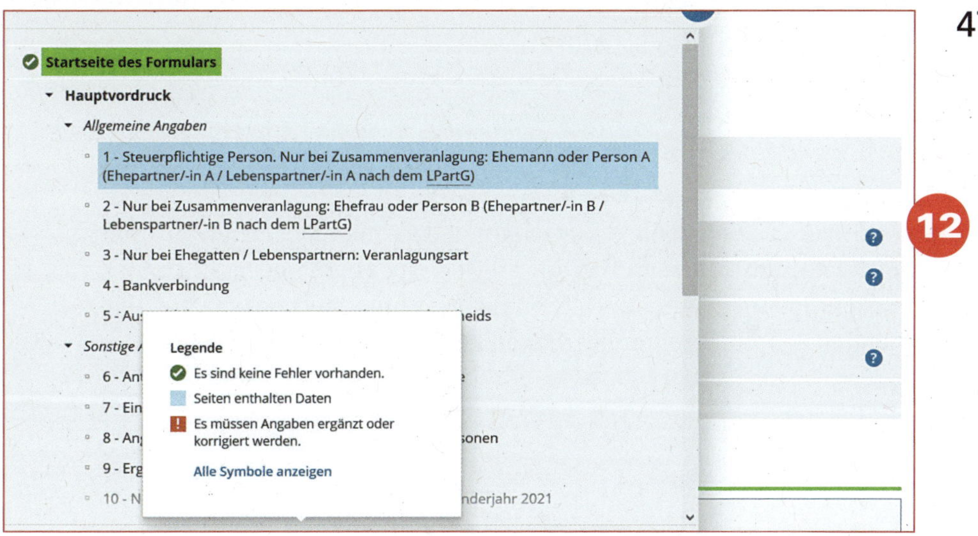

durch Anklicken nacheinander oder in beliebiger Reihenfolge bearbeiten. Die grün unterlegte Zeile im Fenster auf der linken Bildschirmseite zeigt an, bei welcher Eingabe Sie sich gerade befinden.

Auf bestimmte Fehler weist Sie das Programm gleich beim Eingeben oder beim Wechsel auf die nächste Seite hin. Mit einem Klick auf „Prüfen und Steuer berechnen“ oberhalb des Eingabefensters erhalten Sie weitere Hinweise dazu, wo das Programm Eingabefehler festgestellt hat und wo Sie gegebenenfalls Korrekturen vornehmen müssen.

Unter „Steuerberechnung“ können Sie feststellen, welche Steuererstattung oder Nachzahlung zu erwarten ist. Die Berechnung öffnet sich je nach den Einstellungen auf Ihrem PC entweder in einem neuen Fenster oder wird als PDF-Datei heruntergeladen. Die Berechnung ähnelt der Darstellung wie später, wenn Sie den Steuerbescheid erhalten. Hilfreich ist es, wenn Sie sich am Ende die Steuerberechnung ausdrucken. Oder speichern Sie die Datei ab. So ist es hinterher etwas einfacher für Sie, den Steuerbescheid zu überprüfen.

Wenn Sie alle Eingaben vollständig erfasst haben, können Sie nach der Berechnung die Steuererklärung elektronisch abschicken. Dazu klicken Sie, wieder am oberen Bildschirmfenster, den Kasten „Versenden des Formulars“ an. Weil Sie sich bei Elster registriert haben, wird die Steuererklärung mit elektronischer Unterschrift verschickt. Sie brauchen deshalb kein Formular mehr zum Unterschreiben auszudrucken und per Post an Ihr Finanzamt zu schicken.

Klicken Sie abschließend „Speichern und Formular verlassen" an, werden Sie nochmals gefragt, ob Sie die Angaben speichern wollen. Sie können mit dem Speichern auch Ihre Steuererklärung unterbrechen und zu einem späteren Zeitpunkt weiter bearbeiten.

Termine und Fristen

So hilfreich die beste Vorbereitung ist: Wenn Sie zu spät damit beginnen und die Steuererklärung nicht pünktlich beim Finanzamt einreichen, handeln Sie sich unnötige Kosten ein. Deshalb sollten Sie in ihre Planungen die Abgabefristen für die Steuererklärung fest einplanen. Wichtig dabei: Es macht einen Unterschied, ob Sie zur Steuererklärung verpflichtet sind oder ob Sie Ihre Erklärung freiwillig abgeben.

Ist die Erklärung für 2024 Pflicht, ist der Abgabetermin für die Einkommensteuererklärung der 31. Juli 2025. Es gelten jetzt wieder die normalen Abgabefristen wie vor der Corona-Pandemie.

Fertigen Sie Ihre Steuererklärung mithilfe eines Steuerberaters oder eines Lohnsteuerhilfevereins an, haben Sie bis zum 30. April 2026 Zeit. Das Finanzamt kann allerdings die Einkommensteuererklärungen steuerlich beratener Bürger bereits vorher anfordern. Es setzt dann eine viermonatige Frist zur Abgabe. Vor dem allgemeinen Termin Ende Juli ist aber niemand zur Abgabe der Steuererklärung verpflichtet.

Erstellen Sie Ihre Steuererklärung ohne professionelle Hilfe und müssen deshalb früher abgeben, können Sie eine Fristverlängerung erhalten. In der Regel genügt ein formloser schriftlicher Verlängerungsantrag an das Finanzamt mit Begründung und einem neuen Terminvorschlag. Ohne Fristverlängerung werden immer häufiger Verspätungszuschläge fällig: Wird die Steuererklärung verspätet eingereicht, kann jeder Monat mit

Mehr Zeitdruck als eventuell gewohnt

Haben Sie 2024 Lohnersatzleistungen wie Arbeitslosen- oder Kurzarbeitergeld erhalten? Denken Sie daran, dass Sie (vielleicht erstmals) eine Steuererklärung einreichen müssen, wenn im Laufe des Jahres mehr als 410 Euro Lohnersatz gezahlt wurden. Verlassen Sie sich also nicht darauf, dass Sie so viel Zeit wie sonst immer für die Abrechnung beim Finanzamt haben, sondern werden Sie früh genug aktiv.

einem Zuschlag von mindestens 25 Euro zu Buche schlagen. Dabei zählt bereits ein angefangener Monat.

Sind Sie nicht zur Abgabe verpflichtet, haben Sie deutlich länger Zeit für die Steuererklärung, nämlich bis zu vier Jahre. Allerdings gibt es für diese Frist keine Verlängerung. Bis Ende 2024 nimmt das Finanzamt noch die Steuererklärung für das Jahr 2020 entgegen.

Die freiwillige Steuererklärung für das Jahr 2024 hat bis Ende Dezember 2028 Zeit.

Durch die Formulare

Sie haben sich das Wochenende freigehalten, die Steuerformulare auf Papier vor sich liegen oder Elster ist startbereit. Dann finden Sie in diesem Kapitel die Antworten darauf, was Sie in welche Anlage und dort in welche Zeile eintragen müssen. Legen Sie los!

Die überwiegend in Hell- und Dunkelgrün gehaltenen Steuerformulare sorgen nicht für beste Wochenendunterhaltung. Andererseits: So schlimm, wie es im ersten Moment aussieht, ist es meist doch nicht. Gerade, wenn es nicht Ihre erste Steuererklärung ist, wissen Sie im besten Fall aus den Vorjahren zumindest, welche Anlagen Sie benötigen und welche Posten Sie dort jeweils abrechnen können. Entweder haben Sie noch Kopien aus dem Vorjahr, oder – wenn Sie elektronisch abrechnen – holen Sie sich einfach die alten Abrechnungen hervor und nutzen Sie die damaligen Daten als Basis. In diesem Buch finden Sie die aktuellen Zeilennummern.

Zeile für Zeile

Auf den nächsten Seiten finden Sie eine Anleitung, die durch die Formulare führt, die für Arbeitnehmer und Beamte besonders relevant sind:

- → **Hauptvordruck:** Ihn brauchen alle Arbeitnehmer und Beamte,
- → **Anlage N:** für fast alle Arbeitnehmer, Beamte und Pensionäre,
- → **Anlage N – Doppelte Haushaltsführung:** für Arbeitnehmer, die aus beruflichen Gründen eine zweite Wohnung benötigen,
- → **Anlage Vorsorgeaufwand:** für alle abziehbaren Versicherungsbeiträge,
- → **Anlage Sonderausgaben:** für Spenden, Kirchensteuer und Weiteres,
- → **Anlage Außergewöhnliche Belastungen:** für Krankheitskosten und Unterhaltszahlungen,
- → **Anlage Haushaltsnahe Aufwendungen:** für Handwerker und andere Dienstleister,
- → **Anlage Energetische Maßnahmen:** zur Steuerermäßigung für Wärmedämmung, neue Heizung und ähnliche Posten
- → **Anlage Kind:** Eltern benötigen sie, um ihre kindbedingten Abzüge geltend zu machen,
- → **Anlage AV:** für alle, die in geförderte Riester-Verträge einzahlen,
- → **Anlage KAP:** für Sparer, die nicht per Abgeltungssteuer abrechnen wollen oder Kapitaleinkünfte selbst abrechnen müssen,
- → **Anlage Unterhalt:** für Unterstützer von anderen,
- → **Anlage Sonstiges:** für Steuerpflichtige, die besondere Sachverhalte abzurechnen haben, etwa einen Verlust- oder Spendenvortrag.

Einige weitere Formulare behandeln wir weniger ausführlich. Wir gehen im weiteren Verlauf unter anderem kurz auf die Anlage SO, Anlage G, Anlage S, Anlage R, R-AUS, R-AV/bAV, Anlagen V und Anlage WA-ESt ein.

Die im weiteren Verlauf genannten Zeilenangaben gelten sowohl für die Papierformulare als auch für Elster, sodass Sie sich daran auf beiden Wegen orientieren können. Einzelne Stellen haben wir durch „Ausrisse“ aus den Papierformularen hervorgehoben. Auf eine Darstellung der Ansichten in Elster verzichten wir, da die endgültige Version der Formulare für das Steuerjahr 2024 bei Fertigstellung dieses Ratgebers noch nicht vorlag.

Umgang mit E-Daten

Daten für die mit ⓔ gekennzeichneten Zeilen liegen im Regelfall vor und müssen nicht eingetragen werden.
– Bitte Anleitung beachten. –

Je nachdem, für welchen Weg – Papier oder digital – Sie sich entscheiden, ergeben sich allerdings einige Besonderheiten beim Umgang mit den sogenannten E-Daten.

Was verbirgt sich dahinter? Zwischen Finanzverwaltung und Ihrem Arbeitgeber und verschiedenen Institutionen wie Renten- und Krankenversicherung, privaten Versicherern oder Versorgungseinrichtungen herrscht ein reger Datenverkehr. Zahlreiche Daten für die Steuerberechnung werden der Finanzverwaltung automatisch von diesen Stellen gemeldet. Gleichzeitig erhalten Sie per Post einen Ausdruck dieser elektronisch gesendeten E-Daten. Das ist dann zum Beispiel die Lohnsteuerbescheinigung des Arbeitgebers oder eine Bescheinigung von der Krankenkasse über die gemeldeten Beiträge zur Basiskrankenversicherung.

E-Daten und Papierformulare

Füllen Sie Ihre Steuererklärung auf Papier aus, gilt: Wenn die Angaben in den zugesandten Bescheinigungen richtig sind, müssen diese gemeldeten E-Daten **nicht** in die Papiervordrucke der Steuererklärung eingetragen werden. In den Vordrucken sind die Zeilen, die das betrifft, dunkelgrün unterlegt und mit ⓔ gekennzeichnet. Außerdem enthält jedes Formular, in dem bestimmte Zeilen nicht ausgefüllt werden müssen, einen Hinweis im oberen Bereich.

Wenn Sie zum Beispiel in der Anlage N nur Angaben in den dunkelgrünen Feldern eintragen würden, könnten Sie auf das Formular sogar ganz verzichten. Das gilt ebenso für die Anlage Vorsorgeaufwand, wenn Sie außer den bereits elektronisch an die Finanzverwaltung übermittelten Beiträgen zur Basiskranken- und Pflegeversicherung keine weiteren Ausgaben geltend machen können. Dann würde es reichen, wenn Sie nur den Hauptvordruck mit Ihren persönlichen Daten und der Unterschrift zum Finanzamt schicken, und Sie hätten damit die Pflicht zur Abgabe der Steuererklärung erfüllt.

Daten nicht einfach so übernehmen
Prüfen Sie die Angaben in den zugesandten Bescheinigungen vom Arbeitgeber, der Rentenversicherung und anderen Stellen. Stimmen die enthaltenen Beträge, müssen Sie diese nicht mehr auf Papier eintragen.

Wenn Sie Felder mit E-Daten frei lassen, werden die gemeldeten Daten des Arbeitgebers oder Ihrer Krankenkasse so behandelt, als ob Sie die Beträge tatsächlich in die Steuererklärung eingetragen hätten. Die Daten gelten als Ihre Angaben, und die unterschriebene Steuererklärung ist trotz nicht ausgefüllter Zeilen aus Sicht des Finanzamts vollständig.

Diese Regelung bedeutet jedoch keineswegs, dass Sie alles so hinnehmen können, wie es gemeldet wurde. Einerseits kann eine Datenmeldung falsch sein und die Steuer zu Ihrem Nachteil zu hoch ausfallen. Andererseits müssen Sie auch Angaben ergänzen oder berichtigen, wenn Sie feststellen, dass etwas fehlt, beispielsweise eine Gehaltsangabe, und die Steuer möglicherweise zu niedrig ausfallen würde.

Dann gilt: Finden Sie einen Fehler, müssen Sie die dunkelgrün unterlegten Zeilen doch ausfüllen und die richtigen Werte eintragen. Legen Sie am besten einen Beleg oder eine Erläuterung zum festgestellten Fehler der Steuererklärung bei, damit das Finanzamt prüfen kann, welcher Betrag im Steuerbescheid zu berücksichtigen ist.

Abrechnung über Elster

Das Weglassen der Eintragungen bei den E-Daten gilt nur für die Steuererklärung auf Papier. Wer seine Steuererklärung elektronisch ausfüllt, übernimmt weiterhin die Beträge aus den Bescheinigungen. Die Daten können über Elster automatisch abgerufen und an die dafür vorgesehenen Stellen übernommen werden (➔ Seite 43). Mit einem Steuerprogramm kann dann bereits im Voraus berechnet werden, ob eine Steuernachzahlung anfällt und wie sich Ausgaben steuermindernd auswirken.

Mann, Frau, divers, Ehe, Partnerschaft

Familien und Partnerschaften sind bunt und vielfältig. Alle in diesem Ratgeber genannten Bestimmungen für Ehen zwischen Männern und Frauen gelten ebenso für Ehen gleichgeschlechtlicher Partner und für eingetragene Lebenspartnerschaften, auch wenn das nicht überall gesondert erwähnt wird. Die Partner der beiden letztgenannten Verbindungen werden in den Formularen als „Person A“ und „Person B“ bezeichnet. Bei Ehen, in denen eine oder beide Personen den Geschlechtseintrag „divers“ führen, gelten die genannten Regelungen ebenfalls.

Noch ein wichtiger praktischer Hinweis

Bevor Sie nun richtig loslegen: Vergessen Sie nicht, sich von allem, was Sie ans Finanzamt schicken, **eine Kopie** zu machen. Kommt es zu Rückfragen, können Sie besser reagieren. Und Sie haben eine gute Vorlage für das nächste Jahr. Wer elektronisch abgibt, hat die sowieso.

Hauptvordruck: So geht's los

Starten Sie beim Ausfüllen mit Ihren persönlichen Daten im Hauptvordruck. Bis vor einigen Jahren wurde er landläufig Mantelbogen genannt, weil er die einzelnen Papieranlagen wie ein Mantel umschlossen hat. Seit einer umfassenden Umgestaltung der Formulare hat der Hauptvordruck nur noch zwei Seiten. Für die anderen Abschnitte gibt es separate Anlagen, etwa die Anlagen Sonderausgaben und Außergewöhnliche Belastungen, die wir gesondert vorstellen.

Die folgenden Hinweise und Tipps sind immer auf die Nummern der Formularzeilen bezogen. Damit sind sie für alle nutzbar, egal ob Sie die Formulare per Hand oder elektronisch in Mein Elster ausfüllen.

Zeile 1 bis 6: Anträge und Zuständigkeiten

In **Zeile 1** machen Sie in das linke Kästchen ein Kreuz, wenn es um die Abgabe der Einkommenssteuererklärung geht. Das rechte Kästchen markieren Sie, wenn Sie eine Arbeitnehmersparzulage beantragen. Seit 2024 können deutlich mehr von der Arbeitnehmersparzulage profitieren, weil die Einkommensgrenzen verdoppelt wurden (→ Seite 9). Zuvor müssen über den Arbeitgeber vermögenswirksame Leistungen angelegt worden sein.

Zeile 2 kreuzen Sie links an, wenn Sie kirchensteuerpflichtig sind und die Bank von Ihren Zinsen oder anderen Kapitalerträgen im Jahresverlauf keine Kirchensteuer einbehalten hat. Diese muss auf diesem Weg nachträglich berechnet werden. Hat die Bank laut ihren Abrechnungen bereits Kirchensteuer einbehalten, bleibt dieses Kästchen frei.

Verluste aus nichtselbstständiger Tätigkeit sind zwar selten, wenn Angestellte trotzdem welche hatten, etwa wegen vorweggenommener Werbungskosten (→ Seite 68), kreuzen sie das rechte Kästchen an. Sie sollten sich bei Einzelheiten der Verlustverrechnung oder -verteilung möglichst von einem Steuerprofi helfen lassen (→ Seite 262).

Mit einem Kreuz in **Zeile 3** beantragen Sie die 2021 eingeführte „Mobilitätsprämie“. Das ist interessant für Sie, wenn Ihr zu versteuerndes Einkommen nicht oberhalb des Grundfreibetrags liegt und Sie damit nicht von der erhöhten Entfernungspauschale für weite Arbeitswege oder für Familienheimfahrten im Rahmen einer doppelten Haushaltsführung profitieren würden. Weitere Angaben zu Ihrem Arbeitsweg machen Sie in dem Fall in Anlage N und in der Anlage Mobilitätsprämie (→ Seite 63 und Seite 69).

Zeile 4 fragt nach der Steuernummer. Wer noch keine hat, schreibt gar nichts oder „NEU“ hinein.

In **Zeile 5** tragen Sie das Amt ein, in dessen Amtsbezirk Sie zum Zeitpunkt der Abgabe der Steuererklärung wohnen. **Zeile 6** müssen Sie nur ausfüllen, wenn Sie seit Ihrer letzten Steuererklärung umgezogen sind. In **Zeile 5** am rechten Rand finden Sie den Hinweis auf die Felder in der Steuererklärung, die Sie häufig nicht mehr ausfüllen müssen. Die für Sie gemeldeten Daten, zum Beispiel vom Arbeitgeber, werden vom Finanzamt dann automatisch übernommen. Die betreffenden Felder sind mit einer dunkelgrünen Farbe hervorgehoben.

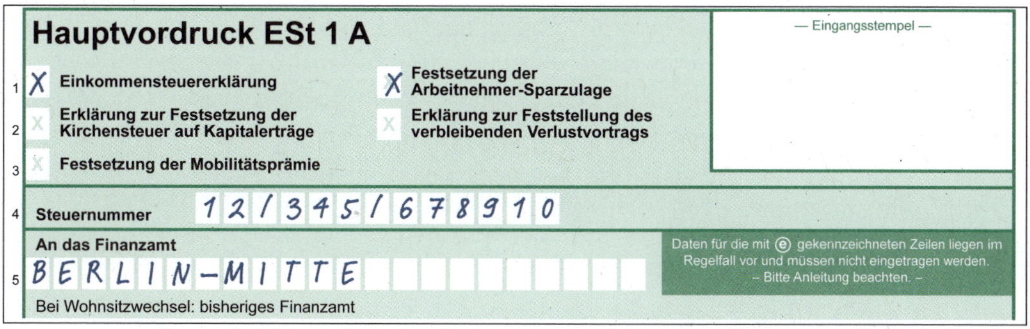

Hauptvordruck ESt 1 A

— Eingangsstempel —

1 X Einkommensteuererklärung — X Festsetzung der Arbeitnehmer-Sparzulage

2 Erklärung zur Festsetzung der Kirchensteuer auf Kapitalerträge — Erklärung zur Feststellung des verbleibenden Verlustvortrags

3 Festsetzung der Mobilitätsprämie

4 Steuernummer 12/345/678910

An das Finanzamt

5 BERLIN-MITTE

Daten für die mit ⓔ gekennzeichneten Zeilen liegen im Regelfall vor und müssen nicht eingetragen werden. – Bitte Anleitung beachten. –

Bei Wohnsitzwechsel: bisheriges Finanzamt

Zeile 7 bis 18: Allgemeine Angaben

Die Angabe der Telefonnummer in **Zeile 7** ist freiwillig, kann aber die Bearbeitung beschleunigen. In **Zeile 8 und 20** wird nach der elfstelligen persönlichen Identifikationsnummer gefragt. Die Steueridentifikationsnummer befindet sich auf der Lohnabrechnung des Arbeitgebers. Wer sie nicht kennt, kann diese mit einem schriftlichen Antrag beim Finanzamt oder beim Bundeszentralamt für Steuern erhalten. Ehepaare sollten darauf achten, dass dem Ehemann die **Zeilen 8 bis 17** zustehen. Selbst wenn die Ehefrau die einzige Steuerquelle ist, kommt sie erst danach.

Bei gleichgeschlechtlichen Ehepaaren und eingetragenen Lebenspartnern gehört in **Zeile 8** der- oder diejenige als „Person A", dessen Nachname im Alphabet vor dem Nachnamen des anderen steht. Die Angaben zu dem zweiten Partner folgen ab **Zeile 20**. Handelt es sich um dieselben Nachnamen, entscheidet die alphabetische Reihenfolge der Vornamen. Bei Gleichheit, entscheidet das Geburtsdatum – zuerst kommt der ältere Partner ab **Zeile 8,** der Jüngere folgt als „Person B" ab **Zeile 20.**

Eine Zugehörigkeit zu Religionen wird rechts in **Zeile 11 und 23** mit den dort abgedruckten Abkürzungen markiert. Weitere Abkürzungen stehen in der „Anleitung zur Einkommenssteuererklärung" des Finanzamts und finden sich auch bei Elster. Eine Änderung der Religion im Jahr 2024 kennzeichnen Sie in Zeile 12 bzw. Zeile 24. In **Zeile 17 und 29** geben Sie an, in welchem Staat Sie leben, wenn Ihr Wohnsitz im Ausland ist.

Zeile 18 betrifft nur bestehende oder gewesene Ehe- und Lebenspartner. Wenn Sie ganz rechts (dauernd getrennt lebend) ein Datum vor Neujahr 2024 eintragen, werden Sie wie ein Lediger besteuert und büßen die Steuervorteile von Paaren ein. Haben Sie sich dagegen erst im Jahr 2024 getrennt und in dem Jahr noch mindestens einen Tag zusammengelebt oder 2024 einen Versöhnungsversuch unternommen, tragen Sie den Tag der Trennung ein und können dann nochmals eine gemeinsame Steuererklärung abgeben.

Zeile 19 bis 29: Für Ehepaare und eingetragene Lebenspartner

Paare entscheiden selbst, ob sie eine gemeinsame Steuererklärung („Zusammenveranlagung") oder zwei getrennte Erklärungen abgeben. Die gemeinsame Steuererklärung ist fast immer günstiger, das heißt, eine Steuererstattung ist höher („Trauschein mit Steuereffekt" → ab Seite 237.

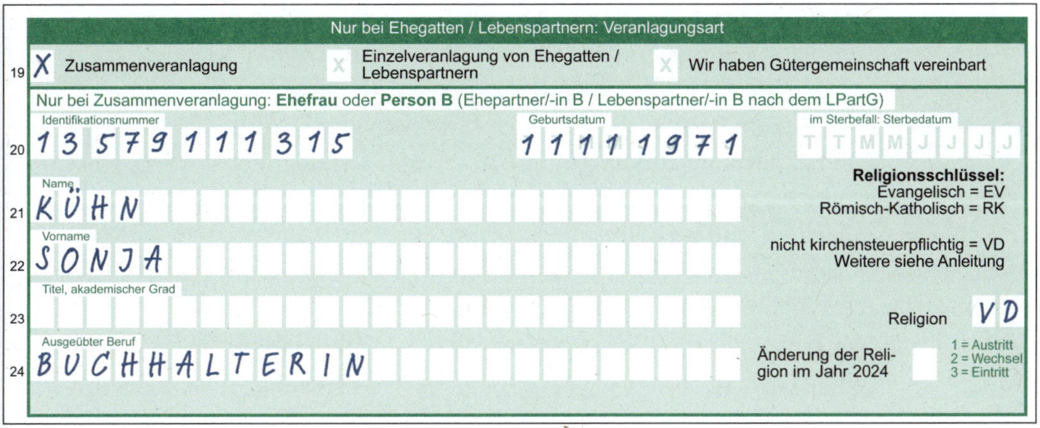

Nur bei Ehegatten / Lebenspartnern: Veranlagungsart

19 X Zusammenveranlagung | Einzelveranlagung von Ehegatten / Lebenspartnern | Wir haben Gütergemeinschaft vereinbart

Nur bei Zusammenveranlagung: **Ehefrau** oder **Person B** (Ehepartner/-in B / Lebenspartner/-in B nach dem LPartG)

20 Identifikationsnummer: 1 3 5 7 9 1 1 1 3 1 5 | Geburtsdatum: 1 1 1 1 1 9 7 1 | im Sterbefall: Sterbedatum T T M M J J J J

21 Name: KÜHN

22 Vorname: SONJA

23 Titel, akademischer Grad

24 Ausgeübter Beruf: BUCHHALTERIN

Religionsschlüssel:
Evangelisch = EV
Römisch-Katholisch = RK

nicht kirchensteuerpflichtig = VD
Weitere siehe Anleitung

Religion VD

Änderung der Religion im Jahr 2024

1 = Austritt
2 = Wechsel
3 = Eintritt

Die „Einzelveranlagung" kann jedoch in besonderen Lebenssituationen, etwa bei hohen medizinischen Kosten oder nach Erhalt einer Abfindung vom Arbeitgeber, zu einer geringeren Steuerbelastung führen. Insbesondere wenn Sie oder Ihr Partner Lohnersatzleistungen wie Arbeitslosen- oder Kurzarbeitergeld erhalten haben, kann die Einzelveranlagung lohnender sein (➔ Seite 233). Ist ein Partner Arbeitnehmer und der andere Beamter, kann sich das auch lohnen, da getrennt mehr Versicherungsbeiträge abzugsfähig sein können (➔ Seite 243).

Die Einzelveranlagung erlaubt es jedoch nicht, dass bestimmte Kosten, etwa Sonderausgaben, außergewöhnliche Belastungen oder auch Steuerermäßigungen nach freier Entscheidung des Paares einem der Partner zugeordnet werden. Die Kosten darf grundsätzlich nur derjenige absetzen, der sie tatsächlich getragen hat. Ehe- und Lebenspartner können aber beantragen, dass sie bei jedem zur Hälfte abgezogen werden (**Anlage Sonstiges,** ➔ Seite 180).

Ehe- und Lebenspartner können nach einer Änderung ihres Steuerbescheids erneut wählen, ob sie eine gemeinsame oder zwei getrennte Steuererklärungen abgeben. Das funktioniert aber nur, wenn eine neue Wahlentscheidung zu einer geringeren Steuer führen würde.

Auch Nebeneinkünfte bis 410 Euro oder steuerliche Verluste können für eine getrennte Veranlagung sprechen. Ist ein Partner 2024 verstorben, kann der verwitwete für die Jahre 2024 und 2025 noch bestimmte Steuervorteile nutzen, zum Beispiel den „Splittingtarif". Von ihm profitieren Paare besonders, wenn die Einkünfte der Partner weit auseinanderliegen. Hat etwa einer der beiden gar keine Einkünfte, der andere aber 100 000 Euro zu versteuerndes Einkommen, beträgt der Splittingvorteil 11 344 Euro. Ab → Seite 237 lesen Sie mehr zur Besteuerung von Ehepaaren und eingetragenen Lebenspartnerschaften.

Sie füllen **Zeile 25 bis 29** nur aus, wenn die Ehefrau beziehungsweise Person B einen anderen Wohnsitz hat als der Ehemann. In **Zeile 29** tragen Sie den Staat ein, falls es sich um eine ausländische Adresse handelt.

Zeile 30 bis 33: Bankverbindung

Hier müssen Sie Ihre Bankverbindung eintragen. In **Zeile 30** schreiben Sie die IBAN (International Bank Account Number) Ihrer inländischen Bank. Haben Sie Ihr Konto im Ausland, gehört die IBAN in **Zeile 31** und die BIC (Bank Identifier Code) in **Zeile 32.** Das gilt, wenn die Bank innerhalb des „Europäischen Zahlungsverkehrsraums" (SEPA) agiert, also in allen EU- und EWR-Staaten sowie in der Schweiz, Liechtenstein und Monaco. Bankverbindungen außerhalb des SEPA-Raums gehören **nicht** ins Formular, sondern müssen dem Finanzamt formlos schriftlich mitgeteilt werden.

In **Zeile 33** wird das rechte Buchstabenfeld nur ausgefüllt, wenn das Finanzamt eine Steuererstattung nicht auf Ihr Konto oder auf das Konto Ihres Partners überweisen soll, sondern wenn Sie die Erstattung an jemand anderen abgetreten haben.

Zeile 34: Arbeitnehmersparzulage

Anspruch auf eine Arbeitnehmersparzulage können Sie haben, wenn Ihr zu versteuerndes Einkommen nicht mehr als 40 000 Euro oder 80 000 Euro bei Zusammenveranlagung beträgt. Die Zulage für die eingezahlten Vermögenswirksamen Leistungen beantragen Sie mit der Ziffer „1" in **Zeile 34.** Zusätzlich müssen Sie in **Zeile 1** die „Festsetzung der Arbeitnehmersparzulage“ rechts im Kästchen ankreuzen. Die eingezahlten Beträge werden elektronisch vom Empfänger an die Finanzverwaltung übermittelt. Ob Ihnen die Zulage zusteht, errechnet dann das Finanzamt.

Zeile 35 und 36: Einkommensersatzleistungen

Die beiden Zeilen sind für Einkommensersatzleistungen vorgesehen. Das sind Zahlungen, die Ihnen anstelle eines Einkommens zustehen, beispielsweise Arbeitslosen- oder Krankengeld, Mutterschafts- und Elterngeld oder auch eine Verdienstausfallentschädigung.

Hat Ihnen das Arbeitsamt oder die Krankenkasse mitgeteilt, welche Daten elektronisch an die Finanzverwaltung übermittelt wurden, können Sie **Zeile 35** frei lassen. Die elektronischen Daten (E-Daten) werden beim Finanzamt automatisch in Ihre Steuererklärung übernommen. Liegt der Steuerbescheid dann in der Post, sollten Sie unbedingt überprüfen, ob die übernommenen Ersatzleistungen mit denen Ihrer Bescheinigung übereinstimmen. Den Betrag finden Sie im Steuerbescheid im Abschnitt „Erläuterungen zur Steuerfestsetzung“ (Kontrolle Steuerbescheid → Seite 202). Haben Sie Anspruch auf vergleichbare Leistungen aus dem EU- oder EWR-Ausland oder der Schweiz, liegen der Finanzverwaltung keine E-Daten vor. Dann sind die Beträge in **Zeile 36** einzutragen.

Zeile 37: Ergänzende Angaben

In diesem Feld können Sie dem Finanzamt mitteilen, dass Sie ergänzende Angaben machen möchten, die Sie an anderen Stellen nicht eintragen können und auf die Sie das Finanzamt besonders aufmerksam machen wollen. Das ist besonders dann wichtig, wenn Sie möchten, dass sich ein Finanzbeamter diesen Sachverhalt besonders anschaut und individuell prüft.

Die Möglichkeit für weiterführende Angaben wurde aufgrund der vollautomatischen Bearbeitung der Steuererklärungen eingeführt. Vor allem für einfachere Steuererklärungen werden immer häufiger Steuerbescheide ohne Bearbeitung oder Prüfung durch Finanzbeamte erstellt. Jeder Bürger hat aber das Recht, seine Steuererklärung anstatt nur von einer

Maschine von einem Finanzbeamten persönlich prüfen zu lassen. Das kann notwendig sein, wenn Sie bestimmte Angaben in andere Zeilen der Steuerformulare nicht eintragen können oder wenn Sie etwas geltend machen wollen, von dem Sie wissen, dass die Finanzverwaltung dazu eine andere Rechtsauffassung hat.

Wer also in **Zeile 37** die Ziffer „1“ einträgt, stoppt den Computer beim Finanzamt und erreicht die personelle Bearbeitung. Die zusätzlichen Erläuterungen sind auf einer formlosen Anlage mit der Überschrift „Ergänzende Angaben zur Steuererklärung“ einzureichen. Wer eine elektronische Steuererklärung abgibt, hat für diese Angaben ein zusätzliches Textfeld im Steuerprogramm.

Zeile 38 bis 40: Steuerberatung und Unterschrift

Haben Sie alles auf Papier ausgefüllt, vergessen Sie abschließend nicht die Unterschrift in **Zeile 38.** Ohne Unterschrift gilt die Steuererklärung als nicht eingereicht. Für die elektronische Steuererklärung gelten andere Regeln (→ ab Seite 33). Denken Sie bei einer gemeinsamen Steuererklärung auch an die Unterschrift Ihres Partners.

In das Kästchen in **Zeile 39** gehört die Ziffer „1“, wenn ein Steuerberater oder Lohnsteuerhilfeverein bei der Steuererklärung geholfen hat. In **Zeile 40** tragen Sie dann den Namen und die Adresse dieses Steuerhelfers ein.

Anlage N: für Arbeitnehmer

Die Anlage N ist für viele Arbeitnehmer und Beamte die wichtigste Anlage, denn mit ihrer Hilfe können sie alle Ausgaben für ihren Job als Werbungskosten an das Finanzamt weiterreichen.

Das Finanzamt berücksichtigt zwar automatisch Werbungskosten von 1230 Euro im Jahr pro Person, doch diese Pauschale überspringen viele Arbeitnehmer problemlos, etwa mit ihren Ausgaben für den Arbeitsweg oder für ein häusliches Arbeitszimmer. Kommen berufliche Reisen hinzu, ein beruflich bedingter Umzug der gesamten Familie oder führen Sie aus beruflichen Gründen einen Zweithaushalt, lässt sich die Steuerlast häufig sogar noch deutlicher drücken.

Das N steht für „Einkünfte aus nichtselbstständiger Tätigkeit". Beschäftigte mit einem pauschal versteuerten Minijob können sich die Anlage N sparen, denn sie zahlen für ihren Lohn keine Steuern und können auch nichts absetzen (➔ Seite 228). Ruheständler brauchen dagegen das vierseitige Formular, wenn sie Angaben zu einer vom Ex-Arbeitgeber bezogenen Pension machen müssen. Bei Ehepaaren und Lebenspartnerschaften muss jeder Partner eine eigene Anlage N ausfüllen, wenn beide im Jahresverlauf Lohn oder sogenannte Lohnersatzleistungen hatten und nicht nur die bereits elektronisch übermittelten Daten einzutragen wären.

Zeile 1 bis 3: Persönliche Daten

Nachdem die persönlichen Angaben in **Zeile 1 und 2** ausgefüllt sind, übernehmen Sie die Steuernummer (**Zeile 3**) aus Zeile 3 des **Hauptvordrucks**. Wer noch keine Steuernummer hat, lässt die Zeile frei.

Zeile 4 bis 15: Lohn und Pension

Die Angaben zu Lohn, Pension und bereits abgezogenen Steuern liegen dem Finanzamt in der Regel bereits als elektronische Meldung vor. Sie haben zur Information über diese Datenmeldung eine Lohnsteuerbescheinigung vom Arbeitgeber erhalten. Dort finden Sie auch alle hier erforderlichen Angaben zum Lohn, zu Versorgungsbezügen und eventuell abgeführten Steuern. Besonders hilfreich sind die Hinweise der Lohnsteuerbescheinigung darüber, was an welche Stelle der Anlage N kommt.

In der Papiersteuererklärung müssen Sie als Arbeitnehmer nur etwas eintragen, wenn Sie von den gemeldeten Daten abweichen wollen – etwa, weil diese fehlerhaft sind oder falls der Arbeitgeber in seiner Bescheinigung darauf hinweist, dass keine elektronische Meldung erfolgt ist. In die elektronische Steuererklärung tragen Sie die Daten weiterhin ein. Sie können damit auch die Funktion der Steuerberechnung nutzen.

Eine Minderung des Bruttoarbeitslohns in **Zeile 5** kommt in bestimmten Fällen für **Firmenwagennutzer** infrage. Und zwar dann, wenn Ihr Arbeitgeber den geldwerten Vorteil pauschal versteuert hat, Sie aber ganzjährig ein Fahrtenbuch geführt haben und danach abrechnen möchten. Oder wenn Sie Zuzahlungen zu den Betriebskosten geleistet haben. In diesen Fällen können Sie über Ihre Einkommensteuererklärung Ihren Bruttoarbeitslohn niedriger ansetzen. In **Zeile 10** tragen Sie dann eine „1“ ein.

Eintragungen in **Zeile 4 bis 9** erfolgen getrennt nach Lohnsteuerklassen. Wurde der Lohn nach den Steuerklassen 1 bis 5 besteuert, kommt die Lohnsteuerklassennummer in das Kästchen der **Zeile 4,** die Angaben dazu gehören in die erste Spalte. Alles zur Klasse 6 kommt in die zweite Spalte.

Zu den Versorgungsbezügen (**Zeile 11 bis 15**) gehören Beamten- und Werkspensionen, die vom Arbeitgeber finanziert wurden. Sie betreffen in der Regel Pensionäre. Einige „noch aktive“ Angestellte müssen sich damit auseinandersetzen, etwa, wenn sie im Jahresverlauf sowohl Gehalt als auch Pension erhalten haben oder wenn der Partner Versorgungsbezüge erhalten hat. Versorgungsbezüge müssen zwar schon im Bruttoarbeitslohn in **Zeile 5** mit enthalten sein, werden aber hier noch einmal getrennt abgefragt, weil sie anderen Steuerregeln unterliegen. **Zeile 14** füllt nur aus, wer nicht das gesamte Jahr über Versorgungsbezüge erhalten hat. Hintergrund ist, dass der Versorgungsfreibetrag (→ Seite 257) nur anteilig für die entsprechenden Monate gewährt wird.

Zeilen 16 bis 20: Abfindungen & Co.

Manche Arbeitnehmer erhielten im Jahresverlauf **Lohnnachzahlungen**, **Lohn für mehrere Jahre** oder **Abfindungen**. Die Steuerbelastung kann durch eine solche Zusammenballung von Einkünften in einem Jahr unverhältnismäßig ansteigen. Es gibt dafür besondere Steuervergünstigungen, und deshalb gehören solche bereits ermäßigt besteuerten Lohnsonderzahlungen in **Zeile 17** (Pensionen entsprechend in **Zeile 16**). **Zeile 18** betrifft Sonderzahlungen, die vom Arbeitgeber nicht ermäßigt besteuert wurden. Diese Zahlungen können aber trotzdem begünstigt sein, wenn bestimmte Voraussetzungen erfüllt sind.

In einem aufwendigen Rechenverfahren reduziert das Finanzamt die Steuer auf die zusätzlichen Einkünfte. Es wird dabei nur ein Fünftel dieser Einkünfte berücksichtigt und die darauf entfallende Steuer wieder verfünffacht. Der Vorteil ist, dass der Steuersatz nicht so stark steigt. Die Zahlungen, einschließlich der abgeführten Steuern (**Zeile 19 und 20**), lassen sich der Lohnsteuerbescheinigung des Arbeitgebers entnehmen.

Bei Problemen sollte hier ein Steuerprofi helfen. Mit ihm können Sie zum Beispiel auch klären, ob es infolge der Abfindung eventuell für Sie und Ihren Partner günstiger ist, keine gemeinsame Steuererklärung abzugeben, sondern jeweils einzeln mit dem Finanzamt abzurechnen.

Wird eine Abfindung in Teilbeträgen über mehrere Jahre bezahlt, versagt das Finanzamt in der Regel die Steuerbegünstigung. Die Ausnahme: Es erfolgt eine im Vergleich zur Hauptleistung „geringfügige“ Teilzahlung. Die Grenze der „Geringfügigkeit“ gibt die Verwaltung mit zehn Prozent an.

Zeile 21 bis 22: Steuerfreie Aufwandsentschädigung

Wer nebenbei als Arbeitnehmer in Vereinen oder in anderen Einrichtungen arbeitet, die gemeinnützigen, mildtätigen oder kirchlichen Zwecken dienen, kann eine steuerfreie Aufwandsentschädigung erhalten. Dieser „Übungsleiter-Freibetrag“ liegt derzeit bei 3 000 Euro im Jahr und wird gewährt, wenn es sich um ausbildende, erzieherische, betreuende, künstlerische oder pflegerische Arbeiten handelt. Für andere gemeinnützige Tätigkeiten, etwa für den Kassenwart im Verein, bleiben Zahlungen bis 840 Euro steuerfrei.

Sind die steuerfreien Zahlungen höher als die gesetzlichen Freibeträge, vermerken Sie in **Zeile 22** nur den Freibetrag und tragen den darüber hinausgehenden Betrag in **Zeile 21** ein. Werbungskosten für Ihr Engagement können Sie geltend machen, wenn diese den steuerfreien Betrag übersteigen. Das Finanzamt berücksichtigt die Werbungskosten dann anteilig. Der Bundesfinanzhof (BFH) hat entschieden, dass Werbungskosten auch bei ausschließlich steuerfreien Einnahmen berücksichtigt werden können, wenn sich dadurch ein Verlust ergibt (Az. VIII R 17/16). Allerdings ist dann nachzuweisen, dass sich in anderen Jahren ein Überschuss ergibt, also die Werbungskosten regelmäßig niedriger ausfallen als die steuerfreie Aufwandsentschädigung.

Wenn diese begünstigten Tätigkeiten nicht als Arbeitnehmer, sondern selbstständig ausgeübt werden, gehören die Einnahmen in die **Anlage S** (→ Seite 187).

Tätigkeiten kombinieren

Üben Sie unterschiedliche begünstigte Tätigkeiten aus, etwa als Übungsleiter im Verein und gleichzeitig als Kassenwart, können Sie pro Jahr maximal 3 000 Euro plus 840 Euro pauschal steuerfrei kassieren.

Zeile 23: Kurzarbeitergeld & Lohnersatz

Lohnersatzleistungen, zum Beispiel Kurzarbeitergeld, sind in der Regel beim Finanzamt bereits gemeldet. Die Entgeltersatzleistungen sind steuerfrei, werden jedoch berücksichtigt, wenn der Steuersatz für die übrigen Einkünfte ermittelt wird (→ Seite 233). Hat der Arbeitgeber Lohnersatzleistungen gezahlt, steht das auf der Lohnsteuerbescheinigung unter der Ziffer 15. Wenn die Angaben korrekt sind, müssen sie in der Papiererklärung **nicht** in **Zeile 23** eingetragen werden.

Andere Lohnersatzleistungen, zum Beispiel Arbeitslosen-, Eltern-, Mutterschafts- und Krankengeld, gehören dagegen nicht hierher in die Anlage N, sondern in Zeile 35 des **Hauptvordrucks**.

Zeile 24 bis 29: Sonderfall Ausland & Co.

Arbeitslohn, der noch nicht versteuert wurde, etwa, weil ein ausländischer Arbeitgeber ihn zahlte, kommt in **Zeile 21**. Die **Zeilen 24 bis 29** betreffen Auslandstätigkeiten von Arbeitnehmern, die zu ziemlich verzwickten Steuerproblemen führen und die sich noch dazu von Land zu Land stark unterscheiden. In der **Anlage N-AUS** müssen dazu weitere Angaben und Berechnungen erfolgen (→ Infokasten Seite 97). Die sollten Angestellte mithilfe eines Steuerprofis angehen, jedenfalls dann, wenn sie sich zum ersten Mal damit herumschlagen müssen. Auch steuerfreier Arbeitslohn aus dem Ausland muss in den **Zeile 24 bis 26** angegeben werden, weil dieser den Steuersatz Ihrer steuerpflichtigen Einkünfte erhöhen kann. In **Zeile 29** geben Grenzgänger ihr Beschäftigungsland mit einer der dort vorgegebenen Ziffern an.

Zeile 30 bis 86: Werbungskosten

Wer sich ganz sicher ist, dass er im Jahresverlauf weniger als 1230 Euro für den Job ausgegeben hat, muss ab **Zeile 30** gar nichts ausfüllen. So hoch ist 2024 die Werbungskostenpauschale für Arbeitnehmer, auch „Arbeitnehmerpauschbetrag" genannt (→ Seite 9). Diesen berücksichtigt das Finanzamt von sich aus automatisch. Die volle Pauschale steht einem Arbeitnehmer auch dann zu, wenn er nur wenige Monate des Jahres beschäftigt war.

Selbst wenn Sie zunächst meinen, Sie bleiben bei den Werbungskosten unterhalb der Pauschale, sollten Sie zur Sicherheit doch einen Blick auf die folgenden Abzugsposten werfen: Homeoffice, Arbeitsweg, Bildungskosten, Arbeitsmittel, Fachliteratur, Berufskleidung und Reisekosten. Da kann doch einiges zusammenkommen.

Wichtig auch: Haben Sie 2024 aus beruflichen Gründen, etwa für die Arbeit im Homeoffice, einen neuen Computer gekauft, können Sie die Ausgaben für PC und Software im Jahr der Anschaffung komplett absetzen. Auch Ausgaben für weiteres Zubehör wie Monitor oder Computer-Maus rechnen Sie sofort ab. Denken Sie aber immer daran, dass Sie nur Kosten geltend machen dürfen, die **nicht** der Arbeitgeber getragen hat.

Zeile 30 bis 55: Fahrten zur Arbeit

Dieser Themenkomplex wurde im letzten Jahr neu gestaltet. Jetzt können Sie blockweise alle Angaben für bis zu drei Arbeitsstätten hintereinander eintragen. Haben Sie nur eine Arbeitsstätte im Jahr 2024 aufgesucht, müssen Sie nur die **Zeilen 30 bis 37** ausfüllen. Haben Sie aber während des Jahres 2024 den Job gewechselt und sind zum Beispiel ab August 2024 zur neuen Firma gefahren, tragen Sie ab **Zeile 38** die Daten für Ihre zweite Tätigkeitsstätte ein.

Der tägliche Weg zur Arbeitsstätte war über viele Jahre für zahlreiche Berufstätige ein dicker Posten auf der Liste der Werbungskosten. Seit Corona arbeiten viel mehr Arbeitnehmer zumindest zeitweilig im Homeoffice. Dann fallen zwar die abzurechnenden Arbeitswege niedriger aus, doch trotzdem kommt meist immer noch einiges zusammen.

Anlage Mobilitätsprämie: Sparen bei weitem Weg und niedrigem Einkommen

Haben Sie oder Ihr Partner ein zu versteuerndes Einkommen von höchstens dem Grundfreibetrag (2024: 11784 Euro, Ehepaare: 23568 Euro), profitieren Sie nicht von der auf 38 Cent erhöhten Pendlerpauschale ab Kilometer 21. Deshalb gilt: Falls Ihr Arbeitsweg länger als 20 Kilometer ist, steht Ihnen die 2021 neu geschaffene Mobilitätsprämie zu.

→ **Die Rechnung dahinter:** Vereinfacht gesagt muss das Finanzamt ermitteln, wie sich die höhere Pendlerpauschale zu Ihren Gunsten auswirken würde, wenn Sie Steuern zahlen müssten.

→ **Schritt für Schritt:** Die Festsetzung der Prämie beantragen Sie im Hauptvordruck (→ Seite 56). Zudem füllen Sie die **Anlage Mobilitätsprämie** aus. Dort geben Sie in Zeile 5 an, ob sich Ihr Antrag auf Einkünfte aus nichtselbstständiger Tätigkeit bezieht, in Zeile 6, wenn es um andere Einkünfte, etwa aus selbstständiger Tätigkeit, geht. Handelt es sich um eine angestellte Beschäftigung, machen Sie ab Zeile 9 oder Ihr Partner ab Zeile 17 Angaben zur Wegstrecke zwischen Wohnung und erster Tätigkeitsstätte. Ab Zeile 11 oder 19 informieren Sie über die Familienheimfahrten, die sich aufgrund einer doppelten Haushaltsführung ergeben haben.

Für den Weg in die Firma, die „erste Tätigkeitsstätte" zählt jedoch nur die „einfache Entfernung", das heißt: entweder die Hinfahrt oder die Rückfahrt, **nicht** aber hin und zurück. Es zählen nur die vollen Kilometer, liegen Sie zwischen zwei Kilometerangaben, müssen Sie den Wert abrunden.

Wer beispielsweise an 220 Tagen im Jahr in den 19 Kilometer entfernten Betrieb gefahren ist, kommt auf 1254 Euro Werbungskosten (220 mal 0,30 mal 19) und hat allein damit schon den Arbeitnehmerpauschbetrag von 1230 Euro geknackt. Dieser Wert ergibt sich, weil in dem Beispiel für jeden Entfernungskilometer mit einer Pauschale von 30 Cent gerechnet wird.

Bei längeren Fahrtstrecken gibt es seit 2021 eine höhere Pauschale ab Entfernungskilometer 21. 2024 können Sie für jeden Kilometer über der Grenze von 20 jeweils **38 Cent je Kilometer** geltend machen.

Von dieser erhöhten Pauschale profitieren allerdings nicht alle Arbeitnehmer. Pendler, deren zu versteuerndes Jahreseinkommen nicht über den Grundfreibetrag hinausgeht, bleiben außen vor. Sie haben allerdings die Möglichkeit, die 2021 eingeführte „Mobilitätsprämie" zu beantragen (→ Kasten, Seite 69).

In **Zeile 30** gehört die „erste Tätigkeitsstätte". Das ist ein fester Arbeitsort, der auf Dauer regelmäßig aufgesucht wird. Infrage kommt jede ortsfeste betriebliche Einrichtung des Arbeitgebers, eines verbundenen Unternehmens oder eines Dritten, etwa eines Kunden. Bei mehreren Arbeitsorten gilt das, wie der Name sagt, nur für einen Arbeitsort: Dann kann der Arbeitgeber festlegen, welcher das ist. Ohne Festlegung durch den Arbeitgeber gelten objektive Kriterien. Danach ist die erste Tätigkeitsstätte dort, wo der Arbeitnehmer in der Regel arbeitstäglich oder zwei volle Arbeitstage pro Woche oder mindestens ein Drittel der vereinbarten regelmäßigen Arbeitszeit im Auftrag seines Arbeitgebers dauerhaft tätig sein soll.

Im ersten Kasten tragen Sie eine 1 ein, wenn es sich um eine erste Tätigkeitsstätte handelt. Werden Sie hingegen an einem bestimmten Ort vom Arbeitgeber abgeholt, dann machen Sie Ihre Fahrten zu diesem „Sammelpunkt" geltend und tragen eine 2 ein. Dasselbe gilt, wenn Sie zu einem weiträumigen Tätigkeitsgebiet fahren. Hier zählt die Entfernung zum Beginn des Tätigkeitsgebiets.

Für den Weg dorthin gilt – wie zur ersten Tätigkeitsstätte – die Entfernungspauschale von 30 Cent für jeden vollen Kilometer bei einer Entfernung von bis zu 20 Kilometer, ab Kilometer 21 wiederum 38 Cent. Diese Pauschale steht Ihnen grundsätzlich unabhängig vom Verkehrsmittel zu, das genutzt wurde. Auto, Zug, Rad oder Fußweg bringen pro Kilometer alle dasselbe.

Im zweiten Feld tragen Sie die Anschrift des Arbeitsorts ein. Im dritten Feld den Zeitraum, in dem Sie dorthin gefahren sind.

Zeile 31: Ins erste Feld kommt die Zahl der wöchentlichen Arbeitstage, ins zweite die Urlaubs-, Krankheits-, Heimarbeits- und Dienstreisetage. Wenn Sie viel zu Hause gearbeitet haben, reduziert dies dementsprechend Ihre Fahrtage.

Menschen mit einer Behinderung können die tatsächlichen Kosten absetzen, wenn der Behinderungsgrad mindestens 70 beträgt oder 50 plus Merkzeichen „G" im Behindertenausweis steht. Sie können pauschal

30 Cent je Kilometer für Hin- und Rückfahrt mit dem Pkw geltend machen, und sie dürfen per Nachweis auch noch höhere tatsächliche Kosten abrechnen. Die nachgewiesenen tatsächlichen Kosten für Fahrten mit öffentlichen Verkehrsmitteln können Menschen mit Behinderung wie auch jene ohne Behinderung ohne Begrenzung absetzen. Falls das für Sie zutrifft, tragen Sie im dritten Feld eine 1 ein.

Zeile 32: Hier tragen Sie Tage ein, an denen Sie tatsächlich zum Arbeitsplatz gefahren sind. Für Arbeitstage, an denen Sie aufgrund von Auswärtstätigkeiten nur jeweils einen einfachen Hin- oder Rückweg zur oder von der ersten Tätigkeitsstätte zurückgelegt haben, etwa wenn Sie als Flugbegleiterin tätig sind, können Sie nur die halbe Entfernungspauschale geltend machen. Tragen Sie dementsprechend nur die halbe Anzahl an Arbeitstagen ein. Entsprechendes gilt ebenfalls, wenn Sie etwa am Abend nicht in die Wohnung zurückgefahren sind, von der aus Sie morgens gestartet sind.

Zeile 33: Hier tragen Sie die Entfernung in ganzen Kilometern ein. Berechnungsgrundlage ist die kürzeste Straßenverbindung, egal welches Verkehrsmittel tatsächlich genutzt wurde.

Die Entfernung kennt das Finanzamt in der Regel genau, rundet Stellen hinter dem Komma immer auf den vollen Kilometer ab und wird bei Umwegen stutzig. Unter bestimmten Voraussetzungen erkennt es den Umweg aber an (→ Kasten Seite 72).

In **Zeile 34** will das Finanzamt wissen, wie viele Kilometer der einfachen Entfernung Sie mit dem Privat- oder Firmenwagen gefahren sind. Wer die gesamte Strecke per Auto unterwegs war, schreibt hier wieder die einfache

Umwege eventuell möglich

Das Finanzamt akzeptiert Umwege, wenn Sie die längere Strecke tatsächlich nutzen und diese offensichtlich verkehrsgünstiger ist. Das ist der Fall, wenn der Arbeitsort dadurch regelmäßig schneller und pünktlicher erreicht wird. Waren Sie also auf einer längeren Strecke schneller als auf der kürzesten, zum Beispiel weil Sie häufigen Staus ausweichen konnten, zählt der längere Weg.

Entfernung hinein. Hat der Arbeitgeber einen kostenlosen Sammeltransport organisiert, kommt der damit zurückgelegte Teil der einfachen Entfernung in **Zeile 35** und fällt für den Werbungskostenabzug unter den Tisch. In **Zeile 36** will das Amt den Teil der Entfernung sehen, der nicht mit dem Auto zurückgelegt wurde oder, wenn doch mit dem Auto, dann nicht als Fahrer, sondern als Teil einer Fahrgemeinschaft. In **Zeile 37** geht es nicht mehr um Kilometer, sondern um Euro, die für öffentliche Verkehrsmittel ausgegeben wurden, um zur Arbeit zu gelangen.

Hintergrund dieser aufwendigen Abfrage ist vor allem die grundsätzliche Begrenzung der Entfernungspauschale auf 4 500 Euro pro Jahr. Allerdings gibt es hier einige Ausnahmen.

Die erste Ausnahme: Pkw-Nutzer dürfen die Entfernungspauschale in unbegrenzter Höhe absetzen, auch wenn mehr als 4 500 Euro zusammenkommen. Hier lauert jedoch eine „Ausnahme von der Ausnahme“: Wenn jemand nicht als Fahrer, sondern stets nur als **Mitfahrer einer Fahrgemeinschaft** unterwegs ist, gilt für ihn doch die 4 500-Euro-Grenze.

Zweite Ausnahme: Wer mit dem **Zug oder anderen öffentlichen Verkehrsmitteln** zur Arbeit gefahren ist und die dafür entstandenen Kosten nachweist, darf das absetzen, was er tatsächlich bezahlt hat. Das ist natürlich nur sinnvoll, wenn es über das ganze Jahr gerechnet höhere Werbungskosten einbringt als die Entfernungspauschale. Sie können die vollen Kosten etwa für eine Zeitkarte im Öffentlichen Nahverkehr auch dann geltend machen, wenn Sie das Ticket nicht im zunächst geplanten Umfang nutzen konnten, etwa weil Sie viel im Homeoffice waren. Eine Obergrenze gibt es nicht.

Dritte Ausnahme: **Menschen mit einer Behinderung,** die ihre tatsächlichen Kosten absetzen dürfen.

Vierte Ausnahme: **Flug- und Fährkosten** sind nur mit den nachgewiesenen tatsächlichen Kosten absetzbar, nicht mit der Entfernungspauschale. Das müssen Sie dann in **Zeile 64** unter „weitere Werbungskosten" angeben.

Angestellte, die mal mit dem Auto und mal mit öffentlichen Verkehrsmitteln zur Arbeit fuhren, können einheitlich entweder per Entfernungspauschale oder per Ticketkosten abrechnen. Das Finanzamt erkennt den für das gesamte Jahr höheren Betrag an. Mit der Entfernungspauschale sind die Ausgaben für den Arbeitsweg abgegolten.

Strittig ist, wie mit **Unfallkosten** umzugehen ist. Kommt es auf dem Weg zur ersten Arbeitsstätte zu einem Unfall, sind die Finanzämter angehalten, diese zusätzlich als Werbungskosten zu berücksichtigen. Andererseits hat der Bundesfinanzhof vor einigen Jahren mit einem Urteil die Tür für eine Ablehnung geöffnet, da demnach von der Entfernungspauschale auch außergewöhnliche Aufwendungen wie Reparaturkosten, abgedeckt sein sollen (BFH, Az. VI R 29/13).

Kommt es hingegen auf einer Dienstfahrt zu einem Unfall, zählen die dadurch entstandenen Kosten aber zusätzlich:

→ Zum Beispiel das Ehepaar Laura und Lennart

Beide arbeiten im selben Betrieb, 19 Kilometer von ihrer Wohnung entfernt. Acht Monate lang fuhren sie mit Lennarts Auto gemeinsam in die Firma. Drei Monate war Lennart wegen veränderter Arbeitszeiten allein mit dem Auto unterwegs, Laura nahm in dieser Zeit den Bus. Das Ticket kostete 60 Euro monatlich. Im Winter hatte Lennart auf einer Fahrt in die Zweigstelle der Firma einen Unfall mit nachfolgenden Reparaturkosten von 3 000 Euro. Andere Werbungskosten kann das Paar nicht abrechnen.

Lennarts Entfernungspauschale für Pkw-Fahrten (220 Tage mal 19 km mal 0,30)	**1 254**
Lauras Entfernungspauschale als Pkw-Beifahrerin (160 Tage mal 19 km mal 0,30)	+ 912
Lauras Entfernungspauschale für Busfahrten (60 Tage mal 19 km mal 0,30)	+ 342
Lauras Monatskarte für den Bus (3 Monate mal 60)	(180)
Lennarts Unfallkosten auf der Dienstfahrt	+ 3 000
Fahrtkosten zur Arbeit insgesamt (alle Angaben in Euro)	**5 508**

Laura und Lennart geben ihre Fahrtkosten jeweils auf ihrer eigenen Anlage N ab **Zeile 30** an. Ihre Fahrten mit dem Bus rechnet Laura mit der Entfernungspauschale ab, weil das für sie günstiger ist, als wenn sie die tatsächlichen Ticketkosten in Höhe von 180 Euro angibt. Die Unfallkosten bekommt Lennart hier nicht unter, er trägt sie stattdessen ab **Zeile 64** als „Unfallkosten auf der Dienstfahrt" in seiner Anlage N ein.

Insgesamt kommen beide zusammen auf 5 508 Euro Werbungskosten (1 254 plus 912 plus 342 plus 3 000). Die Arbeitnehmerpauschbeträge (2 mal 1 230) wurden bereits beim Lohnsteuerabzug berücksichtigt. Unter dem Strich drücken weitere 3 048 Euro Fahrtkosten die Steuerbelastung (5 508 minus 2 460).

Zahlt Ihnen der Arbeitgeber Zuschüsse zu den Fahrtkosten zwischen Wohnung und Firma, sind diese in der Regel bereits zutreffend gemeldet und müssen dann in der Papiererklärung nicht mehr in **Zeile 54** eingetragen werden. Anders verhält es sich mit Zuschüssen der Arbeitsagentur oder vom Jobcenter, die weiterhin in **Zeile 55** einzutragen sind.

Arbeitnehmer mit ständig wechselnden Einsatzorten, etwa Kundendienstbetreuer, Außendienstler, Bau- oder Montagearbeiter, müssen sich in der Regel nicht mit der Entfernungspauschale begnügen. Gleiches gilt für Arbeitnehmer, die neben der ersten weitere feste Arbeitsstellen beim selben Arbeitgeber haben oder die befristet, bis maximal 48 Monate, an einen anderen Arbeitsort versetzt wurden. Sie leisten Auswärtstätigkeit und tragen ihre Fahrten zur Arbeit nicht in diesem Bereich ein, sondern geben sie ab **Zeile 68** ein.

Zeile 56: Berufsverbände

Wer einer Gewerkschaft, einem Beamtenverband oder einem anderen Berufs- oder Fachverband angehört, trägt Organisation und Beitrag in **Zeile 56** ein. Belege müssen Sie nicht mehr beilegen. Wenn das Amt Fragen hat, wird es sich melden.

Zeile 57 bis 59: Arbeitsmittel

Als Arbeitsmittel (**Zeile 57 und 58**) gelten Dinge, die für den Job gebraucht werden, zum Beispiel Fachbücher, Büromöbel oder Computer. Haben Sie solche Arbeitsmittel 2024 angeschafft und kosteten sie bis zu 800 Euro ohne Umsatzsteuer, gelten sie als „geringwertige Wirtschaftsgüter". Damit dürfen Sie den Kaufpreis im Jahr des Kaufs voll als Werbungskosten geltend machen oder wahlweise über die Nutzungsdauer.

Die Anschaffungskosten für Computer und Software dürfen Sie auch dann im Jahr des Kaufs komplett geltend machen, wenn sie mehr als 800 Euro netto gekostet haben. Diese Vereinfachung wurde 2021 eingeführt. Für andere Arbeitsmittel ist die Regelung etwas komplizierter. Lag deren Preis über 800 Euro, müssen die Ausgaben auf die festgelegte Nutzungsdauer aufgeteilt werden, zum Beispiel Ausgaben für einen Schreibtisch oder andere Büromöbel auf 13 Jahre. Diese Methode heißt Abschreibung und wird kurz **AfA** genannt (Absetzung für Abnutzung). Sie erfolgt im Prinzip in gleichen Jahresbeträgen über die festgelegte Nutzungsdauer. Im Anschaffungsjahr gibt es den vollen Jahresbetrag aber nur, wenn das Arbeitsmittel im Januar gekauft wurde. Beim Kauf im März sind es nur zehn Zwölftel des Jahresbetrags für die zehn Monate von März bis Dezember. Verloren ist trotzdem nichts – die Ersparnis kommt dann nur später.

Wer wissen will, über wie viele Jahre ein Arbeitsmittel abgeschrieben werden muss, kann auf der Seite bundesfinanzministerium.de nach „AfA-Tabellen" suchen. Die Tabellen sind aber unübersichtlich, sodass es bequemer sein kann, dass Sie einfach beim Finanzamt nachfragen.

Ausgaben für Arbeitsmittel dürfen als Werbungskosten abgesetzt werden, wenn die Gegenstände so gut wie ausschließlich beruflich genutzt werden. Eine private Mitnutzung von höchstens 10 Prozent schadet nicht.

Liegt der private Nutzungsanteil darüber, fällt alles dem Rotstift zum Opfer. Es gibt aber immer mehr Ausnahmen von dieser Regel. Der Computer (plus Zubehörgerät wie Drucker) ist eine davon. Telefon, Anrufbeantworter, Smartphone, Tablet und Fax sind andere. Hier lassen sich die Kosten – geschätzt oder per Nachweis – in beruflich und privat aufteilen, und der berufliche Anteil darf geltend gemacht werden. Eine hälftige berufliche Nutzung hakt das Amt in der Regel ab, eine höhere oftmals nur mit Nachweis. Im Zweifel kann eine Bescheinigung des Arbeitgebers helfen.

Der Zusammenhang zwischen beruflich und privat funktioniert übrigens auch umgekehrt. Hätte etwa ein Angestellter einen Schreibtisch (samt Computertisch), den er sich im Januar 2023 für 1 500 Euro privat gekauft und in sein Wohnzimmer gestellt hat, in 2024 so gut wie ausschließlich beruflich genutzt, könnte er ihn ab 2024 als Arbeitsmittel über zwölf Jahre mit 115 Euro pro Jahr absetzen (1 500 durch 13 Jahre Nutzungsdauer). Das erste Jahr ist wegen der Privatnutzung für die AfA außen vor.

Ein weiteres Arbeitsmittel ist typische **Berufskleidung,** etwa der „Blaumann", die Polizeiuniform oder auch einheitliche Betriebskleidung: Sie gilt als Arbeitsmittel, und die Ausgaben dafür sind Werbungskosten. Die Betonung liegt dabei auf „typisch", denn Kleidungsstücke, die üblicherweise auch im Alltag getragen werden, zählen nicht dazu.

Bei typischer Berufskleidung sind aber nicht nur die Anschaffungskosten abzugsfähig, sondern Sie können auch **Ausgaben für die Reinigung** geltend machen, egal ob eine Reinigungsfirma sie ausführt oder die eigene Waschmaschine. Reinigen Sie zu Hause, können Sie die Kosten fürs Waschen, Trocknen und Bügeln der Arbeitskleidung schätzen. Es gibt zwar Werte der Verbraucherverbände, zum Beispiel 87 Cent pro Kilogramm getrocknete und gebügelte Buntwäsche im Zweipersonenhaushalt, doch diese Angaben sind mehr als 15 Jahre alt. Alternativ können Sie auch selbst Ihre Kosten für die Waschgänge schätzen. Es ist jedoch nicht sicher, dass das Finanzamt das akzeptiert.

Zeile 60 bis 62: Arbeit zu Hause

Im Zuge der Corona-Pandemie ist die Arbeit im Homeoffice für immer mehr Arbeitnehmer Alltag geworden. Das macht sich auch in der Steuererklärung bemerkbar. Seit dem Steuerjahr 2023 gelten jedoch rund ums Arbeitszimmer und die Homeoffice-Pauschale etwas veränderte Regeln.

Zeile 60: Zunächst müssen Sie klären, ob Sie ein **häusliches Arbeitszimmer** haben. Beim Arbeitszimmer muss es sich um einen abgeschlossenen Raum handeln, der **Mittelpunkt** der gesamten beruflichen Tätigkeit ist. Das ist der Fall bei Heim- und Telearbeitern. Dann können Sie entweder ihre **gesamten Kosten oder** die **neue Jahrespauschale von 1 260 Euro** geltend machen. Für die Pauschale müssen Sie keine einzelnen Kosten nachweisen können. Allerdings gilt sie zeitanteilig, das heißt: Haben Sie etwa nur von März bis Dezember das Arbeitszimmer genutzt, dann stehen Ihnen nur zehn Zwölftel der Jahrespauschale zu, also 1050 Euro.

Ob das Arbeitszimmer den Mittelpunkt der gesamten Tätigkeit bildet, ist in manchen Fällen umstritten. Faustregel: Mittelpunkt ist dort, wo der „wesentliche“ und „prägende“ Teil der gesamten Tätigkeit stattfindet, also wo der inhaltliche Schwerpunkt liegt. Arbeitnehmer im Außendienst haben meist ihren Schwerpunkt nicht im Arbeitszimmer und können dann nur ihre zu Hause verbrachten Arbeitstage im Rahmen der Homeoffice-Pauschale abziehen. Ob der längste Teil der Arbeitszeit im Heimbüro oder außerhalb verbracht wird, ist nur dann entscheidend, wenn die Tätigkeiten gleichwertig sind.

Das Finanzamt akzeptiert eine private Mitnutzung des Heimbüros von maximal 10 Prozent. Ist es mehr, fallen sämtliche Raumkosten dem Rotstift zum Opfer. Die Wohnung sollte ausreichend viel Fläche bieten, sodass ohne das Arbeitszimmer noch genügend Freiraum für die Privatsphäre bleibt. Die Einrichtung sollte „büromäßig“ ausfallen und überwiegend mit beruflich notwendigen Gegenständen wie Schreibtisch, Regalen oder Bücherschrank bestückt sein. Wenn das Finanzamt Raumkosten für ein Arbeitszimmer nicht anerkennt, sind Computer und Schreibtisch, andere Büromöbel und Bürotechnik als Arbeitsmittel trotzdem absetzbar, wenn sie zu Hause für den Job genutzt werden.

Arbeitszimmer: Die wichtigsten Abzugsposten

Steht Ihnen ein separater Arbeitsraum zur Verfügung, können Sie einige Posten abrechnen:

- **Raumkosten**
  Für Mieter zählen Miete und die Mietnebenkosten. Hinzu kommen weitere Ausgaben, etwa für Strom, Heizung, Wasser, Reinigung, Renovierung oder Hausratversicherung. Eigentümer machen ebenfalls ihre Energiekosten geltend und dazu die Ausgaben, die sie im Fall einer Vermietung als Werbungskosten abziehen könnten, etwa Finanzierungskosten, Gebäudeabschreibung, Reparaturkosten, Gebäudeversicherung und Grundsteuer.
- **Raumausstattung**
  Ausgaben, die ausschließlich dem Arbeitszimmer zugeordnet werden können, etwa für die Ausstattung mit Deckenlampen oder Teppich, sind grundsätzlich voll absetzbar, ebenso die Renovierung und Reinigung.
- **Größe**
  Beziehen sich Kosten auf die gesamte Wohnung, ist nur der Teil absetzbar, der auf das Arbeitszimmer entfällt. Der Anteil richtet sich nach dem Verhältnis von der Gesamtwohnfläche zur Fläche des Arbeitszimmers (→ Beispiel Seite 80).
- **Arbeitsmittel**
  Ausgaben für Schreibtisch, Regal, Schreibtischlampe, Bücherschrank, Computer, Fax, Drucker oder Kopierer sind im Jahr des Kaufs oder entsprechend ihrer festgelegten Nutzungsdauer absetzbar (→ Seite 75). Das funktioniert unabhängig davon, ob sich die Dinge in einem steuerlich anerkannten Arbeitszimmer oder anderswo in der Wohnung befinden. Sie werden nicht auf die Grenze von 1 260 Euro angerechnet, wenn die Jahrespauschale angesetzt wird.

An die strengen Voraussetzungen für das Arbeitszimmer sind Sie nicht gebunden, wenn Sie die **Homeoffice-Pauschale** geltend machen. Seit der Steuererklärung 2023 können Sie hierfür an bis zu 210 Tagen jeweils 6 Euro absetzen. Das ergibt einen Höchstbetrag von 1260 Euro.

Hierfür tragen Sie in **Zeile 61** die Arbeitstage ein, die Sie ganz oder überwiegend zu Hause verbracht haben. Anhand der Arbeitstage ermittelt das Finanzamt dann die Homeoffice-Pauschale, die jetzt **Tagespauschale** heißt. Damit können Sie Ausgaben für Ihren Arbeitsplatz zu Hause geltend machen – ganz egal, ob Sie am Küchentisch oder am Schreibtisch im Schlafzimmer gearbeitet haben. Für die Tage, die Sie hier eintragen, können Sie keine Fahrt- oder Reisekosten abrechnen.

Tagespauschale (bei beruflicher Tätigkeit im Homeoffice)
– Diese wird von Ihrem Finanzamt anhand Ihrer Angaben zur Anzahl der Tage berechnet. –

61	Für die berufliche Tätigkeit steht **ein anderer Arbeitsplatz** zur Verfügung: Anzahl der Kalendertage, an denen die berufliche Tätigkeit **ganz** oder **überwiegend** in der häuslichen Wohnung ausgeübt und **keine** erste Tätigkeitsstätte aufgesucht wurde **– Diese Kalendertage dürfen nicht in Zeile 62 enthalten sein. –**	335	150
62	Für die berufliche Tätigkeit steht **dauerhaft kein anderer Arbeitsplatz** zur Verfügung: Anzahl der Kalendertage, an denen die berufliche Tätigkeit (auch) in der häuslichen Wohnung ausgeübt wurde **– Diese Kalendertage dürfen nicht in Zeile 61 enthalten sein. –**	336	

Ist das Heimbüro nicht Mittelpunkt der beruflichen Arbeit, existiert aber für die dort ausgeführten Tätigkeiten kein anderer Arbeitsplatz, können bis zu 1260 Euro im Jahr abgesetzt werden. Das trifft zum Beispiel für viele Außendienstmitarbeiter und Lehrer zu, die Teile ihrer Arbeit zu Hause machen müssen, weil es an ihrem Arbeitsplatz – also etwa in der Schule – keine Möglichkeit dafür gibt. Auch Arbeitnehmer und Beamte, die sich fortbilden und das Arbeitszimmer zum Selbststudium brauchen, können begünstigt sein. Dann tragen Sie diese Homeoffice-Arbeitstage in **Zeile 62** ein. Falls Sie an so einem Arbeitstag auch noch zum Arbeitsplatz gefahren sind, können Sie in diesem Fall die Fahrtkosten zusätzlich geltend machen. Das gilt aber nur für diese Fallgruppe.

→ Zum Beispiel Familie N.

Norbert N. ist Lehrer, verheiratet mit Nora und hat eine zweijährige Tochter Nina. Norbert arbeitet im Schuldienst, Nora möchte bald ihre erste Stelle an der Schule antreten. Weil das Arbeitszimmer nicht den Mittelpunkt der beruflichen Tätigkeit darstellt, sind höchstens 1260 Euro fürs gesamte Jahr absetzbar. Im Januar 2024 hat Norbert den Raum mit einer Büroschrankwand für 1300 Euro ausgestattet und einen Computer samt Software (1500 Euro) angeschafft. Die Geräte nutzt er je zur Hälfte beruflich und privat. Norbert hat die Werbungskostenpauschale bereits mit Fahrten zur Arbeit ausgeschöpft. Von den Raumkosten kann er 1260 Euro in **Zeile 60** geltend machen. Unabhängig davon kann er die Möbel und den Computer in den **Zeilen 57 und 58** abrechnen.

Raumkosten	
Tagespauschale 210 Tage mal 6 Euro (maximal 1 260)	1 260
Arbeitsmittel	
Büroschrankwand (1 300 durch 13 Jahre Nutzungsdauer)	100
Computer mit Software (1 500 Euro, Abschreibung im Anschaffungsjahr, 50 % berufliche Nutzung)	750
Arbeitsmittel insgesamt (alle Angaben in Euro)	**850**

Wenn Nina im nächsten Jahr in den Kindergarten kommt, Nora auch als Lehrerin arbeitet und das Arbeitszimmer mit nutzt, kann das Paar von steuerzahlerfreundlichen Entscheidungen des Bundesfinanzhofs profitieren. Statt höchstens 1260 Euro pro Raum dürfen sie bis zu 1260 Euro **Raumkosten pro Person**, insgesamt also bis zu 2520 Euro geltend machen. Denn die obersten Finanzrichter haben entschieden: Nutzen mehrere Personen ein häusliches Arbeitszimmer gemeinsam, gilt die Höchstbetragsgrenze nicht pro Raum, sondern pro Person (Bundesfinanzhof, Az. VI R 53/12 und VI R 86/13). Alle genannten Bedingungen und Regelungen gelten aber nur für die Anerkennung eines „häuslichen" Arbeitszim-

Vorübergehend volle Kosten absetzen?
Ihr Arbeitgeber hat Sie aufgefordert, die Firma etwa für einen bestimmten Zeitraum nicht zu betreten und nur noch zu Hause zu arbeiten? Für diese Phase war das Arbeitszimmer der Mittelpunkt Ihrer beruflichen Tätigkeit, sodass Sie zumindest für diesen Zeitraum die vollen Raumkosten für ein häusliches Arbeitszimmer geltend machen können und nicht nur maximal 1 260 Euro. Gerade wenn Sie verschiedene Wechsel hatten (etwa zu Hause, Büro, wieder zu Hause, ehe es zurück in die Firma ging), kann es sich lohnen, einen Steuerprofi einzuschalten, um Ihre Abzugsmöglichkeiten komplett auszuloten.

mers. Ein Arbeitsraum in der Wohnung der Oma oder bei der Freundin um die Ecke ist nicht „häuslich", sondern „außerhäuslich", und dafür gelten diese Bedingungen nicht.

So ein Raum kann sich übrigens auch im selben Mehrfamilienhaus wie die Wohnung befinden, wenn er baulich klar von ihr getrennt ist. Manchmal geht es auch um die Frage, ob ein Raum überhaupt ein „Arbeitszimmer" ist. Wer zu Hause eine Werkstatt, ein Studio oder ein Lager beruflich nutzt, hat kein Arbeitszimmer. Ein solcher Raum sollte dann aber nicht eingerichtet sein wie ein Büro. Dann können die Raumkosten voll abgesetzt werden.

Zeile 63: Fortbildungskosten

Arbeitnehmer und Beamte, die sich weiterbilden oder die umschulen, können Ausgaben dafür als Werbungskosten geltend machen. Das betrifft Bildungsveranstaltungen aller Art und jeden Umfangs, zum Beispiel Lehrgänge, Schulungen, Tagungen, Kurse, Studien, Übungen oder Vorträge. Erkennt das Finanzamt eine Bildungsmaßnahme als förderungswürdig an, ist eine breite Palette an Ausgaben absetzbar.

Bildungskosten von A bis Z – Diese Ausgaben können Sie geltend machen

Bildungskosten sind grundsätzlich absetzbar, egal ob es sich dabei um Ausgaben für eine Erstausbildung oder für ein Zweitstudium handelt, ob es um einen Kongress, ein Seminar oder eine andere Veranstaltung geht. Voraussetzung ist, dass mit der Aus- oder Weiterbildung steuerpflichtige Einnahmen erzielt werden sollen. Je nach der steuerlichen Einordnung können Arbeitnehmer für die Bildungsmaßnahme Sonderausgaben (➔ Seite 114) oder Werbungskosten hier auf der Anlage N geltend machen.

➔ **Arbeitsmittel**
Das sind zum Beispiel Ausgaben für Fachliteratur, Büromaterial, Kopien und andere Leistungen des Copyshops, Schreibtisch, Stuhl und andere Büromöbel, Computer, Laptop und weitere erforderliche Geräte. Die Ausgaben für Computer und Software können Sie unabhängig vom Preis im Jahr der Anschaffung voll als Werbungskosten geltend machen. Für die anderen Arbeitsmittel gilt, dass Sie die Ausgaben direkt absetzen können, wenn das Gerät bis zu 952 Euro (mit Umsatzsteuer) gekostet hat. Teurere Arbeitsmittel schreiben Sie entsprechend der Nutzungsdauer ab (➔ Seite 75).

➔ **Fahrten**
Bei einer Vollzeitausbildung außerhalb eines Dienstverhältnisses, etwa dem Besuch der Meisterschule, ist nur die Entfernungspauschale von 30 Cent pro Entfernungskilometer (ab dem 21. Entfernungskilometer: 38 Cent) absetzbar oder höhere Ausgaben für öffentliche Verkehrsmittel (➔ Seite 68). Für eine Teilzeitausbildung und Bildung während eines Dienstverhältnisses sind stets die tatsächlichen Fahrtkosten absetzbar (➔ ab Seite 93). Das gilt auch, wenn Auszubildende zu einer Berufsschule außerhalb ihres Ausbildungsbetriebs fahren.

➔ **Übernachtung**
Für Vollzeitausbildung außerhalb eines Dienstverhältnisses sind Übernachtungskosten absetzbar, wenn eine doppelte Haushaltsführung vor-

liegt. Eine Voraussetzung ist ein eigener Hausstand am „Lebensmittelpunkt" (→ ab Seite 98). Für Teilzeitausbildung und Bildung während eines Dienstverhältnisses sind Übernachtungskosten als Reisekosten absetzbar (→ ab Seite 93).

→ **Verpflegung**
Mit der Gleichsetzung der Bildungsstätte zur „ersten Tätigkeitsstätte" bei Vollzeitausbildungen außerhalb eines Arbeitsverhältnisses entfallen die Verpflegungspauschalen. Liegt eine doppelte Haushaltsführung vor, gibt es aber für die ersten drei Monate der Ausbildung 14 oder 28 Euro Verpflegungspauschale pro Tag (→ Seite 103). Auch im Rahmen eines Ausbildungsdienstverhältnisses sind Verpflegungspauschalen für die Berufsschule bei Abwesenheit von mehr als acht Stunden absetzbar. Wird die Berufsschule an höchstens zwei Tagen pro Woche aufgesucht, gibt es die Pauschalen über drei Monate hinaus.

→ **Gebühren aller Art**
Für viele Bildungsaktivitäten werden Gebühren oder andere Zahlungen fällig, etwa Studien-, Kurs- oder Prüfungsgebühren, Bibliotheks- oder Fernleihegebühren, Telefon- und Internetkosten.

→ **Häusliches Arbeitszimmer**
Bilden Sie sich gewissermaßen „hauptberuflich" zu Hause weiter, etwa beim Fernstudium, kann das Arbeitszimmer Mittelpunkt Ihrer gesamten beruflichen Tätigkeit sein. Sie können Ausgaben für das Heimbüro als Werbungskosten abrechnen (→ ab Seite 77) oder als Sonderausgaben bis 6 000 Euro (→ Seite 116). Wer sich nebenberuflich weiterbildet und das Arbeitszimmer zum Studium nutzt, kann an bis zu 210 Tagen die Tagespauschale von 6 Euro absetzen, wenn für die Bildung anderswo kein Platz zur Verfügung steht.

→ **Sonstige Bildungskosten**
Zinsen und andere Kosten eines Bildungskredits sind ebenso absetzbar wie Ausgaben für eine juristische Auseinandersetzung im Zusammenhang mit Fortbildungskosten, etwa bei einem Rechtsstreit um einen Studienplatz oder Prüfungsergebnisse.

Zu den abzugsfähigen Posten gehören Lehrgangs- und Prüfungsgebühren, Fahrt- und Übernachtungskosten. Im Prinzip dürfen Sie alles, was an Werbungskosten für den Job absetzbar ist, auch in der Form von Fortbildungskosten geltend machen (→ Infokasten Seite 82/83). Es gibt aber eine wichtige Einschränkung. Ausgaben für eine erste Berufsausbildung oder für ein Erststudium sieht der Fiskus als Privatsache an. Sie gelten damit im Regelfall nicht als unbegrenzt abzugsfähige Werbungskosten und werden bestenfalls als Sonderausgaben anerkannt (→ ab Seite 116).

Eine abgeschlossene Erstausbildung hilft deshalb, die Kosten für eine anschließende Ausbildung oder ein Studium als Werbungskosten an das Finanzamt weiterzureichen. Das funktioniert aber nur, wenn es sich um eine mindestens 12-monatige Vollzeitausbildung mit mindestens 20 Wochenstunden und dem vorgesehenen Abschluss gehandelt hat.

Findet die Ausbildung im Rahmen eines Dienstverhältnisses statt, sind alle Ausgaben dafür ohnehin Werbungskosten. Wer als Azubi bei einer Firma beschäftigt ist, gilt als Arbeitnehmer, und seine Bildungsausgaben sind Werbungskosten. Gleiches trifft für die Kosten eines Erststudiums nach einer Berufsausbildung zu, egal ob als Direkt- oder Fernstudium.

Hobbykurse bleiben in jedem Fall Privatvergnügen. Wenn etwa der Buchhalter einer Computerfirma Kurse über Orchideenzucht belegt, wird er das Finanzamt kaum dafür gewinnen können, diese Kosten anzuerkennen. Damit das Amt mitspielt, sollte eine Bildungsveranstaltung erkennbar darauf ausgerichtet sein, in Zukunft steuerbare Einkünfte zu erzielen. Ob die später tatsächlich fließen, ist egal.

Bei Sprachkursen tut sich das Finanzamt oft schwer. Hier kann es Ihre Position gegenüber dem Finanzamt verbessern, wenn Sie nachvollziehbare Argumente zum beruflichen Zusammenhang der Bildungsmaßnahme und eine Bescheinigung des Arbeitgebers vorlegen können. Gleiches gilt für Bildungsveranstaltungen im Ausland, besonders wenn sie an Orten stattfinden, die touristisch interessant sind. Hier ist es hilfreich, wenn Sie das Veranstaltungsprogramm vorlegen können, aus dem hervorgeht, dass die dort verbrachte Zeit vorrangig der beruflichen Bildung diente und wenig Freizeit zur Verfügung stand.

Die strikte Grenze zwischen privat und beruflich ist in den letzten Jahren etwas durchlässiger geworden. Wer früher beispielsweise zu einem dreitägigen Weiterbildungsseminar von Berlin nach München fuhr und anschließend noch drei Tage Urlaub dort verbrachte, hatte teils berufliche und teils private Ausgaben mit der Folge, dass von derart „gemischten Aufwendungen" gar nichts absetzbar war. Das ist nun anders, wenn sich klar abgrenzen lässt, welcher Teil der Reise beruflich und welcher privat veranlasst war. Alle direkten Seminarkosten, etwa die Teilnahmegebühr, sind Werbungskosten, ebenso die anteiligen Reise- und Übernachtungskosten, in diesem Fall drei Sechstel vom Gesamtaufwand. Die privaten Kosten sind zwar nicht absetzbar, aber sie vermasseln auch nicht den Werbungskostenabzug der beruflichen Ausgaben.

Gerade wenn es um größere Summen und die Abgrenzung zwischen Privatem und Beruflichem geht, kann es sinnvoll sein, sich für diese Frage Unterstützung vom Steuerprofi zu holen. Das gilt auch für Fragen rund um die Ausbildung: Was zählt als Ausbildung und was nicht? Wann ist eine Ausbildung abgeschlossen? Wann ist sie unterbrochen? Was ist eine Erst- und was eine Zweitausbildung? Was gilt als privat und was gilt als beruflich? Beispielsweise gilt ein Masterstudium nach abgeschlossenem Bachelor-Studium als Zweitstudium. Die Aufwendungen dafür sind Werbungskosten.

→ Zum Beispiel Olaf

Der angestellte Masseur bildet sich an zehn Wochenenden im Jahr zum Qigong-Lehrer weiter. Er fährt dafür jeweils 30 Kilometer (Hin-

plus Rückweg) mit dem Auto und ist an jedem Kurstag elf Stunden von zu Hause weg. Seine Aufwendungen kann Olaf als Werbungskosten geltend machen, weil es sich um eine Ausbildung handelt, die nach seinem Berufsabschluss als Masseur stattfindet. Die Kursgebühren gehören in **Zeile 63**, Fahrtkosten in **Zeile 69** und die Verpflegungspauschale ist ab **Zeile 75** einzutragen.

Kursgebühr pro Jahr	**1 700**
Fahrtkosten hin und zurück (30 km mal 20 Tage mal 0,30)	+ 180
Verpflegungspauschale (14 Euro mal 20 Tage, ➔ Seite 94)	+ 280
Werbungskosten insgesamt (alle Angaben in Euro)	**2 160**

Weil Olafs Arbeitnehmerpauschbetrag durch die Fahrtkosten zu seiner regelmäßigen Arbeitsstelle bereits ausgeschöpft ist, kann er die 2 160 Euro, die er für die Fortbildung gezahlt hat, voll als Werbungskosten absetzen.

Zeile 64 bis 67: Weitere Werbungskosten

In diese Zeilen gehören alle Werbungskosten, die sich nirgendwo sonst auf der Anlage N unterbringen lassen. Das Formular gibt allerdings eine gewisse Ordnung vor. So kommen in **Zeile 64** Fahrtkosten zwischen Wohnung und Tätigkeitsort für die (eher wenigen) Arbeitnehmer, die mit Flugzeug oder Fähre zur Arbeit gelangen. Sie machen hier die tatsächlichen Kosten geltend. Die Entfernungspauschale steht ihnen bei diesen Transportmöglichkeiten nicht zu.

In **Zeile 65** wird unter anderem nach **Bewerbungskosten** gefragt. Dazu gehören Ausgaben wie beispielsweise für Stellengesuche, Büromaterial, Bewerbungsfotos, Fotokopien, Briefporto, Telefon oder Internet. Ausgaben für Bewerbungstrainings zählen ebenfalls dazu. Kosten für Bewerbungsgespräche, einschließlich Fahrt, Übernachtung und Verpflegungspauschale, sind wie bei einer Auswärtstätigkeit absetzbar (➔ Seite 93). Wer den Einzelnachweis vermeiden will, kann es mit geschätzten Kosten von beispielsweise 2,50 Euro pro elektronische Bewerbung oder 8,50 Euro für

Ausgaben abrechnen und später profitieren

Oftmals ergeben sich aus hohen Bewerbungskosten Verluste, weil in Bewerbungsphasen nur geringe oder keine positiven Einkünfte erzielt werden. Dann kann es sich trotzdem lohnen, eine Steuererklärung abzugeben, denn das Finanzamt schreibt den Verlust fest und trägt ihn in das nächste oder wenn nötig in weitere Jahre vor. So kann der Verlust in Zukunft noch die Steuerlast drücken.

jede mit einer Briefpost versandte Bewerbungsmappe versuchen. Einen Anspruch darauf gibt es aber nicht. Als Nachweise gelten Kopien der Bewerbungs- und Antwortschreiben. Ob eine Bewerbung Erfolg hatte oder nicht, ist für den Werbungskostenabzug unerheblich.

Beruflich veranlasste **Kontoführungsgebühren** für das Girokonto, auf dem der Lohn eingeht, gehören ebenfalls in **Zeile 65.** Sie werden üblicherweise mit 16 Euro anerkannt. Beziehen beide Ehegatten Lohn, können beide jeweils den Betrag von 16 Euro eintragen.

Arbeitnehmer, die ihr privates Telefon oder Smartphone für dienstliche Gespräche nutzen, können pauschal 20 Prozent ihrer privaten **Telefongebühren** als Werbungskosten geltend machen, maximal 20 Euro im Monat. Liegt der dienstliche Anteil höher, empfiehlt es sich, über drei Monate eine Liste aller Gespräche zu führen. Diese dient als Nachweis für eine höhere dienstliche Nutzung als 20 Prozent und führt dazu, dass der ermittelte Anteil der Anschaffungskosten des Telefons, der Anschlusskosten und der Gesprächsgebühren als Werbungskosten absetzbar ist. Was für Telefongebühren funktioniert, gilt entsprechend für Internetgebuhren.

Arbeitnehmer dürfen **Steuerberatungskosten,** die mit ihrer Erwerbstätigkeit zusammenhängen, hier als Werbungskosten absetzen. Das betrifft zum Beispiel Kosten für das Erstellen der Anlage N durch einen Steuerberater oder Lohnsteuerhilfeverein. Sogenannte private Steuerberatungskosten sind nicht absetzbar, beispielsweise Ausgaben für die Erarbeitung des Hauptvordrucks oder der Anlage Kind. Steuerberater teilen in ihrer Gebührenabrechnung die Kosten in der Regel genau auf, die berufsbedingten gehören hierher.

Manchmal lassen sich Steuerberatungskosten aber nicht trennen, beispielsweise, wenn jemand ein PC-Steuerprogramm oder diesen Steuerratgeber gekauft hat. Arbeitnehmer können in diesem „Mischfall" den Kaufpreis komplett als Werbungskosten in **Zeile 64 bis 67** geltend machen, denn Steuerberatungskosten bis 100 Euro müssen nicht aufgeteilt werden. Liegen die Mischkosten zwischen 100 und 200 Euro, sind 100 Euro abzugsfähige Werbungskosten. Bei höheren Mischkosten akzeptiert das Finanzamt eine hälftige Aufteilung in absetzbare Werbungskosten und nicht absetzbare Sonderausgaben. Interessant wird das bei Steuerberatungskosten von mehr als 200 Euro.

Bewirtungskosten akzeptiert das Finanzamt bei wenigen Anlässen, etwa Dienstjubiläen oder Beförderungen. Wird mit Kollegen und Mitarbeitern gefeiert, sind die Kosten komplett abzugsfähig. Feiern Sie mit Geschäftspartnern und Mitarbeitern, sind es 70 Prozent der Kosten. Ausgaben für Feiern aus beruflichem und privatem Anlass strich das Finanzamt früher komplett. Der Bundesfinanzhof (BFH) lässt eine Aufteilung und den Werbungskostenabzug des beruflichen Kostenanteils zu, wenn der sich nachprüfbar eingrenzen lässt, etwa anhand der Anzahl der Gäste, die beruflich oder privat eingeladen worden sind (Az. VI R 46/14), ausnahmsweise sogar bei Geburtstagsfeiern (Az. VI R 7/16).

Umfasst eine **Rechtsschutzversicherung** auch den Berufsrechtsschutz, ist der darauf entfallende und von der Versicherung bescheinigte Beitragsteil als Werbungskosten absetzbar, entschied der Bundesfinanzhof (Az. VI R 97/94). Beiträge zu **Unfallversicherungen** gegen berufliche und private Risiken können zur Hälfte Werbungskosten sein.

Beruflich bedingte und damit abzugsfähige **Umzugskosten** können etwa bei Jobwechseln, Versetzungen oder Firmenumzügen entstehen. Wenn der Umzug den Arbeitsweg um mindestens eine Stunde pro Tag verkürzt, gilt er ebenfalls als beruflich veranlasst. Das Finanzamt unterstützt

auch Wohnungswechsel innerhalb eines Ortes, wenn dadurch eine wesentliche Verkürzung des Arbeitswegs erreicht wird.

Die Verkürzung um mindestens eine Stunde ist ein wichtiges Kriterium, aber kein Dogma; im Einzelfall kann die Zeitersparnis deutlich darunter liegen. Das kann der Fall sein, wenn es sich um den Einzug in eine Dienstwohnung handelt oder um den Wegzug von dort, oder wenn der Betrieb bei häufigen Bereitschaftsdiensten nach einem Umzug in wenigen Minuten zu Fuß erreichbar ist.

Das Finanzgericht Hamburg (Az. 5 K 190/22 vom 23.2.2023) hat sogar die Umzugskosten eines Ehepaares akzeptiert, das während der Corona-Pandemie umgezogen ist. Es hatte in der alten Wohnung kein Arbeitszimmer und in der neuen Wohnung sogar zwei, die von beiden Arbeitnehmern

→

Sparen bei privatem Umzug

Auch wenn der Wohnungswechsel nichts mit der Arbeit zu tun hat, sondern aus rein privaten Gründen erfolgt, können Sie mit Ihren Kosten für den Umzug Steuern sparen. Umzugskosten lassen sich als haushaltsnahe Dienstleistungen geltend machen (→ Seite 133). In Krankheits- oder Katastrophenfällen gilt ein Umzug manchmal als außergewöhnliche Belastung und kann in diesem Rahmen abzugsfähig sein (→ Seite 124).

Beruflich bedingter Umzug: Diese Ausgaben können Sie abrechnen

Der Begriff Umzugskosten umfasst sehr unterschiedliche, als Werbungskosten abzugsfähige Ausgaben. Allerdings gibt es ziemlich klar abgegrenzte Kostengruppen.

➔ **Beförderungskosten**
Das sind die Transportkosten des Umzugsguts, inklusive Verpackung, Versicherung, Trinkgeld, der Aufwand für Transportschäden oder für Ersatz von verloren gegangenem Hausrat.

➔ **Reisekosten**
Hier sind es zunächst Reisekosten vom alten zum neuen Wohnort während des eigentlichen Umzugs. Arbeitnehmer und Beamte können Fahrtkosten wie bei einer Auswärtstätigkeit absetzen, zum Beispiel beim privaten Pkw mit 30 Cent pro Fahrtkilometer. Das gilt auch für erforderliche Übernachtungskosten und für die Verpflegungspauschale pro Person (➔ Seite 94). Zu den Reisekosten gehören in beschränktem Umfang auch vor dem Umzug angefallene Ausgaben bei der Suche oder Besichtigung der neuen Wohnung. In der Regel erkennt das Finanzamt nur Kosten von zwei Reisen einer Person an oder von einer Reise zweier Personen zum preiswertesten Tarif, den öffentliche Verkehrsmittel bieten.

➔ **Mietentschädigung**
Muss ein Angestellter bereits für die neue Wohnung Miete zahlen, aber für die alte auch noch, kann er die alte Miete nach dem Umzug bis zur Kündigung als Werbungskosten geltend machen. Beamte erhalten bis zu sechs Monate eine Erstattung. Wer für die neue Wohnung schon zahlen muss, sie aber noch nicht beziehen kann, darf als Arbeitnehmer und Beamter sechs Monate lang die neue Miete als Werbungskosten geltend machen, wenn er gleichzeitig noch für die alte Wohnung zahlen muss.
Achtung: Wenn die alte Wohnung Wohneigentum war, darf keine Mietentschädigung geltend gemacht werden, hat der Bundesfi-

nanzhof entschieden (Az. VI R 25/10). Wer sich mit solchen Problemen bei der Mietentschädigung herumschlagen muss, sollte besser einen Steuerprofi fragen.

➔ **Andere Umzugskosten**
Abzugsfähig sind innerhalb dieser Kostengruppe ortsübliche Aufwendungen für Makler, Inserate, Telefon, Porto und andere Verbindungskosten, die für die Vermittlung der Mietwohnung angefallen sind. Geht es um eine Eigentumswohnung, zählen auch nur die Aufwendungen für eine vergleichbare Mietwohnung. Für Nachhilfeunterricht erkennt das Amt bei Umzügen ab dem 1. März 2024 1286 Euro pro Kind an.

➔ **Sonstige Umzugskosten**
Neben „anderen" kennt die Steuersprache „sonstige Umzugskosten". Bei diesen geht es zum Beispiel um die Anpassung von Gardinenstangen, Schönheitsreparaturen in der alten Wohnung, Kosten des Telefon- und Kabelanschlusses, Ummeldegebühren für den Personalausweis und das Auto oder den Einbau eines Wasserenthärters für die Waschmaschine. Diese Posten einzeln abzurechnen lohnt sich nur, wenn die Ausgaben oberhalb der Pauschalen liegen, mit denen das Finanzamt sonst automatisch rechnet. Für Umzüge ab März 2024 gibt es 964 Euro. Für jeden weiteren Haushaltsangehörigen (Ehegatte, Lebenspartner, ledige Kinder, Stief- und Pflegekinder) kommen ab März 2024 643 Euro dazu. Die Umzugskostenpauschale gilt nicht für den Bezug oder die Auflösung der Zweitwohnung bei einer doppelten Haushaltsführung.

benötigt wurden (anhängig beim BFH unter Az. VI R 3/23). In Grenzfällen kann Profirat helfen, das Finanzamt vom berufsbedingten Charakter eines Umzugs zu überzeugen.

Eine Reihe umzugsbedingter Kosten sind absetzbar, zum Beispiel die tatsächlichen Ausgaben für den Transport des Umzugsguts, die Reisekosten der Umzügler, Mietentschädigungen oder die Kosten für die Beschaffung einer Mietwohnung. Zusätzlich zu den dort genannten tatsächlichen Umzugskosten gewährt das Amt Pauschalbeträge für „sonstige Umzugskosten" (➔ Infokasten Seite 90/91). Die Pauschalen gibt es für jeden berufsbedingten Umzug. Wer innerhalb von fünf Jahren zweimal umzieht, kann beim zweiten Mal 150 Prozent der Pauschalen geltend machen.

Wer die Pauschalen für sonstige Umzugskosten ansetzt, sollte nicht vergessen, daneben Transportkosten und die anderen Ausgaben geltend zu machen, die im Infokasten auf ➔ Seite 90 aufgelistet sind. Auch Umzugsfahrten mit dem eigenen Pkw schlagen übrigens mit 30 Cent pro Kilometer zu Buche. Für Umzüge im Rahmen einer doppelten Haushaltsführung gibt es keine Pauschalen (➔ Seite 98). Wer die danach aufgeführten „sonstigen Umzugskosten" auch in vollem Umfang per Einzelabrechnung an das Finanzamt weiterreichen will, muss aufpassen, denn dann können Sie die im Infokasten genannten Umzugspauschalen nicht nutzen, und das dürfte sich häufig negativ auswirken.

➔ Zum Beispiel Familie P.

Petra und Paul sind verheiratet, Tochter Pia besucht die siebte Klasse. Familie P. zog im April 2024 von Berlin nach Rostock, weil Petra in einem nahe gelegenen Strandhotel als Küchenchefin angeheuert hat. Die Spedition stellte ihnen 1 500 Euro in Rechnung. Zusätzlich können sie Pkw-Anreisekosten am Umzugstag geltend machen (250 Kilometer mal 30 Cent für den Fahrer Paul). Petra und Paul rechnen zudem die Fahrtkosten für eine Wohnungsbesichtigung ab. Dafür akzeptiert das Amt allerdings nur den preiswertesten Tarif für die Fahrkarte eines öffentlichen Verkehrsmittels, in diesem Fall der Bahn. Für ihre Berliner Wohnung musste Familie P. laut Vertrag für zwei weitere Monate nach dem Auszug Miete zahlen. Bei den „anderen Umzugskosten" schlug Pias Nachhilfeunterricht mit 500 Euro zu Buche, damit sie den Anschluss an die neue Schule gut schafft, und im Rahmen der sonstigen Umzugskosten fielen 850 Euro für Schönheitsreparaturen und 150 Euro für weitere Kleinigkeiten an, insgesamt also 1000 Euro. Familie P. nutzt die Umzugspauschalen und setzt insgesamt 6 085 Euro ab.

Speditionskosten	**1 500**
Umzugspauschale Petra und Paul (964 + 643 Euro, → Seite 89)	+ 1 607
Umzugspauschale Pia (→ Seite 91)	+ 643
Wohnungsbesichtigung (billigster Bahntarif)	+ 160
Reisekosten am Umzugstag (250 km mal 0,30)	+ 75
Zwei Monate Mietentschädigung in Berlin (2 mal 800)	+ 1 600
Nachhilfe Pia	+ 500
Abzugsfähige Umzugskosten (alle Angaben in Euro)	**6 085**

Zeile 68 bis 80: Reisekosten

Hier sind die Bestimmungen zur Auswärtstätigkeit und zur doppelten Haushaltsführung zu beachten. Immer dann, wenn der Arbeitnehmer keine „erste Tätigkeitsstätte" aufsucht (siehe vorherige Angaben zu Zeile 30), liegt eine Auswärtstätigkeit vor, die Arbeitnehmern bessere Abzugs- und Erstattungsmöglichkeiten für Reisekosten bietet.

Wenn nicht nur ein beruflicher Anlass vorliegt, können Arbeitnehmer Reisekosten dennoch komplett absetzen, wenn der berufliche Anteil an der Reise mindestens 90 Prozent der Kosten ausmacht. Beläuft sich der berufliche Kostenanteil auf unter 10 Prozent, ist gar nichts absetzbar. Bei einem beruflichen Anteil zwischen 10 und 90 Prozent sind die beruflichen Kosten **anteilig absetzbar**. Fährt zum Beispiel ein Dienstreisender für 10 Tage nach Paris und nutzt einen Tag davon privat, darf er alle Reisekosten geltend machen, weil es zu 90 Prozent eine Dienstreise war. Nutzt er fünf Tage dienstlich und fünf Tage zu privaten Zwecken, akzeptiert das Amt die Hälfte der Kosten.

Zeile 68 bis 74: Fahrt, Übernachtung & Co.

Wer wegen ständiger Nutzung eines Firmenwagens in **Zeile 68** ein „Ja" angeben muss, kann zwar keine Fahrtkosten geltend machen, andere Reisekosten aber doch. Die Fahrtkosten, etwa für Fahrten zu Kunden oder in eine Zweigstelle der Firma, gehören in **Zeile 69.** Anstelle der tatsächlichen Kosten dürfen aber auch Pauschalen angesetzt werden, zum Beispiel 30 Cent für jeden Fahrtkilometer mit dem Pkw. Für Fahrten per Motorrad, Motorroller, Moped und Mofa gibt es einheitlich 0,20 Euro. Für das Rad gelten die tatsächlichen Kosten, die bei allen anderen Verkehrsmitteln ebenfalls abgerechnet werden dürfen. In **Zeile 70** kommen Übernachtungskosten. Arbeitnehmer können nur nachweisbare tatsächliche Übernachtungskosten laut Nachweis geltend machen. Reisenebenkosten in **Zeile 71** sind beispielsweise Ausgaben für Gepäck, Parkgebühren oder Telefon- und andere Verbindungskosten.

In **Zeile 73** können Berufskraftfahrer, die in Ihrem Fahrzeug übernachten, eine zusätzliche Pauschale beantragen. Sie erhalten die normalen Verpflegungsmehraufwendungen und zusätzlich 9 Euro für jede Übernachtung; also ein Euro mehr als bis 2023. Das gilt für Einsätze im In- und im Ausland. Arbeitgebererstattungen werden in **Zeile 74** abgezogen.

Zeile 75 bis 80: Verpflegung

Verpflegungskosten sind nur pauschal absetzbar. Für 2024 gibt es bei mehr als acht Stunden Abwesenheit vom Betrieb beziehungsweise von der Wohnung 14 Euro. 24 Stunden Abwesenheit bringen 28 Euro Werbungskosten. Bei mehrtägigen Reisen mit Übernachtung gelten 14 Euro jeweils für den An- und Abreisetag, unabhängig von der tatsächlichen Abwesenheitsdauer. Sie kann in solchen Fällen auch unter acht Stunden liegen.

Verpflegungspauschalen dürfen grundsätzlich nur für die ersten drei Monate der Auswärtstätigkeit am selben Ort geltend gemacht werden. Nach einer Unterbrechung der beruflichen Tätigkeit an diesem Ort von mindestens vier Wochen beginnt die Dreimonatsfrist von vorn. Gut ist: Für eine Unterbrechung werden nicht nur dienstliche Gründe anerkannt, sondern auch private, etwa eine Krankheit oder ein längerer Urlaub. Wird die auswärtige Tätigkeitsstätte an höchstens zwei Tagen in der Woche aufgesucht, gilt die Dreimonatsgrenze nicht.

In **Zeile 75 bis 77** schreiben Sie nur die Anzahl der Abwesenheitstage, die Berechnung der Höhe der Verpflegungspauschalen übernimmt das Amt. Stellt der Arbeitgeber Mahlzeiten zur Verfügung, erfolgt eine Kürzung der Verpflegungspauschale um 5,60 Euro pro Frühstück und um jeweils 11,20 Euro pro Mittag- und Abendessen. Der Kürzungsbetrag gehört in die **Zeile 78** (gegebenenfalls verringert um eigene Zuzahlungen des Arbeitnehmers).

75	Anzahl der Tage mit einer Abwesenheit von mehr als 8 Stunden (bei Auswärtstätigkeit ohne Übernachtung)	470	
76	Anzahl der An- und Abreisetage (bei einer mehrtägigen Auswärtstätigkeit mit Übernachtung)	471	2
77	Anzahl der Tage mit einer Abwesenheit von 24 Stunden	472	3
		EUR	

Für dienstliche Auslandsreisen gelten anstelle der inländischen Pauschalen Tagegelder, die sich je nach Aufenthaltsort unterscheiden (**Zeile 79**). Die aktuelle Liste gibt es unter bundesfinanzministerium.de, dann Suchbegriff „Reisekosten Ausland" eingeben. Hat der Arbeitgeber Verpflegungskosten im In- oder Ausland steuerfrei erstattet, tragen Sie das in **Zeile 80** ein.

Letztlich kann durch Dienstreisen einiges an Werbungskosten zusammenkommen, gerade wenn es im Laufe des Jahres mehrere davon gibt.

→ Zum Beispiel Reiner

Der angestellte Service-Techniker fährt für seine Computerfirma mit dem Zug von Berlin nach Hamburg. Er verlässt seine Wohnung am Montag um 7 Uhr. In Hamburg hatte Reiner die ganze Woche bei einem Kunden zu tun. Er trifft am Freitag um 17 Uhr wieder in seiner Berliner Wohnung ein. Die Bahnfahrkarte erstattet ihm der Arbeitgeber, ebenso die Ausgaben für die Hotelübernachtung in Hamburg. Die Taxifahrten zum und vom Bahnhof in Berlin und Hamburg zahlt Reiner selbst, ebenso die Kosten für öffentliche Verkehrsmittel in der Hansestadt. Er führte mehrere Rücksprachen mit den Berliner

Kollegen über sein privates Smartphone. Von den 644 Euro Reisekosten übernimmt der Arbeitgeber 520 Euro. Reiner selbst kann inklusive der Verpflegungspauschalen 236 Euro als Werbungskosten geltend machen.

Bahnfahrkarten (zahlt Arbeitgeber)	**120**
Hotelübernachtung ohne Frühstück (zahlt Arbeitgeber)	+400
Taxikosten in Berlin und Hamburg	+80
Ausgaben für öffentliche Verkehrsmittel in Hamburg	+35
Reisenebenkosten (Smartphone)	+9
Reiners Reise- und Reisenebenkosten insgesamt (in Zeile 72)	644
Erstattung durch den Arbeitgeber (in Zeile 74)	–520
verbleibende absetzbare Reisekosten	124
Verpflegungspauschale Montag und Freitag (2 mal 14 in Zeile 75)	+28
Verpflegungspauschale Dienstag bis Donnerstag (3 mal 28 in Zeile 76)	+84
absetzbare Reisekosten (alle Angaben in Euro)	**236**

Zeile 81 bis 86: Werbungskosten in Sonderfällen

Hier können Sie Ihre eigenen Ausgaben in bestimmten Situationen abrechnen. So gehören etwa in **Zeile 81** Werbungskosten, die mit einer Beamten- oder Werkspension zusammenhängen wie Gewerkschaftsbeiträge oder Beratungskosten. Solche Kosten wirken sich bereits aus, wenn sie auf Ausgaben von mehr als 102 Euro im Jahr kommen. So hoch ist die Werbungskostenpauschale für Pensionen.

Gab es 2024 Versorgungsbezüge für mehrere Jahre, werden die zugehörigen Werbungskosten in **Zeile 82** eingetragen. Arbeitnehmer, die 2024 Abfindungen oder Lohn für mehrere Jahre erhielten, tragen damit verbundene Ausgaben in **Zeile 83** ein. In **Zeile 84** sind Werbungskosten für steuerfreien Arbeitslohn aus einer Auslandstätigkeit einzutragen. Der Betrag wird aus der **Anlage N-AUS** übertragen. In die **Zeilen 81 bis 83** gehören nur solche Aufwendungen, die nicht in den Zeilen 30 bis 80 oder in der Anlage N – Doppelte Haushaltsführung (→ ab Seite 98) stehen.

Auslandstätigkeit: Die Anlage N-AUS

Bei Auslandstätigkeit von Arbeitnehmern und Beamten ist professionelle steuerliche Hilfe fast unabdingbar. Der wichtigste Vordruck ist die Anlage N-AUS, die sogar für Steuerprofis nicht einfach auszufüllen ist.

➔ **Anlage.** Diese dreiseitige Anlage muss zusätzlich zur Anlage N abgegeben werden, und in einigen Fällen bleibt auch die Anlage AUS weiterhin erforderlich. Für Arbeitnehmer, die in Baden-Württemberg etwa im grenznahen Bereich zur Schweiz wohnen und im anderen Land arbeiten, ist die Anlage N-GRE („Grenzgänger") auszufüllen.

➔ **Regeln.** Die Besteuerung der Auslandstätigkeit unterscheidet sich danach, ob Doppelbesteuerungsabkommen (DBA), andere zwischenstaatliche Übereinkommen (ZÜ) oder der Auslandstätigkeitserlass (ATE) die Rechtsgrundlagen der Besteuerung bilden. Hauptsächlich geht es darum, ob und welche Lohnbestandteile steuerfrei bleiben. Das betrifft auch Lohn in Deutschland, der nach einem bestimmten zwischenstaatlichen Einkommen steuerfrei bleibt. Zudem wird mit der Anlage erfasst, ob und wie ausländische Steuer bei der deutschen Einkommensteuer berücksichtigt wird und wo Werbungskosten geltend gemacht werden können. Der Lohn, der in Deutschland steuerfrei bleibt, ist in die Anlage N, Zeilen 24 bis 28, zu übertragen (➔ Seite 64).

➔ **Unterschiede.** Der Großteil ausländischer Arbeitnehmereinkünfte wird auf der Grundlage von DBA besteuert. In der Praxis bedeuten die unterschiedlichen Rechtsgrundlagen, dass die Besteuerung ausländischer Arbeitnehmereinkünfte von Land zu Land unterschiedlich ist. Bei Einsatz in mehreren Ländern ist für jedes Land eine gesonderte Anlage N-AUS erforderlich.

➔ **Belastung.** Steuerfrei kassierter Lohn kann im Rahmen des sogenannten Progressionsvorbehalts zu höheren Steuern führen. Mehr dazu auf den Seiten 15 und 234.

➔ **Hilfe.** Betroffene Arbeitnehmer können sich auch bei der Personalabteilung ihrer Firma erkundigen, welchen Steuerregeln ihre Auslandseinkünfte unterliegen und welche Unterlagen das Finanzamt von ihnen sehen will. Diese Unterlagen benötigen Sie auch, wenn Sie einen Lohnsteuerhilfeverein oder Steuerberater um Hilfe bitten. Der Besuch beim Profi empfiehlt sich häufig, zumindest wenn das erste Mal Auslandseinkünfte erzielt werden.

Werbungskosten zu Lohn, der in Zeile 21 der Anlage N eingetragen ist, gehören in die **Zeile 85**. Anders als die übrigen Angaben auf dieser Seite müssen diese Werbungskosten auch auf den vorherigen Seiten eingetragen sein. **Zeile 86** erfasst Werbungskosten für eine Tätigkeit im Inland, wenn der oder die Steuerpflichtige aber in Belgien wohnt.

Anlage N – Doppelte Haushaltsführung

Wird aus beruflichen Gründen eine Zweitwohnung am Beschäftigungsort bezogen, können Sie das Finanzamt an den Kosten, die sich daraus ergeben, beteiligen. Dafür gibt es ein eigenes Steuerformular.

Der Grund einer doppelten Haushaltsführung (**Zeile 4 bis 34**) ist berufsbedingt, etwa ein Jobwechsel oder eine Versetzung. Den Grund tragen Sie in **Zeile 5** ein. Voraussetzung für die doppelte Haushaltsführung ist, wenn gleichzeitig eine erste Tätigkeitsstätte vorliegt (vergleiche Erläuterungen zu Anlage N ab Zeile 30). Ist das nicht der Fall, handelt es sich um eine Auswärtstätigkeit. Dann können Sie Ihre Übernachtungskosten in der Anlage N Zeile 70 abrechnen.

Zweithaushalt und private Gründe

Eine doppelte Haushaltsführung kann auch vorliegen, wenn Menschen aus privaten Gründen vom Arbeitsort weggezogen sind. Nach einer Entscheidung des Bundesfinanzhofs (Az. VI R 7/13) erkennt die Verwaltung danach sogar für drei Monate Verpflegungspauschalen an.

In das rechte Zahlenfeld der **Zeile 4** gehört das Datum des Beginns des Doppelhaushalts. Hat er bis zum Ende des Jahres 2024 ununterbrochen bestanden, schreiben Sie 31.12. in das Zahlenfeld der **Zeile 6**. In **Zeile 7** gehören Postleitzahl, Ort und Staat des Zweitwohnsitzes. Liegt der im Ausland, ist **Zeile 8** auszufüllen (Ziffer „1", Staatsbezeichnung).

Zeile		
4	Der doppelte Haushalt wurde aus beruflichem Anlass begründet am	501 01072024
5	Grund: NEUANSTELLUNG	
6	Der doppelte Haushalt hat seitdem ununterbrochen bestanden bis	502 3112 2024
7	Beschäftigungsort (PLZ, Ort, sowie zusätzlich den Staat - falls im Ausland und abweichend vom Staat, in dem der doppelte Haushalt liegt -): 12495 BERLIN	
8	Der doppelte Haushalt liegt im Ausland 507 1 = Ja	Ausländischer Staat, in dem der doppelte Haushalt liegt
9	Es liegt ein **eigener Hausstand** am Lebensmittelpunkt vor – Falls Zeile 9 mit „Nein" beantwortet wird, sind in den Zeilen 10 bis 32 keine Eintragungen vorzunehmen. –	503 1 (1 = Ja, 2 = Nein)
10	PLZ, Ort des eigenen Hausstandes: 30519 HANNOVER	504 seit 15082008

Die Frage nach dem „eigenen Hausstand am Lebensmittelpunkt" in **Zeile 9** ist entscheidend für die steuerliche Anerkennung einer doppelten Haushaltsführung. Wer hier mit „Nein" abstimmt (Ziffer „2"), kann sich den Rest des Formulars schenken. Das Finanzamt versteht unter eigenem Hausstand eine eingerichtete, den Lebensbedürfnissen entsprechende Miet- oder Eigentumswohnung eines Arbeitnehmers, der die Haushaltsführung dort wesentlich mitbestimmt und sich finanziell an der Lebensführung beteiligt. Verheiratete „Auswärtsschläfer" haben damit in der Regel kein Problem. Bei Paaren ohne Trauschein erkennt das Amt einen eigenen Hausstand auch dann an, wenn ein Partner die Ausgaben für den gemeinsamen Haushalt trägt und der andere die Mietzahlungen übernimmt. Vor allem, wenn Singles noch bei den Eltern wohnen, verlangt das Finanzamt einen Nachweis über die finanzielle Beteiligung von mehr als 10 Prozent an den gesamten Haushaltskosten.

So weit auslegbar wie der Begriff „eigener Hausstand" ist der Begriff „Lebensmittelpunkt". Das Finanzamt nimmt auch hier Alleinstehende be-

Häufige Heimfahrten

Wenn Sie mehrmals in der Woche zwischen Erst- und Zweitwohnung pendeln, dürfen Sie trotzdem nur eine wöchentliche Familienheimfahrt absetzen. Prüfen Sie, ob es für Sie günstiger ist, alle Fahrten mit der Entfernungspauschale abzurechnen (Zeile 12, Anlage N – Doppelte Haushaltführung und ab Zeile 30, Anlage N) und dafür auf Ausgaben für Unterkunft und Verpflegung zu verzichten. Für Arbeitnehmer mit häufigen oder weiten Heimfahrten und geringen Unterkunftskosten am Arbeitsort kann sich das lohnen.

sonders unter die Lupe. Für den Lebensmittelpunkt spricht neben sozialen Kontakten im Verwandten- und Freundeskreis und Aktivitäten in Vereinen auch die Häufigkeit von Heimfahrten. Je geringer die Entfernung, desto wichtiger sind sie als Indiz. Zwei Fahrten im Monat reichen aber in der Regel aus. Bei größeren Entfernungen, insbesondere wenn die Familie im Ausland lebt, genügt eine Familienheimfahrt im Jahr. Die Adresse dieser Wohnung am Lebensmittelpunkt gehört in **Zeile 10**.

Zeile 11 erfragt, ob Arbeitnehmer vor Beginn der doppelten Haushaltsführung am selben Arbeitsort eine Auswärtstätigkeit hatten. Das wäre etwa der Fall, wenn aus einem zunächst befristeten Einsatz ein unbefristeter wird. Dann würde die drei Monate lange Verpflegungspauschale für Auswärtstätigkeit auf die Verpflegungspauschale bei der doppelten Haushaltsführung angerechnet. In „Wegverlegungsfällen", in denen Arbeitnehmer vom Arbeitsort weggezogen sind, dort aber eine Unterkunft behalten haben, gilt diese Einschränkung nicht. Wer in **Zeile 12** mit der Ziffer 1 („Ja") abstimmt, braucht in den Zeilen 13 bis 32 nichts mehr angeben. Hier sollte vorher aber genau gerechnet werden (→ Kasten oben).

Das Finanzamt interessiert sich außerdem für die Entfernung zwischen der Zweitwohnung und dem Beschäftigungsort. Diese Distanz muss zum einen weniger als die Hälfte der Entfernung zwischen dem Wohnort am

Lebensmittelpunkt und dem Beschäftigungsort betragen. Zum anderen muss sie auch nah genug sein, damit man die erste Tätigkeitsstätte in zumutbarer Weise von der Zweitwohnung aus erreichen kann. Davon geht man aus, wenn die Zweitwohnung nicht mehr als 50 Kilometer vom Beschäftigungsort entfernt ist. Ist die Entfernung größer, prüft das Finanzamt, ob die erste Tätigkeitsstätte noch in zumutbarer Weise von der Zweitwohnung aus zu erreichen ist. Nur dann ist der doppelte Haushalt anzuerkennen.

Zeile 13 bis 22: Fahrtkosten

Zeile 13 fragt nach der Nutzung eines **Firmenwagens** oder eines **unentgeltlichen Sammeltransports des Arbeitgebers**. In solchen Fällen erkennt das Finanzamt Fahrtkosten nicht an. Andererseits dürfen Arbeitnehmer Fahrtkosten geltend machen, die ihnen gar nicht entstanden sind, zum Beispiel als Mitfahrer einer Fahrgemeinschaft, entschied der Bundesfinanzhof (Az. VI R 29/12).

Neben „Ja" und „Nein" kann hier auch „Ja, teilweise" gewählt werden (Ziffer 3) – etwa, wenn manchmal mit dem Firmenwagen und manchmal mit einem privaten Pkw gefahren wurde. Fahrten mit Firmenwagen oder kostenfreiem Sammeltransport gehören **nicht** in **Zeile 14 bis 19**.

In **Zeile 14 bis 16** gehören nur die Fahrtkosten für die erste Hinfahrt zu Beginn der doppelten Haushaltsführung und die letzte Heimfahrt bei ihrer Beendigung. Das gilt natürlich nur, wenn diese Ereignisse 2024 stattgefunden haben. Wer vorher mit der doppelten Haushaltsführung am oben angegebenen Ort begonnen hat und erst später damit aufhören wird, trägt hier gar nichts ein.

Haben Arbeitnehmer für diese Fahrten ihren privaten Pkw genutzt, dürfen sie in **Zeile 14** pauschal 30 Cent je Fahrtkilometer (linkes Zahlenfeld) oder den tatsächlichen Kilometersatz laut Ihrer Kostenaufstellung absetzen (rechtes Zahlenfeld). Für Motorräder und andere motorgetriebene Fahrzeuge gilt **Zeile 15** mit einheitlich 20 Cent pro Fahrtkilometer. Wer die tatsächlichen Kosten ansetzt, muss erforderlichenfalls seine Berechnung vorlegen können. Nutzer öffentlicher Verkehrsmittel tragen die tatsächlichen Kosten laut Belegen ein (**Zeile 16**).

Chance auf Mobilitätsprämie

Für Familienheimfahrten im Zuge der doppelten Haushaltsführung gilt 2024 ab Kilometer 21 die höhere Kilometerpauschale von 38 Cent. Davon profitieren Sie nicht, wenn Sie mit Ihrem zu versteuernden Einkommen unterhalb des Grundfreibetrags bleiben. In dem Fall können Sie die Mobilitätsprämie beantragen, um doch noch in den Genuss des Steuervorteils zu kommen (→ Seite 69).

Für eine sogenannte **Familienheimfahrt** zwischen den Wohnungen am Arbeitsort und am Lebensmittelpunkt können Arbeitnehmer grundsätzlich einmal pro Woche 30 Cent je Entfernungskilometer pauschal als Fahrtkosten geltend machen, ab dem 21. Entfernungskilometer 38 Cent.

In **Zeile 17** gehören die Entfernung zwischen den Wohnungen am Wohn- und Arbeitsort und die Anzahl der Familienheimfahrten im Jahr. Wer öffentliche Verkehrsmittel genutzt hat, trägt die tatsächlichen Ticketkosten in **Zeile 18** ein, wenn das mehr bringt als die Entfernungspauschale.

Menschen mit einem Behinderungsgrad von mindestens 70 oder 50 plus Merkzeichen G nutzen **Zeile 19** in gleicher Weise. In **Zeile 20** könnten sie ihren selbst ermittelten Kilometersatz eintragen, wenn sie ihre Kosten einzeln nachweisen können. Das Finanzamt könnte diese gesonderte Aufstellung anfordern.

Müssen wöchentliche Familienheimfahrten arbeits- oder krankheitsbedingt ausfallen, können stattdessen im selben Umfang Besuche von Partnern oder Kindern am Arbeitsort abgerechnet werden. Finden weder Heim- noch Besuchsfahrt statt, zählen ersatzweise die Ausgaben für ein 15-minütiges Telefonat als Werbungskosten.

In **Zeile 22** gehören Familienheimfahrten, die per Flugzeug, Fähre oder entgeltlicher Sammelbeförderung unternommen wurden. Sie dürfen nur mit den tatsächlichen Kosten abgerechnet werden.

Zeile 23 und 24: Unterkunft am Arbeitsort

Als Zweitwohnung am Arbeitsort zählt jede zur Übernachtung geeignete Unterkunft, eine gemietete Wohnung, die eigenen vier Wände, ein möbliertes Zimmer oder ein Zimmer im Hotel. Für Unterkunftskosten im Inland sind höchstens 1 000 Euro im Monat absetzbar. Sie gehören zusammengefasst in **Zeile 23.** Liegt die Zweitwohnung im Ausland, gilt die Begrenzung auf 1 000 Euro pro Monat nicht. Dafür interessiert sich das Amt für die Wohnungsgröße (**Zeile 24**).

Betriebs-, Renovierungs-, Reinigungs- und Reparaturkosten sind nur im Rahmen der 1 000-Euro-Grenze abzugsfähig. Dazu gehört auch die Zweitwohnungssteuer, die im Zuge der doppelten Haushaltsführung fällig wird (BFH, Az. VI R 30/21). Rechtlich umstritten ist, ob das auch für die Stellplatz-/Garagenkosten gilt. Das Formular sieht das so vor. Das ist aber höchstrichterlich noch nicht entschieden (anhängig beim BFH, VI R 4/23).

Aufwendungen für Einrichtungsgegenstände und Hausrat fallen jedoch nicht unter die Höchstbetragsbegrenzung von 1 000 Euro, sodass Sie sie zusätzlich grundsätzlich in vollem Umfang als Werbungskosten geltend machen können. Dies hat der Bundesfinanzhof entgegen der Auffassung der Finanzverwaltung entschieden (BFH, Az. VI R 18/17). Dazu gehören auch Möbel, Gardinen, Teppiche. Teurere Gegenstände müssen jedoch über die Nutzungsdauer verteilt abgeschrieben werden, ebenso wie Arbeitsmittel. Die Ausstattungskosten gehören in die **Zeile 32.**

Wer am Arbeitsort eigene vier Wände bezieht, kann Ausgaben in derselben Höhe geltend machen, wie sie ihm als Mieter einer gleichwertigen Wohnung entstehen würden. Sie können zum Beispiel Schuldzinsen, Abschreibungen, Reparatur-/Instandhaltungskosten beim Fiskus abrechnen.

Zeile 25 bis 31: Mehraufwendungen für Verpflegung

Das Finanzamt akzeptiert nur in den ersten drei Monaten der doppelten Haushaltsführung **Verpflegungspauschalen** je nach Abwesenheitsdauer, genauso wie sie auch bei Auswärtstätigkeit gewährt werden (→ Seite 94). Die jeweilige Anzahl der Abwesenheitstage gehört in **Zeile 25 und 26.** Stellt der Arbeitgeber Mahlzeiten zur Verfügung (**Zeile 27**), wird die Pauschale so gekürzt, wie zu Anlage N Zeile 78 beschrieben. Verpflegungspauschalen für eine doppelte Haushaltsführung im Ausland gehören in **Zeile 28 bis 31.** Im Formular können hierzu detaillierte Angaben gemacht werden. Es gelten die vom Bundesfinanzministerium für 2024 festgelegten Auslandstagegelder.

→ Zum Beispiel Sven

Seit dem 1. Juli 2024 arbeitet Sven bei einem Wirtschaftsverband in Berlin. Er wohnt mit seiner Lebensgefährtin Sue und der gemeinsamen Tochter Sina (16) in Hannover. Da bleibt auch sein Lebensmittelpunkt, denn Sue arbeitet dort im Schuldienst, Sina geht dort ins Gymnasium. In Berlin hat Sven zunächst zwei Wochen im Hotel gewohnt, danach zog er für 1 500 Euro mit persönlichen Sachen nach Berlin um, wo er ein WG-Zimmer anmietete (Monatsmiete 300 Euro) und einrichtete (1 000 Euro). Von Juli bis Dezember kam Sven auf 20 wöchentliche Familienheimfahrten mit seinem Pkw, Sue und Sina besuchten ihn zweimal gemeinsam in Berlin, da er nicht heimfahren konnte wegen Bereitschaftsdiensten. Insgesamt kommen 7 563 Euro zusammen. Die 1000-Euro-Grenze, bei Sven für 6 Monate 6 000 Euro, gilt nur für Miete und Hotelübernachtung und wird nicht erreicht.

Erste Fahrt nach Berlin mit dem Pkw (300 km mal 0,30 Euro)	**90**
20 wöchentliche Heimfahrten (20 mal 0,30 mal 20 plus 280 mal 0,38 mal 20)	+ 2 248
Besuche von Sue und Sina (20 mal 0,30 mal 2 plus 280 mal 0,38 mal 2)	+ 225
Umzugskosten	+ 1 500
Verpflegungspauschale (50 Tage mal 28 plus 20 Tage mal 14 ist 1 680, vom Arbeitgeber ersetzt)	+ 0
Hotelübernachtung (10 Tage mal 85)	+ 850
Miete mit allen Nebenkosten (300 mal 5,5 Monate)	+ 1 650
Einrichtungsgegenstände für WG-Zimmer (Bett, Schreibtisch, Bürostuhl kosteten jeweils unter 952 Euro, → Seite 75)	+ 1 000
Werbungskosten insgesamt (alle Angaben in Euro)	**7 563**

In **Zeile 32** können noch andere Kosten der doppelten Haushaltsführung eingetragen werden, etwa Kosten für Umzug oder Wohnungsausstattung. Für den Umzug gelten dieselben Regeln wie ab Seite 88 beschrieben. Ausnahme: Die Pauschale für „sonstige Umzugskosten" gibt es bei der doppelten Haushaltsführung nicht. Absetzbar sind Umzugskosten vom Wohnort an den Arbeitsort zu Beginn der doppelten Haushaltsführung. Gleiches gilt für den Umzug zurück vom Arbeitsort zum Wohnort am Ende der doppelten Haushaltsführung. In „Wegzugsfällen", also wenn Sie aus privaten Gründen vom Arbeitsort wegziehen, können Sie Ihre Umzugskosten nicht als Werbungskosten abrechnen. Die Ausgaben können im Rahmen der haushaltsnahen Dienstleistungen geltend gemacht werden (→ Seite 133). Geht es im Jahresverlauf um mehr als eine doppelte Haushaltsführung, tragen Sie die Ausgaben zusammengefasst in **Zeile 33** ein. Steuerfreie Erstattungen tragen Sie zusammengefasst in **Zeile 34** ein.

Anlage Vorsorgeaufwand: Versicherungsbeiträge

In diese Anlage gehören die Beiträge zur Renten-, Kranken-, Pflege- sowie Arbeitslosenversicherung und zu anderen Versicherungen, die als Vorsorgeaufwendungen abzugsfähig sind. Beiträge zur Basiskranken- und Pflegeversicherung dürfen von gesetzlich sowie privat Versicherten grundsätzlich ungekürzt abgesetzt werden. Aufwendungen, die nicht im Leistungskatalog der gesetzlichen Krankenversicherung enthalten sind, beispielsweise eine Chefarztbehandlung, sind in diesem Rahmen allerdings nicht abzugsfähig.

Ebenso wie in den anderen Formularen finden Sie auch in der Anlage Vorsorgeaufwand die dunkelgrün hinterlegten, mit ⓔ gekennzeichneten Zeilen. Die Versicherungsbeiträge, die hier einzutragen sind, liegen der

Finanzverwaltung in der Regel als gemeldete E-Daten bereits vor. In der Papiererklärung können Sie die betreffenden Zeilen dann leer lassen.

Zeile 4 bis 10: Altersvorsorge

Beitragszahlungen in die gesetzliche Rentenversicherung, in berufsständische Versorgungseinrichtungen oder in landwirtschaftliche Alterskassen gehören in **Zeile 4 bis 6,** bei Ehepaaren/Lebenspartnerschaften jeweils in die zutreffende Spalte. Arbeitnehmer finden den von ihnen gezahlten und bereits an das Finanzamt gemeldeten Anteil in der Lohnsteuerbescheinigung des Arbeitgebers. Der Arbeitgeberzuschuss zur Rentenversicherung gehört in **Zeile 9.** Wenn die Beiträge in die gesetzliche Rentenversicherung nicht vom Arbeitgeber überwiesen, sondern selbst eingezahlt werden, liegen dem Finanzamt keine E-Daten vor. Daher wird der vom Versicherungsträger bescheinigte Betrag in **Zeile 6** eingetragen. Das können beispielsweise freiwillige Sonderzahlungen an die Rentenkasse sein, die ab dem Alter von 50 möglich sind, um Abschläge bei früherem Rentenbeginn zu vermeiden.

Sind die Beiträge zur gesetzlichen Rentenversicherung in eine landwirtschaftliche Alterskasse oder eine berufsständische Versorgungseinrichtung geflossen, werden sie in **Zeile 5** eingetragen. Arbeitgeberzuschüsse müssen vorher abgezogen werden. Überweist der Arbeitgeber die Beiträge und sind diese auf der Lohnsteuerbescheinigung aufgeführt, gehören die Angaben dagegen in **Zeile 4 sowie Zeile 9** und werden vom Finanzamt als E-Daten berücksichtigt. Die elektronische Meldung liegt in der Regel auch für Erstattungen oder steuerfreie Zuschüsse vor (**Zeile 7**), ebenso für sogenannte **Rürup-Rentenbeiträge** (**Zeile 8**). Die Rentenbeiträge für Minijobber werden nicht automatisch berücksichtigt, sondern müssen in **Zeile 6** (Arbeitnehmeranteil) und **Zeile 10** (Arbeitgeberbeitrag) vermerkt werden. Die Angabe ist freiwillig und vorteilhaft, wenn der Arbeitnehmer keine Befreiung von der Rentenversicherung beantragt hat.

Ihre Beiträge zur Rentenversicherung und auch zu einem zertifizierten Vertrag über eine Basisrente (häufig auch „Rürup-Rente“ genannt) berücksichtigt das Finanzamt im Jahr 2024 bis zur Förderhöchstgrenze von

27 566 Euro. Seit 2023 wirken sich die gesamten Beiträge bis zur Höchstgrenze steuerlich aus. Für Ehepaare und eingetragene Lebenspartner gelten die doppelten Werte.

Der Höchstbetrag von 27 566 Euro klingt zunächst gut, praktisch kommt aber deutlich weniger Entlastung heraus. Haben zum Beispiel Arbeitnehmer und Arbeitgeber je 3 500 Euro in die gesetzliche Rentenkasse eingezahlt, zusammen also 7 000 Euro, akzeptiert das Finanzamt für 2024 zunächst 7 000 Euro. Von diesem Betrag wird aber noch der Arbeitgeberanteil abgezogen. Für den Arbeitnehmer bleiben danach noch 3 500 Euro Altersvorsorgeaufwand abzugsfähig. Für Beamte ist hier nur **Zeile 8** interessant (Rürup-Rente → Seite 243).

Zeile 11 bis 42: Kranken- und Pflegeversicherung

Die **Zeilen 11 bis 22** betreffen Beiträge an inländische gesetzliche Kranken- und Pflegeversicherungen. Arbeitnehmerbeiträge (**Zeilen 11 und 13**) sind auf der Lohnsteuerbescheinigung zu finden. Darin enthalten sind auch die Zusatzbeiträge an die Krankenkassen. Die Angaben liegen normalerweise dem Finanzamt als E-Daten bereits vor und müssen in die Papiersteuererklärung nicht mehr eingetragen werden. Das Finanzamt kürzt den Versicherungsbeitrag um 4 Prozent. Dieser Anteil gilt als Absicherung von Krankengeld. Nur wer keinen Krankengeldanspruch hat, beispielsweise als weiterbeschäftigter Rentner, muss den Beitrag zusätzlich in **Zeile 12** eintragen. Er kann dann den gesamten Beitrag als Sonderausgabe geltend machen.

	Beiträge zur inländischen gesetzlichen Kranken- und Pflegeversicherung		EUR		EUR
11	Arbeitnehmerbeiträge zu Krankenversicherungen laut Nr. 25 der Lohnsteuerbescheinigung	320	3875,–	420	2325,–
12	In Zeile 11 enthaltene Beiträge, aus denen sich kein Anspruch auf Krankengeld ergibt	322	,–	422	,–
13	Arbeitnehmerbeiträge zu sozialen Pflegeversicherungen laut Nr. 26 der Lohnsteuerbescheinigung	323	888,–	423	532,–

Haben Sie Anspruch auf einen Arbeitgeberzuschuss zu Ihren Versicherungsbeiträgen, dürfen Sie neben Ihren Rentenversicherungsbeiträgen im

zuvor beschriebenen Umfang grundsätzlich bis zu 1900 Euro an sonstigen abzugsfähigen Versicherungsbeiträgen absetzen. Für Selbstständige und andere Menschen ohne Beitragszuschuss liegt die Grenze bei 2 800 Euro, für Ehe- und Lebenspartner kann bis zu doppelt so viel zusammenkommen, wenn beide die Voraussetzungen erfüllen. Für die meisten Arbeitnehmer würde das bedeuten, dass allein ihre Beiträge zur Kranken- und Pflegeversicherung das nutzbare Abzugsvolumen von 1900 Euro ausschöpfen. So zahlen bereits Arbeitnehmer mit einem unterdurchschnittlichen Jahresbruttolohn von 20 000 Euro in der Regel mehr als 1900 Euro an Pflichtbeiträgen in die Kranken- und Pflegeversicherung ein. Lassen Sie sich davon aber nicht beeindrucken. Das Finanzamt nimmt eine „Günstigerprüfung" zwischen der 1900-Euro-Grenze und den tatsächlich gezahlten Kranken- und Pflegeversicherungskosten vor. Die gute Nachricht: Im Ergebnis dürfen Arbeitnehmer (fast) alle ihre Kranken- und Pflegeversicherungsbeiträge absetzen, auch wenn sie über 1900 Euro liegen. Das trifft auf die Mehrzahl der Arbeitnehmer zu.

Die schlechte Nachricht: Weitere „sonstige" Vorsorgeaufwendungen sind nicht mehr absetzbar, wenn der Grenzbetrag von 1900 Euro mit den Beiträgen zur Kranken- und Pflegeversicherung bereits überschritten ist. Dann werden nicht einmal die Pflichtbeiträge zur Arbeitslosenversicherung berücksichtigt, geschweige denn Beiträge zu privaten Haftpflicht- oder zu anderen grundsätzlich absetzbaren Versicherungen.

→ Zum Beispiel Jonas

Der 51-jährige alleinstehende und kinderlose Arbeitnehmer erhält 40 000 Euro Bruttolohn im Jahr. Dafür zahlt er im Jahr 2024 8,15 Prozent Krankenversicherung (3 260 Euro) und 2,3 Prozent Pflegeversicherung (920 Euro). Seinen Beitrag zur Pflegeversicherung kann Jonas voll als Sonderausgaben geltend machen. Der Krankenversicherungsbeitrag wird um 4 Prozent gekürzt, denn diese 4 Prozent entfallen pauschal auf die Versicherung von Krankengeld und sind laut Gesetz nicht abzugsfähig. Damit wirken sich 130 Euro vom Krankenversicherungsbeitrag steuerlich nicht aus (3 240 mal 4 Prozent). Es verbleiben 4 050 Euro (920 plus 3 260 minus 130), die als Sonderausgaben abgezogen werden dürfen. Klar ist aber auch: Die 1900-Euro-Grenze für sonstige Vorsorgeaufwendungen ist damit überschritten. Jonas darf nach dieser Berechnungsmethode keine weiteren sonstigen Vorsorgeaufwendungen geltend machen. Sein Beitrag zur gesetzlichen Arbeitslosenversicherung bleibt genauso außen vor wie die Beiträge für seine Kfz-Haftpflichtversicherung.

Die **Zeilen 14 und 15** fragen nach Beitragsrückzahlungen durch die Versicherung, die die abzugsfähigen Beiträge des Arbeitnehmers verringern.

Die **Zeilen 16 bis 22** gelten vor allem für Rentenbezieher und Selbstständige, die Mitglied in einer gesetzlichen Krankenversicherung sind. Wer beispielsweise neben seinem Arbeitslohn eine Hinterbliebenenrente bezieht, entnimmt die Beitragshöhe aus dem Rentenbescheid. In der Regel liegen die Beträge dem Finanzamt bereits vor. Wenn die gemeldeten Daten in den Bescheiden richtig sind, müssen die Zeilen in der Steuererklärung auf Papier nicht mehr ausgefüllt werden. Weil für Rentenbezüge im Regelfall kein Anspruch auf Krankengeld besteht, bleibt **Zeile 20** frei. Sollte es anders sein, etwa bei Selbstständigen in der gesetzlichen Versicherung, muss der entsprechende Betrag in **Zeile 20** eingetragen werden. Beiträge von Beamten, die in der gesetzlichen Sozialversicherung versichert sind, gehören ebenfalls in die **Zeilen 16 bis 22.**

Strittig war in früheren Jahren häufig, wie mit **Bonuszahlungen** der Krankenkassen umzugehen ist, die die Kassen ihren Versicherten für gesundheitsbewusstes Verhalten gezahlt haben. Handelt es sich dabei um Beitragserstattungen, die in den **Zeilen 14 und 19** anzugeben sind? Hier hat das Bundesfinanzministerium für Klarheit gesorgt. Nun erkennen

Finanzämter Bonuszahlungen pauschal bis zur Höhe von 150 Euro als steuerneutral an. Erst darüber hinausgehende Prämien werten sie als Beitragsrückerstattung. Das bedeutet, dass erst die höheren Werte von den absetzbaren Beiträgen für den Basisschutz abgezogen werden, sodass der Sonderausgabenabzug geringer ausfällt (BMF-Schreiben vom 16. Dezember 2021 und vom 28. Dezember 2023, Vorsorgeaufwendungen). Wenn Sie selbst Geld für Gesundheitsmaßnahmen ausgegeben haben, gilt der hierfür erhaltene Bonus als Kostenerstattung. Dieser Bonus mindert die Sonderausgaben nicht.

Die **Zeile 22** fragt nach Beiträgen zu einer gesetzlichen Krankenversicherung für Wahl- oder Zusatzleistungen (etwa Chefarztbehandlung oder Einzelzimmer im Krankenhaus). Diese Beiträge werden nicht elektronisch gemeldet und können deshalb gesondert eingetragen werden. Voll absetzbar ist aber nur der Beitrag für die Basisabsicherung.

Die Beiträge zur Kranken- und Pflegeversicherung von Privatversicherten, bei denen die Versicherung ihren Sitz in Deutschland hat, gehören in die **Zeilen 23 bis 26.** Diese Beträge werden elektronisch gemeldet und müssen, wenn sie korrekt sind, nicht eingetragen werden.

Zeile 23 betrifft nur die Beiträge zur Basisabsicherung, die dem Leistungskatalog der gesetzlichen Krankenversicherung entspricht. Die private Krankenversicherung schlüsselt die Beiträge für Basisabsicherung und für Sonderleistungen in der Regel von sich aus oder auf Nachfrage entsprechend auf. Beitragsteile, die hier nicht erfasst werden, sowie Beiträge zu privaten Zusatzversicherungen, etwa für Auslandsreisekrankenversicherungen oder Zahnversicherungen, tragen Sie in **Zeile 27** manuell ein.

In **Zeile 24** gehören Beiträge zu privaten Pflegepflichtversicherungen. Mit „Beitragszuschüssen von dritter Seite“ (**Zeile 26**) sind nicht die Zuschüsse des Arbeitgebers gemeint, sondern etwa Zuschüsse der gesetzlichen Rentenversicherung oder der Künstlersozialkasse.

In den **Zeilen 28 bis 33** geht es um Zahlungen an ausländische gesetzliche und ausländische private Kranken- und Pflegeversicherungen. Die Abfrage erfolgt nach dem Muster der **Zeilen 23 bis 28.** Allerdings ist hier die Unterstützung eines Steuerprofis zu empfehlen. Diese Daten werden nicht elektronisch gemeldet und müssen immer eingetragen werden. Anderes gilt für die **Zeilen 34 bis 36,** in die Arbeitgeberzuschüsse für Arbeitnehmer gehören, die freiwillig gesetzlich oder privat versichert sind.

Angestellte, die mit ihrer Krankenversicherung Beitragserstattungen oder einen Selbstbehalt vereinbart haben, sollten überprüfen, ob das auch steuerlich vorteilhaft ist. Die Krankenversicherungsbeiträge zur Basisvorsorge können sie ohne Einschränkung geltend machen. Das gilt aber nur für die Beiträge, die sie tatsächlich bezahlt haben. Beitragserstattungen der Kassen verringern die als Sonderausgaben abzugsfähigen Beitragszahlungen. Versicherte mit einem hohen Grenzsteuersatz (→ Seite 261) sollten hier besonders genau rechnen.

→ Zum Beispiel Katharina

Die alleinstehende Dozentin ist privat versichert, Jahresbeitrag 5000 Euro. Sie hat 500 Euro Arztkosten selbst bezahlt. Wenn sie auf die Übernahme der Kosten durch die Krankenversicherung verzichtet, erhält sie 600 Euro Beitragserstattung. Ein gutes Geschäft, denkt Katharina zunächst, denn unter dem Strich hat sie anschließend 100 Euro mehr in der Tasche (600 minus 500). Allerdings führen die 600 Euro Beitragserstattung auch zu 600 Euro weniger abzugsfähigen Sonderausgaben. Bei ihrem Grenzsteuersatz (40 Prozent) verzichtet Katharina damit auf eine Steuerersparnis von 240 Euro (40 Prozent von 600 Euro). Wenn sich Katharina für die Beitragserstattung entscheidet, ist der Vorteil deutlich geringer als angenommen. Denn in diesem Fall zahlt sie 240 Euro mehr an das Finanzamt. Ob sich ein Verzicht auf Beitragserstattungen lohnt, hängt immer vom Einzelfall ab. Hier muss ganz genau gerechnet werden. Hätte Katharina einen deutlich geringeren Steuersatz und hätte sie es mit anderen Rechnungs- oder Erstattungsbeträgen zu tun gehabt, konnte sich eine Beitragserstattung vom Versicherer für sie auch vorteilhaft auswirken.

In **Zeile 37 bis 42** geht es um Beiträge zur Kranken- und Pflegeversicherung, mit denen „andere Personen" versichert werden. Dazu zählen an dieser Stelle nur bestimmte Menschen: vornehmlich erwachsene Kinder, für die die Eltern keinen Anspruch auf Kindergeld mehr haben. Wenn etwa die 28-jährige Tochter noch studiert, gilt sie steuerlich in der Regel nicht mehr als Kind. Kindergeld und andere Kinderförderungen gibt es dann nicht mehr. Die Eltern können die von ihnen übernommenen Beiträge zur Kranken- und Pflegeversicherung des Kindes als ihre eigenen Sonderausgaben geltend machen: Voraussetzung ist, dass sie selbst Versicherungsnehmer sind. Die Versicherung muss von ihnen abgeschlossen und bezahlt werden.

Wenn Eltern für ein Kind noch Kindergeld zusteht, tragen sie übernommene Versicherungsbeiträge nicht hier ein, sondern in die Anlage Kind (→ Seite 143). Unterstützen Sie andere Menschen mit Unterhaltszahlungen und übernehmen die Beiträge zur Kranken- und Pflegeversicherung, schreiben Sie das in die **Anlage Unterhalt** (→ Seite 174).

Nach Eintragung der Steuer-Identifikationsnummer (**Zeile 37**) sowie des Namens und der Anschrift der unterstützten Person gehören in die **Zeilen 39 bis 41** die übernommenen Beiträge zur privaten Kranken- und Pflegeversicherung sowie eventuelle Beitragserstattungen. Diese Daten liegen dem Finanzamt in der Regel bereits durch eine elektronische Meldung vor. In **Zeile 42** geht es um zusätzliche Versicherungen außerhalb der Basisabsicherung, etwa für ein Einzelzimmer im Krankenhaus oder für eine zusätzliche Pflegeversicherung.

Zeile 43 bis 48: Weitere abzugsfähige Beiträge

Für viele Arbeitnehmer ist die Rubrik „Weitere sonstige Vorsorgeaufwendungen“ wenig interessant, weil sie allein mit ihren Beiträgen zur Kranken- und Pflegeversicherung die abzugsfähigen 1900 Euro überschreiten. Weitere Versicherungsbeiträge wirken sich dann nicht aus. Bei Arbeitnehmern mit geringen Löhnen, Rentnern, manchen Beamten und Selbstständigen kann hier aber noch Abzugspotenzial bestehen. Deshalb gilt: Tragen Sie immer alle abzugsfähigen Beiträge ein. Nur dann kann das Finanzamt prüfen, ob diese Beiträge zusätzlich zu Ihren Gunsten zu berücksichtigen sind oder nicht.

Zeile 43 fragt nach den Beiträgen zur gesetzlichen Arbeitslosenversicherung. Der Betrag ergibt sich aus der Lohnsteuerbescheinigung und wurde in der Regel bereits elektronisch an das Finanzamt übermittelt. Freiwillige Zahlungen in Arbeitslosenversicherungen gehören in die **Zeile 44.** Beiträge zu einer privaten Erwerbs- und Berufsunfähigkeitsversicherung werden in **Zeile 45** erfragt.

In den **Zeilen 46 bis 48** besteht die Möglichkeit, noch andere Versicherungsbeiträge geltend zu machen. Dazu gehören Beiträge zu sämtlichen Haftpflichtversicherungen – beispielsweise zur Kfz-Haftpflichtversicherung, Tierhalterhaftpflichtversicherung oder Privathaftpflichtversicherungen. Und auch die Beiträge zu Unfall- oder Risikolebensversicherungen können hier eingetragen werden. Ebenfalls lassen sich Beiträge zu bestimmten Lebensversicherungen sowie privaten Rentenversicherungen hier geltend machen.

Sachversicherungen, zum Beispiel Haushalt-, Kasko-, Feuer- oder Rechtsschutzversicherung, tauchen hier jedoch nicht auf, weil dafür gezahlte Beiträge nicht als Sonderausgaben absetzbar sind. Eine umfassende Übersicht, welche Versicherungen Sie wo eintragen, zeigt zudem unser Kasten → Seite 114.

46	– Unfall- und Haftpflichtversicherungen sowie Risikoversicherungen, die nur für den Todesfall eine Leistung vorsehen	502	628,–
47	– Rentenversicherungen mit Kapitalwahlrecht und / oder Kapitallebensversicherungen mit einer Laufzeit von mindestens 12 Jahren sowie einem Laufzeitbeginn und der ersten Beitragszahlung vor dem 1.1.2005	503	,–

Versicherungsbeiträge von A bis Z
So rechnen Sie die Ausgaben für Ihren Schutz ab

Neben den Beiträgen zur Altersvorsorge und zu einer Basisversorgung in der Kranken- und Pflegeversicherung werden in **Zeile 43 bis 48** „weitere sonstige Vorsorgeaufwendungen" abgefragt. Ob Ihnen die Beiträge als Sonderausgaben einen Steuervorteil bringen, ist je nach Einzelfall unterschiedlich. Wichtige Abzugsposten zeigt die folgende Übersicht:

- **Arbeitslosenversicherung:** Der gesetzliche Arbeitnehmeranteil laut Lohnsteuerbescheinigung gehört in Zeile 43, freiwillige Beiträge laut Vertrag in Zeile 44.
- **Ausbildungsversicherung:** Beiträge gehören in Zeile 47, wenn sie den Bedingungen für abzugsfähige Kapitallebensversicherungen entsprechen.
- **Auslandsreisekrankenversicherung:** Haben Sie sie als private Zusatzversicherung abgeschlossen, gehören die Beiträge in die Zeile 22 oder 27.
- **Berufs- und Erwerbsunfähigkeitsversicherung:** Beiträge für eigenständige Versicherungen gehören in Zeile 45. Wurden sie im Rahmen von anderen Versicherungen, zum Beispiel von Kapitallebensversicherungen, abgeschlossen, sind sie nur begünstigt, wenn auch die Beiträge der Rahmenversicherung begünstigt sind (→ Kapitallebensversicherung).
- **Haftpflichtversicherung:** Beiträge für Haftpflichtversicherungen aller Art (zum Beispiel Kfz-, Privat-, Tierhalter-, Gebäude-Haftpflicht) gehören in Zeile 46.

Zeile 49 bis 55: Ergänzende Angaben

Das Finanzamt fragt in **Zeile 49** nach steuerfreien Zuschüssen oder Beihilfen zur Krankenversicherung oder zu den Krankheitskosten. Diese bekommen sowohl gesetzlich versicherte Arbeitnehmer als auch Beamte. Besteht der Anspruch, ist in der Zeile kein Eintrag notwendig.

Selbstständige und nicht familienversicherte Hausfrauen/-männer, die ihren gesamten Beitrag selbst bezahlen, tragen jedoch die Ziffer „2" (Nein) ein. Sie können dann neben Rentenversicherungsbeiträgen bis zu 2800 Euro andere abzugsfähige Versicherungsbeiträge absetzen. Für alle anderen gilt nur die bereits genannte Grenze von 1900 Euro.

- **Kapitallebensversicherung:** Die Beiträge sind in Zeile 47 abzugsfähig, wenn die Versicherung mit laufender Beitragszahlung vor 2005 abgeschlossen wurde, mindestens 12 Jahre läuft und alle anderen Anforderungen erfüllt sind. Fondsgebundene Versicherungen und solche gegen Einmalzahlung sind nicht begünstigt.
- **Krankenhaustagegeldversicherung:** Die Beiträge gehören in Zeile 22 oder Zeile 27.
- **Krankentagegeldversicherung:** Die Beiträge gehören in Zeile 22 oder 27.
- **Krankenversicherung:** Arbeitnehmerbeiträge zur Basisversorgung gehören in Zeile 11, 23 oder 28.
- **Pflegeversicherung:** Arbeitnehmerbeiträge zur gesetzlichen Pflegeversicherung müssen in Zeile 13, 24 oder 30 eingetragen werden. Beiträge zu einer zusätzlichen Pflegeversicherung gehören in Zeile 27 oder 33.
- **Rentenversicherung:** Beiträge für private Rentenversicherungen mit Kapitalwahlrecht gehören in Zeile 47, wenn sie die unter Kapitallebensversicherung aufgeführten Bedingungen erfüllen. Die Bedingungen gelten auch für private Rentenversicherungen ohne Kapitalwahlrecht. Beiträge dafür gehören aber in Zeile 48.
- **Risikolebensversicherung:** Die Beiträge tragen Sie in Zeile 46 ein.
- **Unfallversicherung:** Die Beiträge für private Unfallversicherungen (auch für Kfz-Insassenunfallversicherungen) gehören in Zeile 46. Unfallversicherungen mit garantierter Prämienrückzahlung werden hingegen wie Kapitallebens- oder Rentenversicherungen behandelt (Zeile 47 oder 48).

Die weiteren Angaben ab **Zeile 50** betreffen Menschen, die im gesamten Kalenderjahr **nicht** rentenversicherungspflichtig waren. Das können zum Beispiel Beamte sein, Richter, Soldaten, Praktikanten, GmbH-Geschäftsführer, Pensionäre und deren Angehörige oder auch Rentner, die sich sozialversicherungspflichtig noch etwas hinzuverdienen. Aus den Angaben entnimmt das Finanzamt, in welcher Höhe es Vorsorgeaufwendungen berücksichtigen muss. So trägt zum Beispiel ein Beamter in **Zeile 50** die Ziffer „1“ ein und bestätigt in **Zeile 54**, dass er dennoch Anspruch auf eine Altersversorgung hat. Für die Ehe- und Lebenspartner wird in der Spalte daneben das Gleiche abgefragt. Versicherungspflichtig beschäftigte Arbeitnehmer tragen hier für sich selbst gar nichts ein.

Anlage Sonderausgaben

Die für die meisten Arbeitnehmer wichtigsten Sonderausgaben sind in der Regel die Beiträge zur Renten-, Kranken- und Pflegeversicherung. Sie gehören jedoch nicht in diese Anlage Sonderausgaben, sondern in die **Anlage Vorsorgeaufwand** (→ Seite 105). Deshalb gibt es im Untertitel der Anlage Sonderausgaben auch den Hinweis „ohne Versicherungsaufwendungen und Altersvorsorgebeiträge".

Auch andere Sonderausgaben tauchen **nicht** in dieser Anlage auf, etwa die Ausgaben, die Eltern für Kinderbetreuung haben. Das Finanzamt berücksichtigt sie zwar mit bis zu 6 000 Euro im Jahr und erkennt zwei Drittel davon, maximal 4000 Euro, als Sonderausgaben an. Doch diese Ausgaben werden über die **Anlage Kind** (→ Seite 144) abgerechnet. Trotzdem bietet Ihnen die Anlage Sonderausgaben interessante Steuersparchancen.

Wenn Sie von sich aus keine Sonderausgaben abrechnen, berücksichtigt der Fiskus automatisch nur eine geringe Pauschale von jährlich 36 Euro für Alleinstehende, 72 Euro für Ehepaare/Lebenspartner. Jeder Euro, den Sie darüber hinaus als Sonderausgaben abrechnen, senkt somit Ihre Steuerlast. Wichtige Posten sind zum Beispiel Spenden, Unterhaltszahlungen und Kirchensteuer.

Zu Beginn schreiben Sie zunächst nochmals Ihren Namen und die Steuernummer ins Formular. Das gilt für alle Anlagen, die zusätzlich zum Hauptvordruck abgegeben werden. Zusammen veranlagte Ehepaare und eingetragene Lebenspartner füllen eine gemeinsame Anlage aus und tragen nur den Namen ein, der im Hauptvordruck als Erstes steht.

Zeile 4: Kirchensteuer

Hierher gehört die tatsächlich gezahlte Kirchensteuer, einschließlich im Jahresverlauf geleisteter Voraus- oder Nachzahlungen. Erstattete Kirchensteuer, beispielsweise aus der letzten Steuererklärung, ist in der Zeile rechts gesondert anzugeben. Freiwillige Beiträge oder Zahlungen sind nicht hier, sondern unter Spenden (**Zeile 5**) einzutragen. Kirchensteuer, die die Bank oder ein anderer Finanzdienstleister im Rahmen der Abgeltungssteuer bereits an das Finanzamt abgeführt hat, gehört **nicht** hierher. Ob Kirchensteuer abgeführt wurde, ergibt sich in der Regel aus den Mitteilungen der Banken (→ Anlage KAP ab Seite 164).

Kirchensteuer				52
		2024 gezahlt EUR		2024 erstattet EUR
4 soweit diese nicht als Zuschlag zur Abgeltungsteuer einbehalten oder gezahlt wurde	103	487,–	104	212,–

Zeile 5 bis 12: Spenden & Co.

Krieg in der Ukraine, Naturkatastrophen, Hungersnöte. Spenden sind für viele Arbeitnehmer ein wichtiges Anliegen. Auch wenn dabei in der Regel nicht der Steuervorteil im Vordergrund steht, sollte auf diesen nicht verzichtet werden. Absetzbar sind Spenden „zur Förderung steuerbegünstigter Zwecke" im Inland (**Zeile 5**) und für Empfänger in der EU und im Europäischen Wirtschaftsraum (EWR) im Ausland (**Zeile 6**). Hinter dieser Formulierung verbirgt sich so ziemlich alles, zum Beispiel Kultur und Bildung, Jugend und Sport, Denkmalschutz und Heimatpflege. Auch Mitgliedsbeiträge mancher Organisationen, etwa des DRK, sind absetzbar. Spenden können grundsätzlich bis zur Höhe von 20 Prozent der Einkünfte sofort abzugsfähige Sonderausgaben sein.

→ Zum Beispiel das Ehepaar D.

Dorothea und Daniel D. sind beide Beamte und haben zusammen 40 000 Euro Jahreseinkünfte. Sie dürfen 20 Prozent davon, also 8 000 Euro, als Sonderausgaben in einem Jahr sofort geltend machen. Dieses Jahr waren Not und Spendenbereitschaft besonders groß. Das Ehepaar D. spendete 5 000 Euro an das Deutsche Rote Kreuz und 3 000 Euro an den örtlichen Sportverein, um den Bau eines neuen Sportlerheims zu unterstützen. Im Dezember bat der Pfarrer noch um eine Spende für die einsturzgefährdete Dorfkirche. Dorothea und

Daniel gaben dafür 2 000 Euro. Sie schreiben 10 000 Euro in ihre Steuererklärung 2024, davon akzeptiert das Finanzamt für dieses Jahr 8 000 Euro als abzugsfähige Sonderausgaben (20 Prozent von 40 000). Die verbleibenden 2 000 Euro trägt das Amt von sich aus vor: Ehepaar D. kann sie im nächsten oder in den folgenden Jahren geltend machen.

Für die Anerkennung der Spende ist in der Regel die **Spendenbescheinigung** des Empfängers nach amtlichem Muster erforderlich – eine sogenannte **Zuwendungsbescheinigung**. Bei Spenden bis 300 Euro reicht jedoch der Kontoauszug mit Angaben zum Spender und dem Spendenempfänger. Bei sonstigen Spenden an private Organisationen sind weitere Angaben wie zum Verwendungszweck auf einem Vordruck des Spendenempfängers erforderlich.

Zuwendungen (Spenden und Mitgliedsbeiträge)

Spenden und Mitgliedsbeiträge (ohne Spenden in das zu erhaltende Vermögen einer Stiftung)

			laut Bestätigungen EUR		laut Betriebsfinanzamt EUR
5	– zur Förderung steuerbegünstigter Zwecke an Empfänger im Inland	123	10 000,–	124	,–
6	– zur Förderung steuerbegünstigter Zwecke an Empfänger im EU- / EWR-Ausland	133	,–	134	,–

Auch Sachspenden wie Kleider, Möbel oder Bücher können Sie absetzen, wenn sich der Wert der Gegenstände nachvollziehbar ermitteln lässt. Bei erbrachten Leistungen ist das mitunter leichter, zum Beispiel, wenn unter Verzicht auf einen – rechtlich zustehenden – Kostenersatz mit dem eigenen Pkw Fahrten für den Verein unternommen wurden. Auch in diesen Fällen ist eine Spendenbescheinigung erforderlich.

In die **Zeilen 7 und 8** gehören Mitgliedsbeiträge und Spenden an politische Parteien sowie unabhängige Wählervereinigungen. Davon drücken bei Ledigen bis zu 1 650 Euro, bei Ehe-/Lebenspartnern bis zu 3 300 Euro zur Hälfte direkt die Steuerschuld. Höhere Spenden können wiederum bis zu 1 650 beziehungsweise 3 300 Euro zusätzlich als Sonderausgaben abgesetzt werden. Spendet beispielsweise ein lediger Beamter 2 000 Euro an

Belege aufbewahren
Spendenbescheinigungen müssen Sie der Steuererklärung nicht beifügen. Doch Sie müssen sie auf Anforderung des Finanzamts vorlegen und bis zu einem Jahr nach Erhalt des Steuerbescheids aufbewahren.

eine Partei, zahlt er 825 Euro weniger Steuern (50 Prozent von 1650). Die darüber hinaus gespendeten 350 Euro werden zusätzlich als Sonderausgaben angerechnet (2000 minus 1650). Zusätzlich zu seiner Parteispende und in gleicher Weise steuerlich gefördert dürfte der Beamte an eine unabhängige Wählervereinigung spenden.

In den **Zeilen 9 bis 12** geht es um Zuwendungen an bestimmte Stiftungen. Wer damit zu tun hat, sollte sich ohnehin an einen Steuerberater wenden. Das gilt auch, wenn Sie Großspenden oberhalb der 20-Prozent-Grenze geleistet haben.

Der Freibetrag für alle, die sich im Verein gemeinnützig engagiert haben und dafür eine Aufwandsentschädigung bekamen, gehört nicht hierher, sondern in **Anlage N** oder **Anlage S** (Ehrenamtspauschale und Übungsleiterfreibetrag → Seite 63 und 186).

Zeile 13 bis 14: Berufsausbildung

Im richtigen Leben liegen die Begriffe Ausbildung und Fortbildung eng beieinander. Das Steuerrecht errichtet dazwischen eine Mauer. Die Verwaltung versteht an dieser Stelle unter „Berufsausbildung“ eine allererste Ausbildung, beispielsweise ein Erststudium. Fortbildung heißt hingegen Weiterlernen nach einer Erstausbildung, etwa ein Studium nach abgeschlossener Berufsausbildung, ein Zweitstudium, Umschulungen oder Weiterbildungen. Aufwendungen hierfür gehören zu den Werbungskosten (→ Seite 81).

Die Abgrenzung ist in der Praxis nicht immer einfach zu bestimmen. Denn was gilt überhaupt als Ausbildung, wann und wie wurde sie abgeschlossen, unterbrochen oder wieder aufgenommen, dient ihr Zweck der Erwerbstätigkeit oder dem Privatvergnügen? Das sind nur einige der Fragen, um die Bürger und Verwaltung schon häufig gestritten haben.

In die Anlage Sonderausgaben gehören Kosten für eine erste Berufsausbildung und für ein Erststudium nach der Schulausbildung. Die Betonung liegt hier auf **„erste“** Berufsausbildung, und diese liegt vor, wenn bisher kein Berufs- oder Studienabschluss vorhanden ist oder die Ausbildung weniger als 12 Monate gedauert hat oder kein Abschluss erzielt wurde.

Bei der Unterscheidung zwischen Erst- und weiterer Ausbildung geht es darum, wie und vor allem in welcher Höhe Bildungsausgaben steuerlich geltend gemacht werden dürfen. Für die erste Ausbildung dürfen bis zu 6 000 Euro pro Person und Jahr als Sonderausgaben abgesetzt werden. Dagegen können Aufwendungen für alle weiteren Ausbildungen in unbegrenzter Höhe als Werbungskosten geltend gemacht werden. Das gilt auch, wenn es sich zwar um eine erste Ausbildung handelt, diese jedoch als Dienstverhältnis erfolgt wie bei einem Azubi.

Erste Ausbildungskosten, die nur als Sonderausgaben geltend gemacht werden können, haben einen weiteren Nachteil: Sie wirken sich nur in dem Jahr steuerlich aus, in dem sie entstanden sind. In Ausbildungsphasen sind aber oftmals keine oder nur geringe steuerpflichtige Einkünfte vorhanden. Somit führen Ausbildungskosten in vielen Fällen nur zu einer geringen oder zu gar keiner Steuerentlastung.

Ausgaben für eine Weiterbildung oder eine zusätzliche Ausbildung funktionieren grundsätzlich anders: Sie können als „vorweggenommene

Erst Tischler, dann Biologe

Nach einer ersten abgeschlossenen Berufsausbildung oder einem Studium können alle weiteren Ausbildungen zu Werbungskosten führen. Das gilt auch dann, wenn die weiteren Ausbildungen überhaupt nicht mit dem ersten Abschluss zusammenhängen oder darauf aufbauen.

Werbungskosten“ zu steuerlich anerkannten Verlusten führen. Solche Verluste müssen nicht zwingend mit Einkünften desselben Jahres ausgeglichen werden. Sie lassen sich etwa mit positiven Einkünften des Vorjahres oder in Folgejahren steuersparend verrechnen.

Wegen der unterschiedlichen steuerlichen Behandlung von Ausbildungs- und Fortbildungskosten und der sehr eingeschränkten Möglichkeiten, Kosten für eine Erstausbildung steuerlich zu berücksichtigen, gab es in den letzten Jahren eine Vielzahl von Gerichtsverfahren. Ende 2019 hat letztlich das Bundesverfassungsgericht abschließend geurteilt, dass die bestehende gesetzliche Unterscheidung verfassungsgemäß ist (Az. 2 BvL 22/14). Folglich bleibt es dabei, dass Kosten der Erstausbildung nur als Sonderausgaben zählen.

Welche Voraussetzungen eine Erstausbildung erfüllen muss, damit anschließend die Ausgaben für weitere Ausbildungen anerkannt werden, war ebenfalls Bestandteil verschiedener Gerichtsverfahren. So hat der Bundesfinanzhof etwa bei einer Stewardess, die sich zur Pilotin ausbilden ließ, die Kosten des Pilotenkurses als vorweggenommene Werbungskosten akzeptiert (Az. VI R 6/12). Jedoch gilt nicht jede beliebige Ausbildung als Erstausbildung. Der Begriff Erstausbildung ist mittlerweile gesetzlich definiert als mindestens zwölfmonatige Vollzeitausbildung mit mindestens 20 Wochenstunden. Die Ausbildung muss mit einer Prüfung oder einem anderen für die jeweilige Ausbildung üblichen Abschluss enden.

Ausbildungskosten sind ein weit gefasster Begriff. Dazu gehören etwa Fahrtkosten, Gebühren für Kurse und Prüfungen, Ausgaben für Fachbücher, Computer oder Laptop, Kopien und Schreibwaren. Auch Kosten für ein häusliches Arbeitszimmer können in bestimmten Fällen bis zu 6 000 Euro pro Jahr abzugsfähig sein.

Bei Ehepaaren und Lebenspartnern macht jeder Partner seine eigenen Ausbildungskosten geltend. Der Ehemann füllt **Zeile 13** aus, die Ehefrau **Zeile 14**, gleichgeschlechtliche Ehe- und Lebenspartner unterscheiden nach „Person A und B“. Unter dem Strich kann damit ein Paar bis zu 12 000 Euro Ausbildungskosten absetzen. Es gibt aber keine Zusammenrechnung. Hatte etwa ein Partner 8 000 Euro Ausbildungskosten und der andere keine, berücksichtigt das Finanzamt nur den Höchstbetrag von 6 000 Euro pro Jahr für den, der die Kosten tatsächlich hatte.

Ausbildungskosten sind nur absetzbar, wenn eine Ausbildung auf beruflich verwendbare Kenntnisse und Fertigkeiten gerichtet ist. Andere Bildungsmaßnahmen, die nur dem Hobby oder der Allgemeinbildung dienen, beispielsweise für eine gängige Fremdsprache ohne beruflichen Bezug, bleiben ungefördert.

Zeile 15 bis 28: Gezahlte Versorgungsleistungen

In **Zeile 15 bis 28** geht es um Versorgungsleistungen – oft im Zusammenhang mit Vermögensübertragungen der Älteren an die Jüngeren der Familie. Für das Vermögen erhalten die Älteren zum Beispiel eine lebenslange Rente. Diese Zahlungen können in seltenen Fällen Arbeitnehmer und Beamte unter bestimmten Voraussetzungen als Sonderausgaben absetzen. Wenn Sie damit zu tun haben, sollten Sie möglichst einen Steuerprofi konsultieren, bevor solche Leistungen vereinbart und hier erstmals eingetragen werden. Voraussetzung ist auf jeden Fall, dass diejenigen, die die Leistungen absetzen wollen, immer den Namen, das Geburtsdatum und die Identifikationsnummer des Empfängers mit in die Anlage eintragen. Es ist möglich, Leistungen an zwei empfangsberechtigte Personen abzurechnen.

Zeile 29 bis 41: Zahlungen an den oder die Ex

Zeile 29 behandelt Unterhaltsleistungen, die an einen geschiedenen oder getrennt lebenden Ehegatten oder Lebenspartner geleistet wurden.

Voraussetzung für die steuermindernde Berücksichtigung ist, dass der Unterhaltsempfänger auf der **Anlage U** zugestimmt hat, die Zahlungen als Einnahmen zu versteuern. Sie sind beim Zahler in dem Umfang als Sonderausgaben abzugsfähig, wie sie beim Empfänger steuerpflichtig sind. In **Zeile 30** ist die Steueridentifikationsnummer der ersten unterstützten Person einzutragen. Das neue Kästchen fragt nach dem Inlandswohnsitz der Person. Hier ist eine 1 einzutragen. Bei Wohnsitz im Ausland, ist es eine eine 2. Zusätzlich zum Höchstbetrag von 13 805 Euro Unterhalt können Sie von Ihnen übernommene Beiträge zur Basiskrankenversicherung und die Beiträge zur gesetzlichen Pflegeversicherung des Unterstützten als Sonderausgaben geltend machen. In **Zeile 31** muss der Teil der Unterhaltszahlung, der auf Beiträge zur Kranken- und Pflegeversicherung entfällt, nochmals separat aufgeführt werden. Krankenversicherungsbeiträge, die Anspruch auf Krankengeld auslösen, geben Sie in **Zeile 32** an.

Unterhaltsleistungen laut Anlage U – ohne Kindesunterhalt – an den
- geschiedenen Ehegatten, Lebenspartner einer aufgehobenen Lebenspartnerschaft
- dauernd getrennt lebenden Ehegatten / Lebenspartner

Angaben zur 1. unterstützten Person

Zeile			Kennzahl	tatsächlich gezahlt EUR
29	Name und Geburtsdatum der unterstützten Person: CHRISTIANA KÜHN, 22.02.1969		116	14 500,–
30	117 Identifikationsnummer der unterstützten Person: 12 589 222 425	Die unterstützte Person hat ihren Wohnsitz / gewöhnlichen Aufenthalt im Inland	157	1 (1 = Ja, 2 = Nein)
31	In Zeile 29 enthaltene Beiträge (abzüglich Erstattungen und Zuschüsse) zur Basis-Kranken- und gesetzlichen Pflegeversicherung		118	695,–
32	Davon entfallen auf Krankenversicherungsbeiträge mit Anspruch auf Krankengeld		119	0,–

Zeile 37 bis 39 behandelt Ausgleichszahlungen, die im Rahmen eines vertraglichen oder gerichtlich angeordneten Versorgungsausgleichs an einen **geschiedenen Ehegatten oder Lebenspartner** geleistet wurden. Sie werden vom Finanzamt in der Höhe als Sonderausgaben abgezogen, in der sie beim Empfänger steuerpflichtig sind. In **Zeile 40 und 41** gehören Zahlungen, die als Ausgleich erfolgt sind, um einen **Versorgungsausgleich,** also eine Kürzung der eigenen Altersbezüge, zu vermeiden. Für den Abzug ist die **Anlage U** erforderlich.

Anlage Außergewöhnliche Belastungen

Diese Anlage kann für viele Arbeitnehmer und Beamte besonders wichtig sein: Hinter den „außergewöhnlichen Belastungen“ verbergen sich zahlreiche Sachverhalte. Es geht zum Beispiel um Ausgaben für Krankheit, Behinderung und Pflege und um die Unterstützung Bedürftiger. Hier hat es 2021 einige Gesetzesänderungen gegeben, von denen viele Steuerpflichtige profitieren können, etwa von erhöhten Behindertenpauschbeträgen und höheren Pflegepauschbeträgen.

Es gibt weitere Situationen, deren Folgen Sie eventuell beim Finanzamt abrechnen können, etwa wenn Sie in Folge eines Feuers oder Hochwassers Ausgaben für die Wiederbeschaffung existenziell nötiger Gegenstände wie Möbel, Hausrat und Kleidung sowie für die Beseitigung von Schäden an Wohneigentum hatten. Das ist außerdem möglich, wenn Ihnen etwa durch Hausschwamm Ausgaben entstanden sind. Hierzu hat der Bundesfinanzhof in den vergangenen Jahren in einigen Verfahren Entscheidungen getroffen.

Eine Besonderheit rund um die außergewöhnlichen Belastungen gibt es aber zu beachten: Viele der Posten, die das Finanzamt hier berücksichtigt, bringen nicht vom ersten Euro an einen Steuervorteil, sondern erst, wenn die Ausgaben so hoch sind, dass sie nicht mehr als „zumutbar“ gel-

Anspruch prüfen

Viele Arbeitnehmer und Beamte mit erheblichen Gesundheitsproblemen wissen nicht, dass ihnen eigentlich ein Behindertenpauschbetrag zusteht. Sprechen Sie mit Ihrem behandelnden Arzt, ob ein Antrag auf einen Behindertenausweis Erfolgsaussichten hat.

ten, sondern unzumutbar hoch sind. Diese Grenze ermittelt das Finanzamt individuell für jeden Steuerpflichtigen anhand der Höhe seiner Jahreseinkünfte und familiären Situation (➔ Tabelle Seite 252).

Zeile 4 bis 9: Behinderung und Zeile 19 bis 20: Fahrtkostenpauschale bei Behinderung

Je nach Grad der Behinderung gewährt das Finanzamt einen pauschalen Freibetrag zwischen 384 und 7 400 Euro jährlich (➔ Seite 251). Durch eine Gesetzesänderung haben sich diese Werte 2021 deutlich erhöht. Geändert hat sich zudem, dass Ihnen bereits ab einem Grad der Behinderung von 20 Prozent der Freibetrag zusteht. In die **Zeilen 4 und 9** werden die Gültigkeitsdaten der entsprechenden Dokumente (zum Beispiel Bescheid des Versorgungsamts) eingetragen sowie rechts der Grad der Behinderung, der auf ihnen vermerkt ist. Wenn Sie den Behindertenpauschbetrag erstmals beantragen, halten Sie die jeweiligen Dokumente vor und legen Sie sie auf Nachfrage des Finanzamts vor.

Die kleinen Kästchen in den **Zeilen 5 bis 6** und **8 bis 9** sind, wenn die genannten gesundheitlichen Einschränkungen vorliegen, mit der Ziffer „1“ auszufüllen. In **Zeile 5** setzen Sie eine „1“, wenn Sie erheblich gehbehindert (Merkzeichen „G“) oder außergewöhnlich gehbehindert (Merkzeichen „aG“) sind. **In Zeile 6** geben Sie an, wenn Sie das Merkzeichen „Bl“ (blind), „TBl“ (taubblind) und/oder „H“ für „ständig hilflos“ in Ihrem Behindertenausweis stehen haben. Auch wenn Sie Pflegegrad 4 oder 5 haben, setzen Sie hier eine „1“. Trifft eine der Angaben aus **Zeile 6** auf Sie zu, erhalten Sie den Höchstwert von 7400 Euro im Jahr angerechnet.

Steuerpflichtige Person / Ehemann / Person A

Ausweis / (Renten-) Bescheid / Bescheinigung
– bei erstmaliger Beantragung / Änderung bitte Nachweis in Kopie einreichen –

4 100 gültig von: 0 4 1 9 — 101 gültig bis: M M J J — 102 unbefristet gültig: 1 (1 = Ja) — 105 Grad der Behinderung: 7 0

Ich bin

5 – erheblich gehbehindert (Merkzeichen „G“) / außergewöhnlich gehbehindert (Merkzeichen „aG“) — 104: 1 (1 = Ja)

6 – blind / taubblind / ständig hilflos (Merkzeichen „Bl“, „TBl“ und / oder „H“), schwerstpflegebedürftig (Pflegegrad 4 oder 5) — 103: (1 = Ja)

Zusätzlich können Sie bei einem Grad der Behinderung ab 70 eine Fahrtkostenpauschale von 900 bis 4500 Euro geltend machen. Diese Pauschale beantragen Sie in **Zeile 19 und 20.**

Behinderungsbedingte Fahrtkostenpauschale

– bei erstmaliger Beantragung / Änderung bitte Nachweis in Kopie einreichen –

Ich beantrage die Berücksichtigung der behinderungsbedingten Fahrtkostenpauschale, da ich die nachfolgenden Voraussetzungen erfülle:

		Steuerpflichtige Person / Ehemann / Person A			Ehefrau / Person B		
19	Ich habe einen Grad der Behinderung von mindestens 80 oder einen Grad der Behinderung von mindestens 70 und Merkzeichen „G"	250	1	1 = Ja	251		1 = Ja
20	Ich bin außergewöhnlich gehbehindert / blind / taubblind / ständig hilflos (Merkzeichen „aG" / „Bl" / „TBl" und / oder „H"), schwerstpflegebedürftig (Pflegegrad 4 oder 5)	252		1 = Ja	253		1 = Ja

Anstelle des Behindertenpauschbetrags können auch die tatsächlichen, nachgewiesenen Kosten der Behinderung geltend gemacht werden. Das passiert alles ab **Zeile 27** beziehungsweise in ergänzenden Aufstellungen zu diesen Zeilen. Auch Ausgaben für andere Krankheitskosten, einen behindertengerechten Umbau eines Kfz oder einer Wohnung können zusätzlich zum Pauschbetrag absetzbar sein. Das gilt ebenfalls für bestimmte Kosten einer Begleitperson im Urlaub. Um behinderungsbedingte Steuervorteile auszuschöpfen, kann die Hilfe eines Steuerprofis zumindest beim erstmaligen Ausfüllen einer Steuererklärung zweckmäßig sein.

In der **Zeile 10** ist ein Pauschbetrag für Hinterbliebene zu beantragen. Er beläuft sich auf 370 Euro und steht Menschen zu, denen aufgrund ganz bestimmter gesetzlicher Regelungen Hinterbliebenenbezüge gewährt werden, zum Beispiel nach einem Dienstunfall eines Beamten. Allein der Bezug einer gesetzlichen Witwen- oder Witwerrente reicht aber nicht aus, um den Hinterbliebenenpauschbetrag in Anspruch zu nehmen.

Zeile 11 bis 18: Pflege zu Hause

Wer eine andere Person in seiner Wohnung oder in deren Wohnung unentgeltlich pflegt, kann den Pflegepauschbetrag von bis zu 1800 Euro im Jahr erhalten. Dafür gilt aber eine Reihe von Voraussetzungen, denn vorgegeben ist unter anderem, dass die Pflege **persönlich** geleistet wird.

Unterstützung durch einen ambulanten Pflegedienst ist allerdings möglich. Voraussetzung für den Pflegepauschbetrag ist, dass der Gepflegte **mindestens Pflegegrad 2** hat. Dann liegt der Freibetrag bei 600 Euro. Bei Pflegegrad 3 sind es 1100 Euro, bei 4 oder 5 oder wenn er hilflos ist, gibt es 1800 Euro. Den Pauschbetrag erhalten Menschen, die unterhaltsberechtigte Angehörige pflegen. Es gibt ihn aber auch, wenn andere Verwandte, Lebensgefährten, Freunde oder Nachbarn gepflegt werden. Dann müssen Sie darlegen können, dass Sie die Pflege aus tatsächlichen oder sittlichen Gründen übernehmen mussten. Sind mehrere Menschen an der Pflege beteiligt, etwa Geschwister, die ihre Eltern pflegen, wird der Pauschbetrag nach Zahl der beteiligten Personen aufgeteilt.

Übrigens: Den Pflegepauschbetrag gibt es auch, wenn die gepflegte Person in einem Heim lebt und nur an den Wochenenden zu Hause gepflegt wird. Erhalten Sie für Ihre Unterstützung das Pflegegeld aus der gesetzlichen Pflegeversicherung, schließt das den Anspruch auf den Pflegepauschbetrag aus. Anders ist es, wenn Sie das Geld nur treuhänderisch verwalten und für die pflegebedürftige Person verwenden oder wenn das Pflegegeld für ein Kind mit einer Behinderung gewährt wird.

Zeile 11 fragt, wer der Pflegende ist, sie bietet mit den Ziffern „1", „2" oder „3" eine Auswahl an. In **Zeile 12** tragen Sie die Anzahl der weiteren pflegenden Personen ein. In den **Zeilen 13 bis 18** machen Sie Angaben zur gepflegten Person, zum Verwandtschaftsverhältnis und Pflegegrad.

Pflege-Pauschbetrag

– bei erstmaliger Beantragung / Änderung bitte Nachweis in Kopie einreichen –

Zeile		Kz.	Eintrag	
11	Die **unentgeltliche** persönliche Pflege einer pflegebedürftigen Person in ihrer oder in meiner Wohnung erfolgte durch	200	1	1 = Steuerpflichtige Person / Ehemann / Person A 2 = Ehefrau / Person B 3 = beide Ehegatten / Lebenspartner
12	Anzahl der weiteren an der Pflege beteiligten Personen	201	1	
	Name, Anschrift, Geburtsdatum und Verwandtschaftsverhältnis der pflegebedürftigen Person			
13	ERIKA EXEMPEL, BUSCHWEG 15, 12345 BUSCHBACH, 13.12.1940			
14	MUTTER			
15	Identifikationsnummer der pflegebedürftigen Person	202	12 123 456 789	
16	Die pflegebedürftige Person hat ihren Wohnsitz / gewöhnlichen Aufenthalt im Inland	204	1	1 = Ja 2 = Nein
17	Für die pflegebedürftige Person wurde folgender Pflegegrad festgestellt:	203	4	2 = Pflegegrad 2 3 = Pflegegrad 3 4 = Pflegegrad 4 oder 5

Pflegekosten können auf unterschiedlichen Wegen geltend gemacht werden: als Pflegepauschbetrag (ab **Zeile 11**), als „allgemeine" außergewöhnliche Belastung (ab **Zeile 24**), als Steuerermäßigung über die Beschäftigung einer Hausangestellten als geringfügige (**Zeile 36**) oder voll sozialversicherungspflichtige Tätigkeit (**Zeile 37**) und über den Behindertenpauschbetrag. Wichtig ist, dass die entsprechenden Voraussetzungen gegeben sind.

Sie unterscheiden sich aber erheblich. So kann etwa jemand, der einen Verwandten zu Hause oder in einem Heim pflegen lässt, seine Ausgaben in der Regel als allgemeine außergewöhnliche Belastung nur geltend machen, wenn er gegenüber der zu pflegenden Person unterhaltsverpflichtet ist und der Gepflegte die Kosten nicht allein tragen kann. Das wäre etwa dann der Fall, wenn ein Kind Pflegeheimkosten für die bedürftigen Eltern übernimmt. Demgegenüber ist die Nutzung des Pflegepauschbetrags oder einer Steuerermäßigung für Pflegeleistungen im Haushalt nicht an diese Voraussetzungen gebunden. Kombinationen sind ebenfalls möglich. So lässt sich für den Teil der Pflegekosten, der wegen der „zumutbaren Belastung" nicht als außergewöhnliche Belastung absetzbar ist, eine Steuerermäßigung als Pflegeleistung im Haushalt beantragen (**Zeile 37**). Auch kann jemand, der Pflegeleistungen im Haushalt als haushaltsnahe Dienstleistung absetzt, neben dem Höchstbetrag von 20 000 Euro weitere Pflegekosten als außergewöhnliche Belastungen geltend machen.

Was im Einzelfall möglich und was steuerlich günstiger ist, sollte mit einem Steuerprofi besprochen werden. Grundsätzlich ist ein Abzug als außergewöhnliche Belastung günstiger, wenn der Grenzsteuersatz mehr als 20 Prozent beträgt. Alleinstehende erreichen diesen Steuersatz bereits bei einem zu versteuernden Einkommen von rund 14 000 Euro (→ Seite 261).

Zeile 21 bis 38: Krankheit, Todesfall und andere Katastrophen

Hier tragen Sie – auch ohne Vorliegen einer Behinderung – Posten ein, die das Steuerrecht unter „außergewöhnlichen Belastungen allgemeiner Art" versteht. Darunter findet sich so ziemlich alles von Krankheitskosten im weitesten Sinn über Grundwasserschäden bis zum Verlust von Hausrat durch Naturkatastrophen oder Diebstahl. Damit das Ganze nicht ausufert, muss jeder, der eine solche „allgemeine" Belastung absetzen will, einen Teil davon selbst schultern. Er nennt sich „zumutbare Belastung" und beläuft sich je nach Familienstand, Anzahl der zu berücksichtigenden Kinder und Höhe der Einkünfte auf 1 bis 7 Prozent der Einkünfte (→ Seite 252).

Krankheitskosten sind die außergewöhnlichen Belastungen, die Arbeitnehmer und Beamte am häufigsten geltend machen. Dazu gehören die Kosten für alle vom Arzt oder Heilpraktiker verordneten Medikamente, Heilbehandlungen und Hilfsmittel, aber nur der Anteil, der selbst bezahlt wurde. Auch dabei gibt es immer wieder umstrittene Positionen. Grundsätzlich sollten Sie alle Belege sammeln, die etwas mit Kosten für Krankheit und Gesundheit zu tun haben, zum Beispiel Zuzahlungen bei Arzt, Zahnarzt, Masseur und in der Apotheke, Zahlungen für Heilbehandlungen und Medikamente, die zwar verordnet, aber von der Kasse nicht getragen wurden, zum Beispiel homöopathische Mittel. Ausgaben für Brillen, Einlagen oder Rollstühle gehören dazu ebenso wie die Fahrtkosten zum Arzt und bestimmte Kurkosten. Eine ausführliche Übersicht finden Sie im Infokasten → Seite 130.

Andere Aufwendungen

Krankheitskosten (z. B. Arzt- und Behandlungskosten, Arznei-, Heil- und Hilfsmittel, Kurkosten)

Art der Aufwendungen

21 ZAHNARZTKOSTEN UND WEITERE

			EUR
22	Summe der Aufwendungen	302	3 196,–
23	Summe der erhaltenen und / oder zu erwartenden Versicherungsleistungen, Beihilfen, Unterstützungen usw. (ggf. „0")	303	396,–

Ausgaben für medizinische Versorgung Krankheitskosten von A bis Z

Als außergewöhnliche Belastung gelten Krankheitskosten aller Art, wenn sie auf der Grundlage von Verordnungen des Arztes oder Heilpraktikers entstanden sind. Für das Finanzamt zählen nur Ausgaben, die Sie selbst getragen haben.

- Arzneimittel, inklusive Zuzahlungen und Rezeptgebühren.
- Behandlungskosten bei Ärzten, Zahnärzten, Heilpraktikern, Physiotherapeuten, medizinischen Fußpflegern oder Logopäden. Ausgaben für bestimmte alternative Therapien (wie eine Ayurveda-Behandlung) sind nur bei nachgewiesener medizinischer Notwendigkeit absetzbar.
- Fahrtkosten zum Arzt, ins Krankenhaus, zu Heilbehandlungen oder Selbsthilfegruppen sind wie Reisekosten absetzbar (→ Seite 93). Pkw-Fahrten akzeptiert das Amt in der Regel nur, wenn die Nutzung öffentlicher Verkehrsmittel nicht möglich oder nicht zumutbar war. Besuchsfahrten zum Ehegatten oder zu Kindern ins Krankenhaus (oder in die Reha-Klinik) können Sie geltend machen, wenn der Besuch laut ärztlicher Bescheinigung notwendig war, also „den Heilungsprozess gefördert" hat.
- Heil- und Hilfsmittel sind u. a. Brillen, Kontaktlinsen, Hörgeräte, Schuheinlagen, orthopädische Schuhe oder Rollstühle.
- Kurkosten sind absetzbar, wenn die Kur notwendig war. Der Nachweis erfolgt durch ein amtsärztliches Zeugnis oder durch den Bewilligungsbescheid der Krankenkasse, die vor Beginn der Maßnahme ausgestellt sein müssen. Abzugsfähig sind zum Beispiel selbst gezahlte Fahrt-, Übernachtungs- und Behandlungskosten sowie 80 Prozent der Verpflegungskosten.
- Zahnersatz, etwa Kronen, Brücken, Zahnimplantate.
- Zuzahlungen von zum Beispiel 10 Euro pro Tag bei stationärem Aufenthalt in Krankenhäusern und Reha-Kliniken.

Ausgaben für einen krankheits- oder pflegebedingten Heimaufenthalt können wie Krankheitskosten als außergewöhnliche Belastung geltend gemacht werden, auch Zahlungen für dort untergebrachte Verwandte, die unterhaltsberechtigt sind.

Gelingt es, im Laufe des Jahres die Ausgaben für die medizinische Versorgung einigermaßen zu bündeln, kann das einen deutlichen Steuervorteil bringen:

→ Zum Beispiel Familie F.

Franziska und Frank F. sind beide Arbeitnehmer, ihre Kinder Fanny und Falk gehen noch zur Schule. Zusammen kommen sie auf Einkünfte von 50 000 Euro. Krankheitskosten fielen reichlich an. Frank musste beim Zahnarzt 1 700 Euro zuzahlen und Franziska bei ihrer Kur 500 Euro. Hinzu kamen einige Kleinigkeiten, die sich auf 800 Euro summierten: Zuzahlungen für Medikamente, eine Rechnung vom Heilpraktiker, eine neue Gleitsichtsonnenbrille für die blendempfindliche Franziska, ärztliche Atteste und Fahrtkosten zum Arzt. Insgesamt zahlte Familie F. somit 3 000 Euro Krankheitskosten aus eigener Tasche. Die zumutbare Belastung berechnet das Finanzamt mit 1346 Euro (→ Berechnung Seite 252). Damit kann Familie F. 1654 Euro Krankheitskosten als außergewöhnliche Belastung geltend machen (3 000 minus 1346). Hätte Frank seine teure Zahnreparatur auf nächstes Jahr verschoben, hätte Familie F. in diesem Jahr gar keine Krankheitskosten absetzen können, denn sie wäre innerhalb der zumutbaren Belastung von 1346 Euro geblieben. Ob und wie sich die Zahnarztkosten im Folgejahr auswirken, ist ungewiss. Deshalb: Ohne ein Vorverlegen der Zahnbehandlung wären 1654 Euro Abzugsbetrag unter den Tisch gefallen.

Wenn Hausrat oder Kleidung durch Feuer, Unwetter, Hochwasser oder Diebstahl verloren gegangen sind, können Ausgaben für die Wiederbeschaffung eine außergewöhnliche Belastung sein. Da prüft das Finanzamt aber sehr genau. Stellt sich beispielsweise heraus, dass keine Hausratver-

sicherung abgeschlossen wurde, hält der Fiskus seine Taschen zu. Auch wenn ein Biber am Haus Schäden verursacht, zählen die Kosten nicht.

Schadstoffe in Haus oder Wohnung können dagegen zu einer außergewöhnlichen Belastung führen. Wenn etwa Asbest, Formaldehyd oder giftige Holzschutzmittel zu beseitigen sind, berücksichtigt das Finanzamt die anfallenden Kosten. Die Anforderungen dafür sind jedoch hoch: Ein Arzt muss in der Regel den Zusammenhang zwischen der Schadstoffbelastung und den gesundheitlichen Folgen attestieren; außerdem will das Finanzamt die Gutachten über die konkrete Gesundheitsgefährdung sehen.

Unter bestimmten Voraussetzungen akzeptiert das Finanzamt auch Beerdigungskosten (**Zeile 30 bis 32**) als außergewöhnliche Belastung, wenn sie ein Verwandter oder eine dem Toten nahestehende Person übernommen hat, sie 7 500 Euro nicht übersteigen und nicht aus dem Nachlass bezahlt werden können.

Zeile 36 bis 38 füllen Sie nur aus, wenn in Zeile 36 Aufwendungen enthalten sind, für die es grundsätzlich auch eine Steuerermäßigung als Pflege- oder Handwerkerleistung geben kann (→ Seite 133). Das betrifft zum Beispiel Pflegeleistungen, die im Rahmen eines Minijobs erbracht wurden, andere haushaltsnahe Pflegeleistungen und Arbeitskosten für Handwerkerleistungen, etwa für behinderungsbedingte Umbauten. Sie hatten beispielsweise Kosten für einen Pflegedienst von 4 000 Euro im Jahr. Diesen Betrag haben Sie in **Zeile 25** bereits eingetragen. Wegen der zumutbaren Belastung konnten Sie 1 500 Euro von diesen 4 000 Euro nicht absetzen. Wenn Sie die 4 000 Euro auch in **Zeile 37** eintragen, kann es für den nicht absetzbaren Betrag eine Steuerermäßigung für haushaltsnahe Dienstleistungen geben.

Anlage Haushaltsnahe Aufwendungen: 20 Prozent Steuerbonus

Viele Berufstätige lassen sich bei Arbeiten an Haus, Hof oder Wohnung helfen. Unter bestimmten Voraussetzungen können sie die Kosten in dieser Anlage eintragen und verringern ihre Steuerlast.

Zeile 4 bis 15: Rund um den Haushalt

Wer eine Haushaltshilfe einstellt, kann damit Steuern sparen. Die Hilfskraft muss aber typische Hausarbeiten erledigen, zum Beispiel einkaufen, putzen, waschen, kochen, Familienangehörige betreuen oder den Garten pflegen. Arbeitet die Haushaltshilfe in einem Minijob, gehören die Angaben in **Zeile 4.** Die Verdienstgrenze liegt seit 1. Januar 2024 bei 538 Euro. Zudem gilt Rentenversicherungspflicht. Davon können sich Minijobber aber auf eigenen Antrag bei ihrem Arbeitgeber befreien lassen (→ ab Seite 228). Die Formulare und weitere Tipps gibt es bei der Minijobzentrale (telefonisch 03 55/2 90 27 07 99 oder im Internet: minijob-zentrale.de).

Die Angaben für **Zeile 4** können Sie der Bescheinigung der Minijobzentrale entnehmen, die die Sozialabgaben und Steuern pauschal eingezogen und abgeführt hat. Hierher gehört auch eine kurze Tätigkeitsbeschreibung, etwa „Reinigungsarbeiten". Von den Lohnkosten verringern 20 Prozent die Steuerschuld, maximal 510 Euro im Jahr.

→ Zum Beispiel das Ehepaar U.

Ulrike und Ulrich U. sind beide berufstätig. Sie haben Vera V. als Haushaltshilfe in einem Minijob eingestellt. Als Arbeitgeber rechnen sie mit der Minijobzentrale ab, 20 Prozent ihrer Ausgaben für Vera V., maximal 510 Euro, verringern direkt ihre Steuerschuld. Die Ausgaben bestehen aus dem Arbeitslohn und pauschalen Abgaben von insgesamt 14,94 Prozent (einschließlich 2 Prozent Steuern).

Lohn für Vera V. (12 × 538)	**6 456**
plus Pauschalabgabe (14,94 % von 6 456)	+ 965
Lohnkosten des Ehepaars U.	7 421
Steuererstattung (20 % von 7 421, maximal 510, alle Angaben in Euro)	**510**

Für andere **haushaltsnahe Dienstleistungen** akzeptiert das Finanzamt Ausgaben bis jährlich 20 000 Euro. Die Ausgaben gehören alle in **Zeile 5.** Förderfähig sind einfache Arbeiten, zum Beispiel Gartenarbeiten, Putzen, Kochen, Kinder- und Seniorenbetreuung.

Das Finanzamt zieht 20 Prozent der Arbeitskosten (von bis zu 20 000 Euro) unmittelbar von der Steuerschuld ab. Das ergibt bis zu 4 000 Euro Steuererstattung im Jahr. Ob sich der eigene Haushalt in einer gemieteten Wohnung oder in einem Eigenheim befindet, ist dabei egal. Auch die Pflege und Betreuung von Personen im Haushalt werden von dieser Zeile erfasst. Sie können die Ausgaben unabhängig davon geltend machen, ob die betreute Person einen Pflegegrad hat oder nicht. Zahlen Sie für die ambulante Pflege von Angehörigen, die nicht bei Ihnen mit im Haushalt leben, können Sie die Ausgaben ebenfalls geltend machen, entschied der Bundesfinanzhof (BFH, Az. VI R 2/20). Lebt die Person im Heim, sind die einer Hilfe im Haushalt vergleichbaren Dienstleistungen absetzbar. Allerdings kann dann nach derzeitiger Rechtslage nur derjenige, der im Heim lebt, eine Steuerermäßigung auf diese Kosten erhalten.

Angaben zur versicherungspflichtigen Beschäftigung einer Haushaltshilfe, deren Tätigkeit über einen Minijob hinausgeht, gehören ebenfalls hierher. Auch dafür kann es eine Steuererstattung von maximal 4 000 Euro im Jahr geben. Das Arbeitsverhältnis muss aber wie jeder andere versicherungspflichtige Job angemeldet und abgerechnet werden.

Wer das alles richtig machen will, sollte zumindest im ersten Jahr der Beschäftigung einen Steuerprofi zurate ziehen. Die Lohnunterlagen müssen dem Finanzamt auf Anforderung vorgelegt werden können. Arbeitsverhältnisse mit Bekannten und Verwandten sind ebenfalls förderfähig. Die Helfer dürfen aber nicht zum eigenen Haushalt gehören. Wird der

Sparen mit Nebenkostenabrechnung
Angehörige von Eigentümergemeinschaften und Mieter dürfen ihre anteiligen Kosten etwa für Treppenhausreinigung oder Gartenarbeit als haushaltsnahe Dienstleistung absetzen. Sie stehen in der Nebenkostenabrechnung des Verwalters/Vermieters.

Ehe-/Lebenspartner als Haushaltshilfe beschäftigt, spielt das Finanzamt allerdings nicht mit.

Haushalte, die niemanden einstellen, sondern eine Firma engagieren, können ebenfalls steuerlich geförderte Hilfe im Haushalt nutzen. Das können zum Beispiel Fensterputzer, Gärtner oder Betreuungs- und Pflegedienste sein. Übrigens können in diesem Rahmen auch Speditionskosten eines privaten Umzugs und Entrümpelungsaktionen gefördert werden. Außerdem akzeptiert das Finanzamt die häusliche Betreuung von Haustieren als haushaltsnahe Dienstleistungen. Das gilt selbst für das „Gassiführen" von Hunden, wenn es zusätzlich zur Betreuung im Haushalt erfolgt. Eine umfangreiche Übersicht der Tätigkeiten, die das Finanzamt anerkennt, zeigt der Info-Kasten auf Seite 136.

Kinderbetreuungskosten können an dieser Stelle ebenfalls eine Rolle spielen. Sie sind jedoch vorrangig als Sonderausgaben auf der **Anlage Kind** zu berücksichtigen (→ Seite 144). Ausgaben für ein Au-pair sind aber in der Regel je zur Hälfte auf Haushaltshilfe und Kinderbetreuung aufzuteilen.

Neben den Dienstleistungen werden **Handwerkerleistungen** gefördert (**Zeilen 6 bis 9**). Eigentümer und Mieter können mit Reparaturen und Modernisierungen ihre Steuerschuld senken, wenn sie dafür etwa Maler oder Elektriker engagieren. Das Finanzamt akzeptiert bis zu 6 000 Euro Handwerkerkosten im Jahr. 20 Prozent davon, also bis zu 1 200 Euro, drücken die Steuerschuld. Weil Material nicht berücksichtigt wird, müssen sowohl der Gesamtrechnungsbetrag als auch die enthaltenen Lohn-, Maschinen- und Fahrtkosten (rechte Spalte) eingetragen werden.

Abzug von der fälligen Steuer: Geförderte haushaltsnahe Leistungen

Mit dem Schreiben vom 9. November 2016 hat das Bundesfinanzministerium Dienstleistungen rund um den Haushalt geregelt (IV C 8 – S 2296-b/07/10003 :008). Trotz nachträglicher Ergänzungen bildet es eine gute Grundlage für Sie, um einen Überblick zu den geförderten Leistungen zu erhalten. Es ist aber keine abschließende Aufzählung. Voraussetzung für die steuerliche Berücksichtigung ist stets, dass eine Rechnung vorliegt und die Bezahlung nicht bar erfolgt.

Haushaltsnahe Dienst- und Pflegeleistungen

- ➔ Kochen, waschen, Wohnung reinigen, Fenster putzen, bügeln, nähen (auch im Heim oder Wohnstift)
- ➔ Wohnungs-, Fenster-, Treppen- und Hausreinigung
- ➔ Teppichreinigung vor Ort in der Wohnung
- ➔ Straßen- und Hofreinigung auf privatem Grundstück
- ➔ Laub entfernen
- ➔ Winterdienst auf dem eigenen Grundstück oder auf davor liegenden Gehwegen
- ➔ Leistungen von Hausmeister, Hauswart
- ➔ Friseur, Kosmetik, Hand- und Fußpflege, wenn sie pflegebedingt erfolgen und zum Leistungsumfang der Pflegeversicherung gehören
- ➔ Betreuung von Kindern im Haushalt der Eltern, etwa durch Tagesmutter, Babysitter, Au-pair, wenn ein Abzug als Kinderbetreuungskosten (➔ S. 155) nicht möglich ist
- ➔ Einkaufen, kleine Botengänge
- ➔ Briefkasten leeren, Blumen gießen
- ➔ Seniorenbetreuung einschließlich Begleitung bei Ausflügen, beim Einkaufen oder Arztbesuch, wenn diese zusätzlich zur Betreuung und Hilfe im Haushalt erfolgt
- ➔ Leistungen von Notfalldiensten, Notbereitschaften
- ➔ Private Umzugsdienstleistungen, etwa Speditionskosten
- ➔ Versorgung von kranken und alten Menschen, zum Beispiel durch ambulante Pflegedienste
- ➔ Wachdienste
- ➔ Pflege- und Betreuungsleistungen, Reinigung, Gartenpflege

- Tierbetreuung (auch Gassiführen von Hunden, wenn das zusätzlich zur Betreuung im Haushalt erfolgt)

Handwerkerleistungen

- Begünstigt sind grundsätzlich alle Arbeiten in der Wohnung sowie auf dem Grundstück, jedoch nur die Arbeitsleistung einschließlich Maschinen- und Fahrtkosten, jedoch ohne Material.
- Arbeiten am Dach, an Fassaden, Garagen, Carport, Terrassenüberdachung, Innen- und Außenwänden, Aufstellen eines Baugerüstes, Dachgeschoss- und Kellerausbau. Es darf allerdings keine vollständig neue Wohnung entstehen.
- Austausch oder Modernisierung von Einbauküchen, Fenstern, Türen oder Bodenbelägen, etwa Textilbelag, Parkett, Fliesen
- Modernisierung des Badezimmers, Montageleistungen für neue Möbel
- Schönheitsreparaturen wie Streichen, Lackieren und Tapezieren von Innenwänden, Fenstern, Türen, Heizkörpern und Heizungsrohren, Wandschränken
- Garten-, Wegebau- und Pflanzarbeiten auf dem Grundstück
- Schornsteinfegerarbeiten, einschließlich Feuerstättenschau, Kehr-, Reparatur-, Wartungs-, Prüf- und Messarbeiten
- Reparatur, Wartung oder Austausch von Heizungs-, Elektro-, Strom-, Wasser- und Gasanlagen
- Graffitibeseitigung
- Entsorgung, zum Beispiel von Bauschutt, Fliesenabfuhr nach Neuverfliesung, Grünschnittabfuhr bei Gartenpflege
- Beseitigung von Hausschwamm, Ungeziefer- und Schädlingsbekämpfung
- Einbau von Insektengittern
- Wartung und Reparatur von Haushaltsgeräten, zum Beispiel Waschmaschine, Trockner, Kühlschrank, Fernseher, Computer zu Hause
- Wartung und Reparatur des Müllschluckers, Müllschränke aufstellen
- Taubenabwehr, Kellerschachtabdeckungen
- Klavierstimmer
- Arbeiten an Hausanschlüssen für Strom, Wasser, Gas, Fernsehen, Internet sowie deren Wartung und Reparatur

Gefördert werden Ihre Ausgaben für Reparaturen sowie Modernisierungsarbeiten an und in vorhandenen Gebäuden. Aber auch Dachausbauten und Anbauten wie Wintergärten können förderfähig sein. Voraussetzung ist, dass keine komplett neue Wohnung entsteht. Es zählen sowohl Arbeiten auf dem Grundstück als auch Grundstücksanschlüsse unmittelbar hinter der Grundstücksgrenze. Beachten Sie aber: Die Steuerermäßigung ist auf jeden Fall ausgeschlossen, wenn Ihre Aufwendungen durch zinsverbilligte Darlehen oder steuerfreie Zuschüsse öffentlich gefördert werden, etwa durch ein vergünstigtes Darlehen der KfW-Bank.

Zu den begünstigten Arbeiten gehören auch die Wartung und Reparatur technischer Geräte, etwa Waschmaschinen oder Kochherde, wenn die Arbeiten im Haushalt erfolgen.

Förderfähig sind **nur** die Arbeitskosten. Hinzu kommen die **Anfahrtskosten** und die Umsatzsteuer auf die Arbeitskosten. Material- und Arbeitskosten müssen auf der Rechnung voneinander getrennt nachgewiesen werden können.

Haushaltsnahe Beschäftigungsverhältnisse / Dienstleistungen

– sozialversicherungspflichtige Beschäftigungen im Privathaushalt
– haushaltsnahe Dienstleistungen, Hilfe im eigenen Haushalt
– Pflege- und Betreuungsleistungen im Haushalt, bei eigener Heimunterbringung in den Heimkosten enthaltene Aufwendungen für Dienstleistungen, die mit denen einer Haushaltshilfe vergleichbar sind; das in Zeile 22 der Anlage Außergewöhnliche Belastungen als Erstattung für häusliche Pflege- und Betreuungskosten berücksichtigte Pflegegeld (§ 37 SGB XI) / Pflegetagegeld

Zeile	Art der Tätigkeit / Aufwendungen		Aufwendungen (abzüglich Erstattungen) EUR
5	TREPPENREINIGUNG/HAUSWART LT. BETRIEBSKOSTENABRECHNUNG	212	325,–

Handwerkerleistungen

für Renovierungs-, Erhaltungs- und Modernisierungsmaßnahmen im eigenen Haushalt
(**ohne** Handwerkerleistungen, für die eine öffentliche Förderung durch zinsverbilligte Darlehen oder steuerfreie Zuschüsse [z. B. KfW-Bank, BAFA, landeseigener Förderbanken oder Gemeinden] oder für die eine Steuerermäßigung für energetische Maßnahmen nach § 35c EStG in Anspruch genommen wird)

Zeile	Art der Aufwendungen	Rechnungsbeträge (bei Eintragungen in Zeile 10 nur anteilig) EUR	darin enthaltene Lohnanteile, Maschinen- und Fahrtkosten inklusive Umsatzsteuer EUR
6	MALERARBEITEN, FIRMA KUNTERBUNT	3860,–	1800,–

→ Zum Beispiel das Ehepaar I.

Ina und Ingo I. sind beide Beamte und wohnen zur Miete. Ina hat dieses Jahr für 550 Euro Personalkosten einen Fensterputzer engagiert.

Der Vermieter stellte den beiden für Treppenreinigung, Gartenpflege und Hauswart in seiner Betriebskostenabrechnung 200 Euro Arbeitskosten in Rechnung. Der Maler bekam für Renovierungsarbeiten 3 000 Euro, und die Waschmaschinenreparatur kostete 400 Euro. Das bringt 610 Euro Steuererstattung.

Fensterputzer	**550**
Anteil an Personalkosten für Treppenreinigung, Gartenpflege und Hauswart (laut Betriebskostenabrechnung)	+ 200
haushaltsnahe Dienstleistungen insgesamt	750
Steuererstattung (20 Prozent von 750)	**150**
Maler (3 000 minus 1 000 Materialkosten)	2 000
Waschmaschinenreparatur (400 minus 100 Materialkosten)	+ 300
Handwerkerleistungen insgesamt	2 300
Steuererstattung (20 Prozent von 2 300)	460
Steuererstattung insgesamt (150 plus 460, alle Angaben in Euro)	**610**

Zum Nachweis haushaltsnaher Dienst- und Handwerkerleistungen brauchen Sie zwei Belege: die Rechnung des Dienstleisters und Ihren Überweisungsbeleg (Kontoauszug). Die Nachweise müssen der Steuererklärung nicht beigefügt werden, aber auf Verlangen vorzeigbar sein.

Um die Steuervorteile optimal auszuschöpfen, kann es sich lohnen, dass Sie gerade größere Aufträge etwa an Handwerker genau planen: Es lohnt sich, wenn Sie im Laufe des Jahres die Förderhöchstgrenzen im Blick behalten und beispielsweise Aufgaben auf mehrere Jahre verteilen, um auf diesem Weg in beiden Jahren die Steuerersparnis in Anspruch nehmen zu können (→ Seite 210).

Alleinstehende, die das gesamte Jahr mit einem oder mehreren anderen Alleinstehenden im gemeinsamen Haushalt lebten, tragen in **Zeile 10** die Anzahl dieser anderen Personen und in **Zeile 11** die persönlichen Daten der ersten Person ein. Die Angaben zu weiteren Personen machen Sie auf einem Extrablatt. Der Grund dieser Abfrage ist, dass die Höchstbeträge für

die Steuerermäßigung pro Haushalt gelten und nicht für jede Person. Zusammenlebende Alleinstehende sowie Ehe- und Lebenspartner, die keine gemeinsame Steuererklärung abgeben, können jedoch die Höchstbeträge für haushaltsnahe Dienst- und Handwerkerleistungen, die sie in den **Zeilen 4 bis 9** eingetragen haben, unter sich aufteilen. Die **Zeilen 12 bis 14** ermöglichen eine genaue Zuordnung. Der Höchstbetrag für Minijobs aus **Zeile 4** kann in **Zeile 12** aufgeteilt werden, der für andere haushaltsnahe Dienstleistungen laut **Zeile 5** in **Zeile 13**. Den Höchstbetrag für Handwerkerleistungen in **Zeile 9** können sich die Partner in **Zeile 14** zuordnen. Die Aufteilung geschieht per gemeinsamem Antrag, den Sie der Steuererklärung beifügen müssen. Wenn Sie nichts eintragen, teilt das Finanzamt hälftig auf zwei Personen auf. Die Aufteilung der Höchstbeträge in **Zeile 12**

Energie sparen

Für bestimmte Baukosten zur Energieeinsparung können Sie in der Anlage Energetische Maßnahmen (→ Seite 141) einen Steuerbonus geltend machen. In dem Fall werden auch die Ausgaben für Material steuerlich gefördert.

bis 14 gilt auch für Einträge in den **Zeilen 36 bis 38** der **Anlage Außergewöhnliche Belastungen**.

Zeile 15 betrifft nur Ehepaare und Lebenspartner, die 2024 einen gemeinsamen Haushalt gründeten oder diesen auflösten. In diesem Fall kann jeder Partner die vollen Höchstbeträge geltend machen.

Anlage Energetische Maßnahmen: Bis zu 40 000 Euro Steuerersparnis

Neue Rollläden, eine moderne Heizungsanlage oder eine bessere Dämmung von Dach oder Fassade: Für Baumaßnahmen, die zur Energieeinsparung beitragen, sind seit 2021 bis zu 40 000 Euro Steuerermäßigung möglich. Weil Sie dadurch weniger Steuern zahlen und so eventuell auch Solidaritätszuschlag und Kirchensteuer sparen, ist ein großer Vorteil drin.

Im Unterschied zum Steuerbonus auf Handwerkerleistungen werden bei diesen Maßnahmen zur Energieeinsparung nicht nur die Arbeitsleistung, sondern auch Baumaterial und Energieberatung gefördert.

Wegen der Höhe wird die Steuerermäßigung auf drei Jahre verteilt. Die ersten beiden Jahre beträgt die Steuerermäßigung jeweils 7 Prozent der Baukosten und im dritten Jahr noch einmal 6 Prozent. Insgesamt sind das 20 Prozent Einkommensteuererstattung.

Jedoch ist die Steuerermäßigung an strenge Auflagen geknüpft. Das Gebäude muss älter als zehn Jahre sein und die Baumaßnahme von anerkannten Fachunternehmen unter Beachtung von energetischen Mindestanforderungen ausgeführt werden. Für diese gilt eine **Energetische Sanierungsmaßnahmen-Verordnung.** Der Nachweis erfolgt über eine Bescheinigung des Fachunternehmens nach amtlichem Muster, die mit der Einkommensteuererklärung einzureichen ist (siehe BMF-Schreiben vom 26.1.2023 und 6.2.2024 zur aktualisierten Bescheinigung).

Haben Sie Ausgaben bereits im Jahr 2022 anteilig abgerechnet, müssen Sie auch in den Folgejahren die Anlage Energetische Maßnahmen einreichen (Steuererklärungen 2022 bis 2024). In der Steuererklärung 2024 tragen Sie die Baumaßnahmen ein, die bereits abgeschlossen sind. Wenn die Sanierung zum Beispiel bis Frühjahr 2025 dauert, werden die Baukosten aus den Jahren 2024 und 2025 über die Steuererklärungen 2025 bis 2027 abgeschrieben.

Steuervorteil und andere Förderung nicht parallel

Wer den Steuerbonus nutzen will, darf für die Baumaßnahme keine weitere Förderung aus öffentlichen Mitteln erhalten. Staatliche Zuschüsse oder begünstigte Darlehen der KfW-Bank schließen die Steuerförderung vollständig aus – unabhängig von ihrer Höhe. Klären Sie am besten vor Beginn der jeweiligen Maßnahme, welche Förderung sich am ehesten für Sie lohnt. Mehr Informationen zu Fördermaßnahmen erhalten Sie zum Beispiel im Internet auf kfw.de.

Zeile 4 bis 8: Angaben zum Bauobjekt

In **Zeile 4 und 5** sind die Adresse des Bauobjekts und das Jahr des ursprünglichen Baubeginns einzutragen. Gefragt ist hier nicht nach dem Beginn der energetischen Sanierung. In **Zeile 6** kommt das Aktenzeichen laut Grundsteuermessbescheid und in **Zeile 7** die Angaben zur Wohnfläche und zur Nutzung. Der Steuerbonus wird nur für die selbst genutzte Wohnfläche gewährt. Werden Wohnungen vermietet oder unentgeltlich etwa den Eltern überlassen, gilt die Steuerermäßigung für die darauf entfallenden Baukosten nicht. Bei Vermietung gehört der Kostenanteil in **Anlage V.** Ohne Nachteil für den Steuerbonus bleibt es, wenn nur einzelne Zimmer der selbst genutzten Wohnung etwa von der Tante kostenfrei genutzt werden. In **Zeile 8** geben Sie an, ob Sie für die Immobilie schon ab 2020 eine Steuerermäßigung für energetische Maßnahmen in Anspruch genommen haben.

Zeile 9 bis 53: Geförderte Baumaßnahmen & mehr

Haben Sie für energieeinsparende Maßnahmen eine andere Förderung, etwa ein KfW-Darlehen, in Anspruch genommen, setzen Sie in **Zeile 9** eine „1“. Wenn nicht, können Sie ab **Zeile 10** zum Beispiel die Ausgaben für die Wärmedämmung abrechnen. Anerkannt ist außerdem der Einbau neuer Außentüren und Fenster oder von Lüftungsanlagen. Auch Ihre

Ausgaben für den Ersatz oder erstmaligen Einbau eines sommerlichen Wärmeschutzes, etwa in Form von Rollläden und Markisen, geben Sie an.

Die Beratung und Baubetreuung durch einen Energieberater ist ebenfalls abzurechnen (**Zeile 22**). Die Kosten für den Energieberater werden jedoch nicht auf drei Jahre verteilt, sondern zur Hälfte im Jahr der Zahlung, frühestens jedoch im Jahr des Abschlusses der Maßnahmen, berücksichtigt. Die Kosten werden in **Zeile 11 bis 22** eingetragen.

Der Einbau eines Gasbrennwertkessels, der auf die Einbindung erneuerbarer Energie eingerichtet ist („Renewable Ready"), ist erst mit der innerhalb von zwei Jahren nach der Inbetriebnahme vorzunehmenden Einbindung erneuerbarer Energie (Hybridisierung) abgeschlossen. Trotz des zum 1. Januar 2023 in Kraft getretenen Förderstopps für Gasheizungen können Sie daher weiterhin eine Steuerermäßigung für eine „Renewable Ready"-Anlage beantragen, wenn Sie mit deren Einbau bis Ende 2022 begonnen haben und die Hybridisierung innerhalb von zwei Jahren vorgenommen wird. Entsprechende Einträge gehören in **Zeile 23 und 24.**

Machen Sie bestimmte Baukosten in der **Anlage Außergewöhnliche Belastung** geltend, stehen diese Beträge in **Zeile 25 und 26** – etwa wenn die energetische Sanierung mit einem behindertengerechten Umbau verbunden wird.

In **Zeile 27** geben Sie an, welche Aufwendungen für energetische Maßnahmen im Steuerbescheid 2023 anerkannt wurden, in **Zeile 28** geht es um Maßnahmen im Jahr 2022.

Ab **Zeile 29** füllen Sie aus, wenn das Gebäude mehrere Eigentümer hat. Bei einem Ehepaar, dem das Objekt jeweils zur Hälfte gehört, geben Sie bei beiden Partnern 50 Prozent an. Sofern die Anteile an der Steuerermäßigung gesondert und einheitlich festgestellt werden, tragen Sie die Besteuerungsgrundlagen ab **Zeile 38 bis 53** ein

Die Förderhöchstgrenze von 40 000 Euro Steuerermäßigung bezieht sich aufs Objekt.

Anlage Kind: für Eltern

Eltern steht für ihre Kinder finanzielle Unterstützung zu. Hier ist als erstes das Kindergeld zu nennen. Für einen Teil der Familien ist damit die Kinderförderung erledigt, doch oftmals ist für Eltern mehr möglich. Je nach Einkommen können die Kinderfreibeträge einen größeren Vorteil bringen als das Kindergeld, sodass Eltern über die Steuererklärung zusätzlich sparen. Außerdem können sie von weiteren Vorteilen profitieren: In der **Anlage Kind** machen Sie zum Beispiel Kinderbetreuungskosten geltend oder den Steuerfreibetrag für Berufsausbildung mit auswärtiger Unterbringung eines volljährigen Kindes.

Zeile 1 bis 15: Grunddaten

In die ersten drei Zeilen gehören die Angaben des Elternteils. Weil für jedes Kind eine eigene Anlage Kind erforderlich ist, kommt bei mehreren Kindern rechts in **Zeile 3** eine laufende Nummer der Anlage. Geht es nur um ein Kind, ist dort nichts einzutragen oder „01“. In **Zeile 4** gehört die Steueridentifikationsnummer des Kindes.

Im rechten Feld der **Zeile 6** will das Amt den „Kindergeldanspruch“ sehen. Seit Jahresanfang 2023 gibt es für jedes Kind ein einheitliches Kindergeld von 250 Euro im Monat. Wohnt beispielsweise das einzige zwölfjährige Kind eines Ehepaars ganzjährig im gemeinsamen Haushalt der Eltern, kommt hierher „3 000“ (12 Monate mal 250 Euro Kindergeld). Wurde das Kind eines Ehepaars beispielsweise am 5. Juli 2024 geboren, steht hier „1 500“ (6 Monate mal 250 Euro), weil der Kindergeldanspruch nur für die sechs Monate von Juli bis Dezember bestand.

Noch etwas unübersichtlicher ist es für **getrennt lebende oder geschiedene Eltern**. Lebt beispielsweise das (einzige) Kind ganzjährig bei der Mutter, die auch das komplette Kindergeld von 250 Euro im Monat bekommt, und der Vater zahlt regulär Unterhalt, steht beiden Elternteilen jeweils das halbe Kindergeld zu. Jeder schreibt 1 500 Euro in seine jeweilige Anlage Kind, auch der Vater.

In die **Zeile 7** gehört die zuständige Familienkasse. **Zeile 8 bis 9** fragt auch nach der Abgrenzung von „Inlands- und Auslandskindern". Das kann komplizierter sein, als es auf den ersten Blick aussieht. Wohnt das Kind das ganze Jahr über in Deutschland, ist in der Regel alles klar. Stehen in der **Zeile 9** ein Auslandszeitraum und eine Auslandsadresse, sollten sich Eltern, die das betrifft, rechtzeitig über die möglichen Folgen bei einem Steuerprofi, der Familienkasse oder dem Finanzamt erkundigen. Die **Zeile 8** ist auch auszufüllen, wenn das Kind in Deutschland lebt, aber nicht unter der im Hauptvordruck angegebenen Adresse.

In **Zeile 10 bis 15** will das Amt genaue Angaben zum Kindschaftsverhältnis wissen. In **Zeile 10** ist anzugeben, ob das Kind ein leibliches/Adoptivkind ist, ein Pflegekind oder ein Enkelkind/Stiefkind. Tragen Sie die entsprechende Ziffer zwischen „1" und „3" in das linke Kästchen in Bezug auf Ihre Person ein und gegebenenfalls in das rechte für Ihren Partner, wenn Sie eine gemeinsame Steuererklärung einreichen. **Zeile 11** fragt nach dem anderen Elternteil des Kindes, wenn es sich nicht um den Ehe- oder eingetragenen Lebenspartner handelt. Die Adresse dieses anderen Elternteils gehört in **Zeile 12**, ebenso rechts das „Kindschaftsverhältnis", für das die entsprechende Ziffer „1" (leibliches Kind) oder „2" (Pflegekind) abgefragt wird. Wenn der andere Elternteil im Ausland lebt, steht Ihnen unter bestimmten Voraussetzungen die volle Kinderförderung zu (**Zeile 13**).

Antrag nicht zu spät stellen

Kindergeld wird rückwirkend nur für bis zu sechs Monate ausgezahlt. Prüfen Sie deshalb rechtzeitig, ob ein Kindergeldanspruch besteht oder sich erneut ergeben hat. Das kann beispielsweise der Fall sein, wenn ein volljähriges Kind nach einer Anstellung, nach Arbeitslosigkeit oder einer Auszeit eine Ausbildung begonnen hat und noch nicht 25 Jahre alt ist (→ ab Seite 146). Wenn tatsächlich die Frist überschritten und Kindergeld nicht voll ausgezahlt wurde, tragen Sie in Zeile 6 nur den tatsächlich ausgezahlten Betrag ein.

Gleiches gilt, wenn der andere Elternteil bereits verstorben ist (**Zeile 14**). Ist der Wohnsitz nicht ermittelbar oder die Vaterschaft nicht feststellbar, wird das mit der Ziffer „1" in **Zeile 15** vermerkt.

Zeile 16 bis 25: Erwachsene Kinder

Hier füllen nur Eltern von Kindern über 18 etwas aus. Für erwachsene Kinder gibt es weiterhin Kindergeld nur dann, wenn das Kind zusätzliche Voraussetzungen erfüllt. Es muss zum Beispiel eine Ausbildung durchlaufen oder arbeitslos sein. Die Voraussetzungen werden hier einzeln abgeklopft, und viele Ausnahmen bestätigen die Regel. Für arbeitslose Kinder kann es bis zum 21. Geburtstag die Kinderförderung geben und für Kinder in Ausbildung bis zum 25. Geburtstag, für Kinder mit einer Behinderung unbefristet. Voraussetzung ist, dass die Behinderung bereits vor dem 25. Geburtstag entstanden ist.

Zeile 16 bis 21: Ausbildung und Übergangszeiten

Im Vordruck sind verschiedene Voraussetzungen, für die eine Kinderförderung gewährt wird, zusammengefasst. Vor **Zeile 16** stehen diese Voraussetzungen, bei denen Sie weiterhin Kindergeld und andere Kinderförderungen erhalten können, im Kleindruck. Dabei geht es um Kinder, die 2024 eine Lehre, ein Studium oder eine andere Ausbildung durchlaufen haben.

Auch wenn ein Kind trotz nachweislicher Bemühungen keinen Ausbildungsplatz findet, können die Eltern weiterhin die Kinderförderung erhalten. Tragen Sie deshalb den Zeitraum dieser Bemühungen ein. Als Nachweise dienen zum Beispiel schriftliche Bewerbungen, Zwischenbescheide, Zusagen und Ablehnungen oder auch eigene Suchanzeigen, außerdem die Registrierung des Kindes als Bewerber für einen Ausbildungsplatz oder für eine berufsvorbereitende Ausbildungsmaßnahme bei der Arbeitsagentur oder bei entsprechenden kommunalen Stellen. Heben Sie die Nachweise bis zum Ende eines möglichen Kindergeldbezugs auf.

Auch während der Zeitdauer der aufgeführten freiwilligen Dienste im In- und Ausland, etwa einem freiwilligen sozialen Jahr oder dem Bundes-

freiwilligendienst, kann es weiter Kinderförderung geben, aber nur, wenn die Dienste für anerkannte Träger geleistet werden. Familienkasse und Finanzamt haben eine genaue Übersicht, was förderfähig ist. Der Wehrdienst gehört grundsätzlich nicht dazu. Steht dabei aber der Ausbildungscharakter im Vordergrund, kann es auch während dieser Zeit Kinderförderung geben, etwa während der dreimonatigen Grundausbildung, einer Dienstpostenausbildung oder während des Besuchs einer militärischen oder zivilen Bildungseinrichtung. Das gilt für freiwillig Wehrdienstleistende, Soldaten auf Zeit und Offiziersanwärter. Kinderförderung kann es auch für Übergangszeiten vor und nach dem Wehrdienst geben.

Übergangszeiten zwischen zwei Ausbildungsabschnitten sind grundsätzlich förderfähig. Das Formular definiert maximal vier Monate als Übergangszeit. Hat zum Beispiel ein 19-Jähriger im Mai das Abitur gemacht und beginnt im Oktober sein Studium, steht den Eltern weiter Kindergeld zu. In diesem Fall sind es mit Juni, Juli, August, September genau vier Monate Übergangszeit. Dabei ist unerheblich, an welchem Tag im Mai die Schule zu Ende ging und an welchem Tag im Oktober das Studium begann. Neben der Pause zwischen Abitur und Studium sind weitere Zwischenzeiten förderfähig, zum Beispiel zwischen einem Ausbildungsabbruch und dem Beginn einer neuen Ausbildung, zwischen dem Ende einer Erst- und dem Beginn einer Zweitausbildung. Was wäre passiert, wenn der Abiturient aus dem Beispiel länger als vier Monate pausiert hätte? Die Eltern hätten trotzdem weiter Kindergeld bekommen – wenn sich das Kind ernsthaft um einen Ausbildungsplatz bemüht oder sogar bereits die Zusage für den Studienplatz in der Tasche hat, gilt es als „ausbildungswillig". Der Viermonatszeitraum spielt dann keine Rolle.

Gab es nur einen der genannten Tatbestände im Jahr, gehört der unter „1. Zeitraum" in **Zeile 16**. Folgen vor **Zeile 16** genannte Abschnitte unmittelbar aufeinander, können sie zusammengefasst als ein Zeitraum eingetragen werden. Ansonsten ist ein „2. Ausbildungsabschnitt" hier einzutragen. **Zeile 17** fragt nach dem Grund für den Kindergeldanspruch, beispielsweise „Fachhochschulstudium".

In **Zeile 20** geht es um arbeitslose Kinder zwischen 18 und 21. Für sie gibt es die Förderung weiter, wenn sie bei der Agentur für Arbeit als Arbeitsuchende gemeldet sind. Hat ein arbeitssuchendes Kind nur in einem **Minijob** gearbeitet, wird es hier trotzdem eingetragen, denn der Minijob gefährdet den Kindergeldanspruch der Eltern **nicht**. Wenn ein Kind seinen Arbeitsplatz verloren und unmittelbar danach eine Ausbildung begonnen hat oder als **„ausbildungswillig"** gilt, kann es auch über das 21. Lebensjahr hinaus Kinderförderung geben. Die Angaben sind in **Zeile 16 und 17** vorzunehmen.

Für Kinder mit einer Behinderung (**Zeile 21**) gilt grundsätzlich keine Altersgrenze. Voraussetzung ist jedoch, dass die Behinderung vor dem 25. Geburtstag eingetreten sein muss. Übrigens können auch Suchtkrankheiten als Ursache von Behinderung anerkannt werden.

Die Höhe des eigenen Einkommens spielt für die Gewährung des Kindergelds und der anderen steuerlichen Kindervorteile keine Rolle. Eine Einschränkung gibt es aber: Wenn das Kind eine Erstausbildung oder ein Erststudium beendet hat und einer weiteren Ausbildung nachgeht, gibt es die Kinderförderung nur, wenn das Kind nicht erwerbstätig ist. Als Erwerbstätigkeit gilt eine regelmäßige wöchentliche Arbeitszeit von mehr als 20 Stunden. Alles, was darunter liegt, gefährdet das Kindergeld nicht. Unschädlich sind eine reguläre Lehrstelle, ein Minijob oder Einnahmen des Kindes, die nicht aus Erwerbstätigkeit kommen, etwa Zinsen.

Zeile 22 bis 25: Erwerbstätigkeit eines Kindes ab 18

Ab **Zeile 22** geht es um Erwerbstätigkeiten volljähriger Kinder nach erfolgter Erstausbildung. In **Zeile 22** beantworten Sie die Frage, ob Ihr Kind bereits eine Erstausbildung oder ein Erststudium abgeschlossen hat. Wenn ja, gehört die Ziffer „1“ in das Kästchen, und die Befragung geht weiter. Eltern, die mit „Nein“ antworten können (Ziffer „2“), sind fein raus und tragen bis einschließlich **Zeile 25** nichts mehr ein.

Eine Zweitausbildung setzt voraus, dass das Kind vor der 2024 durchgeführten Ausbildung bereits eine Erstausbildung oder ein Erststudium abgeschlossen hatte. Hat etwa der 20-jährige Sohn nach dem Abitur und einer kleinen Auszeit 2024 ein BWL-Studium begonnen, gilt das als Erststudium. Die Folge: Der Umfang einer Erwerbstätigkeit neben dem Studium spielt keine Rolle. Auch wenn der Sohn zunächst ein Jahr Theologie studiert hat und 2024 zu BWL wechselte, gilt das BWL-Studium als Erst- und nicht als Zweitstudium, denn das Theologie-Studium blieb ohne Abschluss. Hat der Sohn erst seinen Bachelor in Wirtschaftswissenschaften gemacht und schließt er darauf aufbauend ein Masterstudium an, ist dieser neue Ausbildungsabschnitt Teil einer begünstigten mehrstufigen Erstausbildung, sodass es ebenfalls keine Probleme geben sollte.

Hat aber die 23-jährige Tochter nach einer 2022 abgeschlossenen Ausbildung zur Hotelfachfrau zunächst in dem Beruf gearbeitet und 2024 ein Psychologie-Studium begonnen, sind diese Zeilen auszufüllen, denn das Studium gilt als Zweitausbildung. Im Fall der studierenden Hotelfachfrau gehört die Ziffer „1“ in **Zeile 22**, denn es liegt eine abgeschlossene Erstausbildung vor. Auch in **Zeile 23** muss eine „1“, wenn sie erwerbstätig war, etwa als Kellnerin. Läuft die Erwerbstätigkeit im Rahmen eines Minijobs, gehört

Höchstens 20 Stunden

Um den Anspruch auf Kindergeld zu behalten, achten Sie darauf, dass Ihre erwachsenen Kinder, die sich in einer Zweitausbildung oder in einem Zweitstudium befinden, pro Woche laut Arbeitsvertrag möglichst nicht länger als 20 Stunden arbeiten. Wer maximal zwei Monate mehr als 20 Stunden arbeitet, sollte im Jahr im Schnitt nicht über 20 Stunden pro Woche kommen. Während einer Erstausbildung spielt die Wochenarbeitszeit für die steuerliche Förderung keine Rolle.

eine „1“ in **Zeile 24.** Die Kinderförderung wird in der Regel nicht gefährdet. Geht es um versicherungspflichtige Arbeitsverhältnisse oder um selbstständige Nebentätigkeiten, muss die „1“ in **Zeile 25.** Wer in **Zeile 22** mit „Ja“ geantwortet hat und auch in den **Zeilen 23 und 25** jeweils die Ziffer „1“ eintragen musste, hat nur noch eine Chance, die Kinderförderung zu retten: Dafür dürfen in **Zeile 24 und 25,** die nach der „(vereinbarten) regelmäßigen wöchentlichen Arbeitszeit“ fragt, maximal 20 Stunden stehen.

Zeile 26 bis 37: Beiträge zur Kranken- und Pflegeversicherung

Eltern können Beiträge zur Kranken- und Pflegeversicherung des Kindes als eigene Vorsorgeaufwendungen geltend machen. Sie gehören hierher und werden im Prinzip so abgefragt und behandelt wie Vorsorgeaufwendungen der Eltern selbst, zum Beispiel aufgeteilt nach Basisabsicherung und Wahlleistungen. Sind die Eltern selbst Versicherungsnehmer, werden deren Beiträge in der Regel an das Finanzamt als E-Daten gemeldet und müssen dann in die Papier-Steuererklärung 2024 nicht mehr eingetragen werden (**Zeile 26 bis 28**).

Ist das Kind Versicherungsnehmer, müssen die Eltern die Beiträge in die **Zeilen 30 bis 35** eintragen, wenn sie die Beiträge geltend machen wollen. Eltern können den Betrag eintragen, den sie selbst bezahlt oder mit ihrer Unterhaltspflicht wirtschaftlich getragen haben. Das ist auch der Fall, wenn sie anstelle von Barunterhalt durch Sachleistungen ihrer Unterhaltspflicht nachgekommen sind, weil das Kind in ihrem Haushalt lebt.

In die **Zeilen 36 und 37** gehören Beiträge zu ausländischen Kranken- und Pflegeversicherungen, die mit den inländischen gesetzlichen Versicherungen vergleichbar sind (nur Basisabsicherung). Die **Zeile 37** fragt nach Beiträgen, aus denen sich ein Krankengeldanspruch ergibt.

Zeile 38 bis 43: Freibeträge übertragen

Je nach Einkommen kann es sein, dass für Eltern der Vorteil aus Steuerfreibeträgen für den Nachwuchs größer ist als das Kindergeld. Das ergibt sich im Zuge der Steuererklärung.

Eltern oder Kind – wer rechnet die Beiträge ab?

Eltern können die von ihnen gezahlten Beiträge zur Kranken- und Pflegeversicherung des Kindes als eigene Sonderausgaben absetzen – egal ob es Beiträge an die gesetzliche oder in eine private Versicherung sind. Das Kind kann die Beiträge dann nicht mehr selbst als Vorsorgeaufwendungen geltend machen. Das kann zum Beispiel dazu führen, dass es je nach Höhe der Ausbildungsvergütung eine Steuererklärung einreichen muss, die nicht fällig wäre, wenn es selbst die Beiträge geltend machen würde. Im Zweifel klären Sie mit einem Steuerprofi, was für Sie als Familie am günstigsten ist.

Der Kinderfreibetrag ist auch 2024 erhöht worden. Er beträgt 3 306 Euro je Elternteil, also 6 612 Euro für beide Eltern. Der Freibetrag ist übertragbar, zum Beispiel auf den anderen Elternteil oder auf Großeltern und Stiefeltern. Der wohl häufigste Fall: Ein Elternteil beantragt die Übertragung des Freibetrags des anderen Elternteils auf sich selbst mit dem Eintrag der Ziffer „1“ in **Zeile 38,** weil der andere Elternteil seine Unterhaltsverpflichtungen nicht erfüllt hat. Das funktioniert, wenn weniger als 75 Prozent des Unterhalts ankommen und entsprechende Nachweise vorliegen (etwa Kontoauszüge, Urteile). Auch wenn der andere Elternteil nicht zum Unterhalt verpflichtet ist, weil er das finanziell nicht schafft, ist die Übertragung seiner Hälfte des Kinderfreibetrags möglich. **Zeile 39** fragt für diesen Fall, wie lange Unterhaltsvorschuss gezahlt wurde. Der kann unter bestimmten Voraussetzungen bis zum 18. Lebensjahr des Kindes vom Alleinerziehenden bezogen werden.

Wenn Sie sich den Freibetrag des anderen Elternteils übertragen lassen, führt das allerdings dazu, dass Sie in **Zeile 6** das gesamte Kindergeld eintragen müssen. Das kann letztlich zu einem ungünstigeren Ergebnis für Sie führen. Überlegen Sie gut, ob sich das tatsächlich für Sie lohnt. Fragen Sie wenn nötig – zumindest beim ersten Mal – bei einem Steuerprofi nach.

Der Betreuungsfreibetrag (**Zeile 38**) heißt offiziell „Freibetrag für den Betreuungs- und Erziehungs- oder Ausbildungsbedarf“. Das ist eine Aufstockung des Kinderfreibetrags um 1464 Euro für jeden Elternteil oder um 2 928 Euro pro Kind für beide Eltern zusammen. Seine Übertragung wird hier mit der Ziffer „1“ beantragt. Die Möglichkeit besteht in der Regel für minderjährige Kinder, die nur bei einem Elternteil gemeldet sind. Beteiligt sich der andere Elternteil an den Betreuungskosten oder betreut das Kind ebenfalls, kann er der Übertragung widersprechen. Das „Betreuungsgeld“ taucht hier nicht auf. Es gilt nicht als steuerliche Leistung.

Den Antrag auf Übertragung des Kinderfreibetrags stellen Großeltern in **Zeile 41 oder 42** der Anlage Kind. Das Finanzamt berücksichtigt ihn, wenn der abgebende Elternteil zugestimmt hat (**Zeile 43**). Er gibt seine Zustimmung in einer gesonderten **Anlage K** und trägt in seiner Steuererklärung eine „1“ in **Zeile 43** ein. **Zeile 41** nutzen Großeltern, wenn eine **Anlage K** nicht vorliegt und sie ihr Enkelkind in ihren Haushalt aufgenommen haben oder für das Enkelkind unterhaltspflichtig sind.

Zeile 44 bis 50: Für Alleinerziehende

Den „Entlastungsbetrag für Alleinerziehende“ können alleinstehende Eltern nutzen, wenn zu ihrem Haushalt mindestens ein Kind gehört, für das ihnen Kindergeld oder ein Kinderfreibetrag zusteht. Seit 2023 beträgt er 4 260 Euro für das erste Kind. Für jedes weitere Kind gibt es 240 Euro mehr, für zwei Kinder sind es also 4 500 Euro. Anspruch hat grundsätzlich derjenige Elternteil, bei dem das Kind gemeldet ist und der das Kindergeld erhält.

Haben Sie sich 2024 von Ihrem Partner getrennt oder ist er verstorben? Dann steht Ihnen die Entlastung zumindest für den Zeitraum zu, in dem Sie die Voraussetzungen für diesen Entlastungsbetrag erfüllt haben.

Arbeitnehmer mit Lohnsteuerklasse II machen den Freibetrag bereits über den laufenden Lohnsteuerabzug geltend. Sind Sie in einer anderen Steuerklasse, beantragen Sie die Entlastung über die Steuererklärung.

Ein Knackpunkt ist der Begriff „alleinstehend“. Das sind Menschen, die neben anderen Bedingungen „keine Haushaltsgemeinschaft mit einer

anderen volljährigen Person bilden" dürfen. Es sind also vor allem ledige, geschiedene, getrennt lebende oder verwitwete Eltern, die mit den Kindern alleine leben. Sie erhalten den Entlastungsbetrag für jeden vollen Monat, auch wenn die Voraussetzungen lediglich für einen Tag vorgelegen haben. Geschiedene oder getrennt lebende Eltern mit zwei oder mehr Kindern können beide jeweils einen Entlastungsbetrag erhalten, wenn mindestens eins der Kinder ausschließlich bei ihnen im Haushalt gemeldet ist.

In **Zeile 44** gehört, wie lange das Kind in der Wohnung des Alleinerziehenden gemeldet war, und **Zeile 45** fragt, wie lange dem beantragenden Elternteil für das Kind in diesem Jahr Kindergeld ausgezahlt wurde.

Entlastungsbetrag für Alleinerziehende

			vom	bis
44	Das Kind war mit mir in der gemeinsamen Wohnung gemeldet im Zeitraum	42	0101	3112
45	Für das Kind wurde mir Kindergeld ausgezahlt im Zeitraum	44	0101	3112

Hält sich ein Kind in etwa gleichem Umfang in den Haushalten beider getrennt lebender Elternteile auf, können Eltern einvernehmlich bestimmen, dass derjenige den Entlastungsbetrag beantragt, der damit die größere Steuerersparnis erzielt (Az. des BFH: III R 79/08). Das funktioniert aber nur, wenn nicht einer der beiden bereits nach Lohnsteuerklasse II besteuert wurde. In **Zeile 46 und 47** fragt das Formular, ob und wie lange eine Haushaltsgemeinschaft mit anderen Erwachsenen bestand. Bei der Antwort „Ja" (Ziffer „1") wird der Entlastungsbetrag sofort gestrichen.

Ausdrücklich ausgenommen vom Verbot der „Haushaltsgemeinschaft" sind erwachsene Kinder, die zum Haushalt gehören und für die dem alleinerziehenden Elternteil Kindergeld zusteht, weil sie beispielsweise noch in einer Berufsausbildung stehen oder studieren. Alle anderen Mitglieder der Haushaltsgemeinschaft gefährden aber den Entlastungsbetrag. Das kann der neue Freund sein, die eigene erkrankte Mutter oder auch das erwachsene Kind, das seine Ausbildung beendet hat, aber zumindest erst einmal noch bei der Mutter lebt. Prüfen Sie deshalb Ihre Meldeverhältnisse, wenn Sie den Entlastungsbetrag in Anspruch nehmen wollen.

Wenn aber das erwachsene Kind nicht mehr zu Hause wohnt, sondern beispielsweise bei der Freundin, in einer WG oder bei der Oma um die Ecke, kann der Entlastungsbetrag für minderjährige Geschwister gerettet werden. **Zeile 48 und 49** fragt nach näheren Angaben zu den Menschen, mit denen eine Haushaltsgemeinschaft gebildet worden ist.

Zeile 51 bis 54: Freibetrag für auswärtige Ausbildung

Amtlich nennt er sich „Freibetrag zur Abgeltung des Sonderbedarfs". Abgekürzt wird er auch Ausbildungsfreibetrag genannt und wurde nach langer Zeit ab 2023 angehoben. Er beträgt 1 200 Euro im Jahr. Dieser Freibetrag steht nur Eltern mit Kindergeldanspruch zu, deren Kinder mindestens 18 und „auswärtig untergebracht" sind und die einer Berufsausbildung nachgehen. Häufiger Streitpunkt ist die „auswärtige Unterbringung". Sie bedeutet, dass das Kind außerhalb der elterlichen Wohnung lebt und wohnt. Das kann im gleichen Ort sein, bei der Freundin oder bei der Oma. „Auswärtig untergebracht" ist ein Kind übrigens auch, wenn es in der Woche am Ausbildungsort wohnt, etwa in einem Internat, und am Wochenende bei den Eltern.

In **Zeile 51** erfragt das Formular, wie lange das Kind außerhalb der elterlichen Wohnung lebte, denn es gibt den Freibetrag nur für die Monate, in denen diese Voraussetzung zutraf. Beendete zum Beispiel ein Azubi seine auswärtige Lehre im Juli, steht der Ausbildungsfreibetrag den Eltern nur für die sieben Monate von Januar bis einschließlich Juli zu. Das sind sieben Zwölftel des Jahresbetrags, also 700 Euro (7/12 von 1 200 Euro).

Freibetrag je nach Land

Eine sogenannte Ländergruppeneinteilung gibt Auskunft über die Höhe des Ausbildungsfreibetrags im jeweiligen Aufenthaltsland. Sie finden die jeweils aktuellste Übersicht auf bundesfinanzministerium.de, wenn Sie in das Suchfeld „Ländergruppeneinteilung" eingeben.

Zeile 53 fragt nach einer Unterbringung im Ausland. Besucht das Kind beispielsweise eine Schule in den USA, steht der Freibetrag den Eltern währenddessen in voller Höhe zu. Lebt das Kind bei der Mutter in der Türkei, wird er auf die Hälfte gekürzt (→ Kasten oben). Die Anschrift der in- oder ausländischen Unterkunft gehört in **Zeile 52**. Geben Eltern keine gemeinsame Steuererklärung ab, können sie den Ausbildungsfreibetrag in **Zeile 54** nach Wunsch untereinander aufteilen. Dazu ist ein von beiden unterschriebener Antrag auf einem beigefügten Blatt erforderlich.

Eltern erhalten den Freibetrag für auswärtige Ausbildung unabhängig von der Höhe des Einkommens des Kindes. Füllen Sie daher **Zeile 51 bis 54** unbedingt aus.

Freibetrag zur Abgeltung eines Sonderbedarfs bei Berufsausbildung eines volljährigen Kindes

		1. Zeitraum			2. Zeitraum	
		vom	bis		vom	bis
51	Das Kind war auswärtig untergebracht im Zeitraum	85 0101	3107	86	TTMM	TTMM
52	Anschrift(en), Staat(en) – falls im Ausland: 0815 LEHRWALDE, INTERNATSWEG 13					
53	Es handelte sich zumindest zeitweise um eine auswärtige Unterbringung im Ausland			87		1 = Ja

Zeile 55 bis 57: Schulgeld

Eltern dürfen Schulgeld für Privatschulen und Schulen in freier Trägerschaft geltend machen. Das Finanzamt akzeptiert davon maximal 30 Prozent. Um auf den Höchstbetrag von 5 000 Euro pro Jahr zu kommen, müssen Eltern mindestens etwa 16 667 Euro Schulgeld ausgegeben haben (16 667 mal 30 Prozent ergibt 5 000). Kosten für Unterkunft (zum Beispiel in einem Internat), Betreuung und Verpflegung, Schulbücher oder Schulkleidung berücksichtigt das Finanzamt nicht.

Begünstigt sind nicht nur Schulen in Deutschland, sondern auch Schulen im EU-Ausland und deutsche Schulen weltweit. Studiengebühren einer privaten, staatlich anerkannten Fachhochschule gelten allerdings nicht als Schulgeld, hat der Bundesfinanzhof entschieden (Az. X R 32/15).

In **Zeile 55** gehören die Bezeichnung der Schule oder deren Träger sowie alle abzugsfähigen Aufwendungen. Tragen Sie das gesamte Schulgeld ein; das Finanzamt kürzt von sich aus auf 30 Prozent. Elternteile, die keine gemeinsame Steuererklärung abgeben, tragen in **Zeile 56** den von ihnen tatsächlich gezahlten Betrag ein. Sie können den Höchstbetrag in **Zeile 57** unter sich beliebig aufteilen. Das Finanzamt will dazu aber einen von beiden unterschriebenen Antrag auf einem beigefügten Blatt sehen. Stellen sie keinen Antrag, ordnet das Finanzamt die Ausgaben jedem Elternteil zur Hälfte zu.

Zeile 58 bis 65: Behinderten- und Hinterbliebenen-Pauschbeträge sowie Fahrtkostenpauschale übertragen

Die Einzelheiten zum Behinderten- und Hinterbliebenen-Pauschbetrag lesen Sie ab Seite 124. Wenn Kinder keine nennenswerten eigenen Einkünfte haben, bringen ihnen diese Pauschbeträge steuerlich nichts. Deshalb können Eltern solche Freibeträge des Kindes auf sich selbst übertragen lassen. In **Zeile 58** gehören Status und Behinderungsgrad entsprechend den Dokumenten (zum Beispiel Ausweis des Versorgungsamts), sowie deren Gültigkeitsdaten. Das Ausstellungsdatum spielt keine Rolle mehr. Fügen Sie Kopien der Dokumente bei, wenn dem Finanzamt dazu bisher nichts vorliegt.

Die Pauschbeträge von Kindern sind auf Eltern, Groß- oder Stiefeltern übertragbar, wenn ihnen für das Kind ein Kinderfreibetrag oder Kindergeld zusteht. Väter und Mütter, die keine gemeinsame Steuererklärung abgeben, können die Pauschbeträge einvernehmlich per formlosem Antrag untereinander aufteilen. Der Prozentsatz, der dabei berücksichtigt werden soll, gehört in **Zeile 62.**

In **Zeile 63 bis 65** können Eltern die 2021 eingeführte Fahrtkostenpauschale beantragen und einvernehmlich untereinander aufteilen, wenn ihr Kind einen entsprechenden Grad der Behinderung vorweist (→ Seite 126).

Zeile 66 bis 72: Kinderbetreuungskosten

Elternpaare und Alleinerziehende dürfen bis zu 6 000 Euro pro Kind und Jahr als Kinderbetreuungskosten steuerlich geltend machen. Von den Betreuungskosten erkennt das Finanzamt zwei Drittel, also maximal 4 000 Euro als Freibetrag an. Voraussetzung: Das Kind hat seinen 14. Geburtstag noch nicht gefeiert. Für Kinder mit einer Behinderung gilt diese Altersgrenze nicht. Die Behinderung muss allerdings vor dem 25. Lebensjahr entstanden sein (→ Info-Kasten Seite 158). Eltern dürfen Kinderbetreuungskosten von der Geburt bis zum 14. Geburtstag des Kindes als Sonderausgaben geltend machen. Den Begriff „Kinderbetreuungskosten" engt das Finanzamt aber weiterhin auf den Aufwand für unmittelbar betreuende Tätigkeiten ein, etwa auf Ausgaben für Kinderkrippe, Kindergarten, Hort, Tagesmutter, Internat oder Babysitter. Aufwendungen für Verpflegung, (Nachhilfe-)Unterricht, die Vermittlung besonderer Fähigkeiten sowie Sport- und Freizeitaktivitäten bleiben in der Regel außen vor.

In **Zeile 66** gehören Name und Anschrift der Kita, Tagesmutter oder anderer betreuender Personen oder Einrichtungen, der Zeitraum der Betreuung und die abzugsfähigen Gesamtkosten. Sollte eine Zeile nicht ausreichen, weil es sich um unterschiedliche Betreuer oder Zeiträume handelt, hilft eine formlose Anlage mit allen Angaben weiter. Haben Eltern zum Beispiel 3 000 Euro Elternbeitrag an die Kita gezahlt, schreiben sie 3 000 Euro in **Zeile 66.** Das Finanzamt berücksichtigt zwei Drittel davon, also 2 000 Euro. **Zeile 67** fragt nach dem steuerfreien Ersatz von Betreuungskosten, beispielsweise durch den Arbeitgeber. Er kann Kosten für die Betreuung des Nachwuchses seiner Mitarbeiter in unbegrenzter Höhe übernehmen, solange die Kinder noch nicht schulpflichtig sind. Wenn alle Voraussetzungen stimmen, bleibt diese Unterstützung lohnsteuer- und

Kinderbetreuungskosten: Diese Vorteile sind möglich

Höchstbetrag. Das Finanzamt berücksichtigt Betreuungskosten bis 6 000 Euro im Jahr und erkennt zwei Drittel davon, maximal 4 000 Euro, als Sonderausgaben an, wenn ein Kind bis zum 14. Lebensjahr betreut wird. Diese Werte gelten auch, wenn die Betreuung weniger als zwölf Monate im Jahr stattfand.

Ausnahme bei Altersgrenze. Für Kinder mit einer Behinderung gilt die Altersbegrenzung bis zum 14. Lebensjahr nicht. Voraussetzung ist in der Regel ein Behinderungsgrad von mindestens 50. Die Behinderung muss bis zum Alter von 25 Jahren eingetreten sein. Als Nachweis dient im Regelfall der Schwerbehindertenausweis.

Alleinerziehende. Sie dürfen Betreuungskosten in gleicher Höhe wie zusammen lebende Eltern geltend machen. Sie sollten besonders darauf achten, dass ein Kind auch offiziell zu ihrem Haushalt gehört. Dazu muss es im Haushalt leben und in der Regel dort auch gemeldet sein. Ist das Kind bei beiden Eltern gemeldet, wird es üblicherweise zum Haushalt desjenigen zugeordnet, der das Kindergeld erhält. Der Elternteil, der die Betreuungskosten als Sonderausgaben geltend machen will, sollte im jeweiligen Vertrag stehen und die Beiträge auch zahlen.

Betreuungspersonal. Wer ein Kind betreut, ist dem Finanzamt egal, solange es sich um eine Person handelt, die die Betreuung leisten kann. Das gilt auch für nahe Verwandte (zum Beispiel Oma und Opa). Damit das Finanzamt bei innerfamiliären Abmachungen mitspielt, sollte es klare (am besten schriftliche) Vereinbarungen über Leistung und Gegenleistung geben – so wie sie auch unter Fremden üblich sind.

Nachweise. Sie dürfen die Betreuungskosten nicht bar bezahlen, sondern müssen sie überweisen. Als Nachweise brauchen Sie eine Rechnung der betreuenden Stelle, zum Beispiel der Tagesmutter, und den Überweisungsbeleg der Bank. Sie müssen diese Nachweise der Steuererklärung nicht beifügen, sollten sie aber zur Seite legen für den Fall, dass das Finanzamt sie sehen möchte.

sozialversicherungsfrei. Die genauen Regeln dazu stellen wir im Abschnitt „Gehalts-Extras vom Chef" vor (→ Seite 220).

Mit **Zeile 68 bis 70** prüft das Finanzamt, ob und wie lange ein gemeinsamer Haushalt bestand und ob und wie lange das Kind dazugehörte. Bei nicht zusammen lebenden Eltern darf derjenige Kinderbetreuungskosten absetzen, bei dem das Kind lebt. Dabei ist der Steuervorteil bei demjenigen am größten, der die höhere Einkommenssteuer zahlt. Eltern, die keine gemeinsame Steuererklärung abgeben, tragen in **Zeile 71** die Höhe der vom ausfüllenden Elternteil getragenen Kosten ein. In **Zeile 72** können sie den Höchstbetrag der Betreuungskosten für ein gemeinsames Kind einvernehmlich aufteilen.

Das empfiehlt sich zum Beispiel dann, wenn ein Elternteil einen pauschal versteuerten Minijob hat und der andere sozialversicherungspflichtig beschäftigt ist. Nur Letzterer kann den Steuervorteil überhaupt nutzen. Dazu muss ein von beiden unterschriebener formloser Antrag beigelegt werden. Hier ist aber Vorsicht geboten. Der Bundesfinanzhof hat entschieden, dass bei nicht verheirateten Eltern nur der Elternteil, der den Vertrag mit der Betreuungseinrichtung abgeschlossen hat und die Gebühren zahlt, die Kosten auch absetzen darf (Az. III R 79/09). Die Finanzverwaltung hat sich dem im Prinzip angeschlossen.

Elternpaare ohne Trauschein aufgepasst: Regeln Sie zeitig untereinander, dass möglichst der Elternteil mit dem höheren Einkommen den Betreuungsvertrag abschließt und die Kosten von seinem Konto überweist.

Anlage AV: für Riester-Verträge

Die Riester-Rente steht in der Kritik, die Zukunft ist ungewiss. Für alle, die bereits einen Riester-Vertrag haben, besteht über die Anlage AV aber weiter die Möglichkeit, Steuern zu sparen. Arbeitnehmer und Beamte füllen die Anlage aus, wenn sie mindestens einen Riester-Vertrag abgeschlossen haben. Sie haben in der Regel bereits ihre Altersvorsorgezulage über den Anbieter beantragt, die Zulage wird auf ihr Sparkonto überwiesen.

Mit der Anlage AV beantragen Sie beim Finanzamt zusätzlich den Sonderausgabenabzug für die Riester-Beiträge und die Zulagen. Die Riester-Förderung läuft nämlich doppelgleisig. Für 2024 gibt es bis zu 175 Euro Grundzulage pro Sparer und Jahr. Für jedes Kind kommen jährlich bis zu 185 Euro Kinderzulage hinzu, für ab 2008 geborene Kinder sogar bis zu 300 Euro. Für die Zulage ist die Anlage AV nicht erforderlich. Eventuell profitieren Sie aber neben den Zulagen auch noch davon, dass das Finanzamt Ihre Beiträge und die staatlichen Zulagen als Sonderausgaben berücksichtigt. Dieser Sonderausgabenabzug bis 2100 Euro ist aber nur möglich, wenn Sie die Anlage AV ausfüllen. Damit prüft das Finanzamt, ob Ihnen die Zulage(n) oder der Sonderausgabenabzug mehr Entlastung bringen und gewährt die günstigere Förderung.

Jeder rentenversicherungspflichtige Arbeitnehmer und jeder Beamte ist **„unmittelbar begünstigt“**. Minijobber, die eigene Rentenversicherungsbeiträge zahlen, sollten in ihren Riester-Vertrag mindestens den Sockelbetrag von 60 Euro einzahlen, um sich die ungekürzte Grundzulage zu sichern.

Darüber hinaus kommt die Förderung etwa für pflichtversicherte Selbstständige, Arbeitslose oder Erwerbsminderungsrentner infrage. Im Gegensatz dazu gibt es Vorsorgesparer, die bloß „mittelbar begünstigt“ sind. Das heißt, sie können nur die Riester-Förderung nutzen, wenn sie einen Ehe- oder eingetragenen Lebenspartner haben und dieser zu den unmittelbar begünstigten Personen zählt. Mittelbar Begünstigte sind zum Beispiel Gewerbetreibende, Freiberufler, Hausfrauen und -männer, freiwillig Versicherte und Altersrentner.

Zeile 1 bis 15: Grunddaten und Einnahmen

Die **Zeilen 1 bis 3** lassen sich einfach ausfüllen. In **Zeile 4** tragen ausschließlich unmittelbar Begünstigte die Ziffer „1" ein. Bis **Zeile 13** müssen Sie Angaben zu ihren Einnahmen machen. Diese will das Amt kontrollieren, weil es die volle Förderung nur gewährt, wenn die unmittelbar Begünstigten mindestens 4 Prozent ihres rentenversicherungspflichtigen Bruttolohns des Vorjahrs in einen Riester-Vertrag eingezahlt haben. Hatte ein alleinstehender, kinderloser Arbeitnehmer 2023 einen Bruttolohn von 35 000 Euro, trägt er diesen in **Zeile 5** ein.

Berechnungsgrundlagen 39

– Bei Zusammenveranlagung: Bitte die Art der Begünstigung (unmittelbar / mittelbar) beider Ehegatten / Lebenspartner angeben, wenn für jeden Ehegatten / Lebenspartner mindestens ein Riester-Vertrag vorliegt. Hat nur einer von beiden mindestens einen Riester-Vertrag, muss nur diese Person Angaben zur Art der Begünstigung machen. –

		Steuerpflichtige Person / Ehemann / Person A	Ehefrau / Person B
4	**Ich bin für das Jahr 2024 unmittelbar begünstigt.** **(Bitte die Zeilen 5 bis 13 ausfüllen.)**	106 1 1 = Ja	306 1 = Ja
		EUR	EUR
5	Beitragspflichtige Einnahmen i. S. d. inländischen gesetzlichen Rentenversicherung **2023**	100 35000,–	300 ,–

Für die volle Förderung müsste der Arbeitnehmer mindestens 4 Prozent von 35 000 Euro in einen Riester-Vertrag einzahlen. Das sind 1 400 Euro. Tatsächlich zahlen muss er aber nur 1 225 Euro, weil die Zulage in Höhe von 175 Euro von den 1 400 Euro abgezogen wird (1 400 minus 175 Euro). Zahlt der Arbeitnehmer weniger ein, gibt es weniger Zulage. Würde er etwa anstelle des für ihn erforderlichen Mindestbeitrags von 1 225 Euro nur die Hälfte einzahlen (612,50 Euro), würde die Zulage ebenfalls auf die Hälfte gekürzt (87,50 statt 175 Euro). Der Arbeitnehmer kann aber auch mehr einzahlen. Beiträge bis 2 100 Euro im Jahr sind steuerlich gefördert und werden als Sonderausgaben berücksichtigt. Hierzu zählt neben den eigenen Beiträgen auch der Anspruch auf die Zulagen.

Was Arbeitnehmer in **Zeile 5** eintragen müssen, ergibt sich aus der Meldung des Arbeitgebers an die Sozialversicherung. Lohnersatzleistungen (→ Seite 233) gehören nicht hierher, sondern separat in **Zeile 7**. Für **Beamte** sind vor allem **Zeile 6und 10** wichtig. **Zeile 6** füllen aktive und beurlaubte Beamte, Richter und Berufssoldaten mit den entsprechenden Bezügen des Jahres 2023 aus.

Mittelbar begünstigte Ehe- oder Lebenspartner tragen hier nichts ein, denn ihr Einkommen hat auf die Förderung keinen Einfluss. Sie stimmen erst in **Zeile 14** mit „Ja" ab (Ziffer „2"). Für die Förderung müssen alle mittelbar begünstigten Partner einen Mindestbetrag von 60 Euro im Kalenderjahr einzahlen.

Zeile 16 bis 20: Zulagen für Kinder

Verheiratete Elternehepaare füllen bei Zusammenveranlagung für ihre gemeinsamen Kinder die **Zeile 16 oder 17** aus, und zwar unterschieden danach, ob die Kinder (wie üblich, **Zeile 16**) der Mutter zugeordnet werden oder auf Antrag der Eltern dem Vater (**Zeile 17**). Die Zuordnung für die Kinderzulagen erfolgt unabhängig davon, an wen das Kindergeld ausgezahlt wird. Wählen die Eltern die Einzelveranlagung, trägt nur der Elternteil das Kind in seine Anlage AV ein, der die Kinderzulage erhalten soll. Ist das die Mutter, füllt sie **Zeile 17** aus. Soll die Kinderzulage bei Einzelveranlagung dem Vater zugeordnet werden, ist die Zahl der Kinder in **Zeile 18** einzutragen.

Bei gleichgeschlechtlichen Paaren mit gemeinsamen Kindern gelten die Einträge entsprechend der Reihenfolge der Namen im **Hauptvordruck** für Person A oder B. Soll die Kinderzulage Person B erhalten, erfolgt der Eintrag in **Zeile 16,** für Person A in **Zeile 17.** Wenn die Partner die Einzelveranlagung wählen, trägt nur derjenige die Kinder in seine Anlage AV ein, der auch die Kinderzulagen erhalten soll.

Beachten Sie als Elternpaar, dass Sie die Zuordnung der Kinder in der Steuererklärung und im Zulagenantrag einheitlich vornehmen.

Alle anderen Eltern, die nicht miteinander verheiratet sind oder eine eingetragene Lebenspartnerschaft haben, nutzen **Zeile 19 bis 20.** Der im

Formular abgefragte „erste Anspruchszeitraum 2024“ ist in der Regel der Januar. Mit dieser Vorgabe in **Zeile 19** versucht die Verwaltung, bei Wechseln des Kindergeldberechtigten die Übersicht zu behalten.

Zeile 21 bis 36: Angaben zum Umgang mit zusätzlichem Sonderausgabenabzug

In den **Zeilen 21 bis 30** tragen Sie Angaben zu den Verträgen ein, für die Sie **keinen** zusätzlichen Sonderausgabenabzug wünschen. Hintergrund: Seit 2019 sind die Riester-Anbieter verpflichtet, die Beiträge von allen Verträgen elektronisch zu melden. Arbeitnehmer und Beamte können der Datenübermittlung nicht widersprechen. Die steuerliche Förderung führt bei der Auszahlung zur „nachgelagerten“ Besteuerung. Das bedeutet, dass die späteren Rentenzahlungen aus dem Riester-Vertrag zu 100 Prozent besteuert werden. Wollen Sie das verhindern, geben Sie auf der zweiten Seite der Anlage an, für welche Verträge Sie die Förderung nicht wünschen – vorausgesetzt, Sie haben Ihren Verzicht Ihrem Riester-Anbieter noch nicht mitgeteilt. Von den späteren Auszahlungen ist dann nur ein geringer Ertragsanteil steuerpflichtig. Erfolgen die Auszahlungen beispielsweise ab dem 65. Lebensjahr, beträgt der steuerpflichtige Ertragsanteil zum Beispiel 18 Prozent.

Für den Verzicht müssen Sie die Anbieter-, Zertifizierungs- und Vertragsnummer des betroffenen Vertrags angeben. Beachten Sie aber: Verzichten Sie auf den Sonderausgabenabzug, dürfen Sie für diese Verträge auch keine Zulagen beantragen.

Die **Zeilen 31 bis 36** befassen sich mit dem umgekehrten Weg: Haben Sie gegenüber Ihrem Riester-Anbieter erklärt, dass Sie auf den Sonderausgabenabzug verzichten, können Sie diesen Verzicht widerrufen. Notwendig sind wieder die genauen Daten des jeweiligen Vertrags.

Anlage KAP & Co.: für Sparer und Anleger

Mit den Anlagen KAP, KAP-BET und KAP-INV gibt es für die Einkünfte aus Kapitalvermögen gleich drei Formulare. Am wichtigsten ist jedoch nach wie vor die Anlage KAP. Diese können sich viele Arbeitnehmer und Beamte sparen. Die Bank behält von steuerpflichtigen Kapitalerträgen 25 Prozent Steuer ein (plus 5,5 Solidaritätszuschlag und gegebenenfalls Kirchensteuer). Das alles überweist sie direkt an das Finanzamt.

Sparer und Anleger erreichen per Freistellungsauftrag an Banken und andere Finanzinstitute, dass diese ihnen Zinsen und andere Kapitalerträge bis 1000 Euro steuerfrei auszahlen. Dieser Sparerpauschbetrag verdoppelt sich für Ehe-/Lebenspartner auf 2000 Euro (➔ Seite 170).

Von dieser zunächst einfach klingenden Regel, nach der sich die Bank um die Steuer auf Kapitalerträge kümmert, gibt es aber Ausnahmen. So ist in bestimmten Situationen die Abgabe der Anlage KAP vorgeschrieben, etwa wenn von bestimmten Zinsen keine Abgeltungssteuer oder keine Kirchensteuer einbehalten wurde. Andererseits kann sich auch eine freiwillige Abgabe lohnen, wenn auf Zins & Co. im Jahresverlauf zu viel Steuern bezahlt wurden. Das könnte beispielsweise passieren, weil Freistel-

Welche Anlage für was?
Erträge von Investmentfonds, die nicht dem inländischen Steuerabzug unterlagen, gehören nicht in die Anlage KAP, sondern in die Anlage KAP-INV. Erträge aus Beteiligungen sind in Anlage KAP-BET einzutragen.

lungsaufträge bei der Bank nicht oder nicht in der richtigen Höhe gestellt wurden oder wenn Ihr persönliche Grenzsteuersatz unter 25 Prozent lag.

Die **Anlage KAP-BET** steht für Beteiligungen an bestimmten Gemeinschaften. Die Erträge werden aus einer gesonderten und einheitlichen Feststellung des für die Gemeinschaft zuständigen Finanzamts in die persönliche Steuererklärung übernommen. Die Bescheinigung liegt oft erst sehr spät vor. Wenn der eigene Steuerbescheid dann bereits vorliegt, wird er nachträglich geändert. Die **Anlage KAP-INV** gilt für Investmenterträge, die nicht dem inländischen Steuerabzug unterlegen haben. Vor allem handelt es sich um Erträge im Ausland verwahrter Investmentfonds. Wenn Sie eine dieser relativ neuen Anlagen ausfüllen müssen, sollten Sie professionellen steuerlichen Rat nutzen, zumindest beim ersten Mal.

Wichtige Ausfüllhilfen für Anleger sind ansonsten die Steuerbescheinigungen, die Banken und andere Finanzdienstleister ihren Kunden ausstellen. Auf den Bescheinigungen sind Kapitalerträge, einbehaltene Steuern und andere Informationen vermerkt. Dazu bekommen Sie den wichtigen Hinweis, in welche Zeile der Anlage KAP welche Beträge gehören. Bei Unklarheiten helfen oft Nachfragen bei der Bank oder bei einem Steuerprofi.

Zeile 1 bis 6: Abgabepflicht und Abgabekür

Füllen Sie **Zeile 1 bis 3** mit den persönlichen Angaben aus und kreuzen Sie rechts den Zweck an (Einkommensteuererklärung und/oder Kirchensteuer) und die Person, um die es geht. Bei Ehepaaren/Lebenspartnerschaften will das Finanzamt in der Regel zwei Anlagen KAP sehen, auch wenn ein Partner alle und der andere gar keine Kapitaleinkünfte hat. In den **Zeilen**

4 bis 6 geht es um die Abgabegründe. Die Eintragung der Ziffer „1" in **Zeile 4** beantragt die **„Günstigerprüfung"**. Das Finanzamt prüft dann, ob die Abgeltungssteuer günstiger war als die Versteuerung der Kapitaleinkünfte mit dem persönlichen Steuersatz des Sparers. Hier ist der **Grenzsteuersatz** entscheidend (→ Seite 261). Das ist der Steuersatz, mit dem der letzte steuerpflichtige Euro versteuert wird. Bei der Günstigerprüfung ist der Steuersatz des zu versteuernden Einkommens inklusive der erzielten Kapitalerträge maßgeblich. Liegt das zu versteuernde Einkommen nach Abzug der Kapitalerträge nicht über 19 660 Euro (Einzelveranlagung) bzw. 39 370 Euro (Zusammenveranlagung), lohnt sich der Antrag auf Günstigerprüfung. Liegt der persönliche Grenzsteuersatz unter 25 Prozent, zahlt dann das Finanzamt via Steuererklärung bereits abgeführte Abgeltungssteuer zurück.

Wer wissen will, wie hoch sein persönlicher Grenzsteuersatz ist, kann das mithilfe der Tabelle auf Seite 261 überschlagen und im Internet unter bmf-steuerrechner.de („Berechnungen und Informationen zur Einkommenssteuer") genauer feststellen.

Kommt heraus, dass Sie im Bereich des Steuersatzes von 25 Prozent liegen, sollten Sie stets die Günstigerprüfung beantragen. Verlieren kann man dabei nie, manchmal aber gewinnen.

→ Zum Beispiel Udo und Ulrike U.

Ulrike ist Hotelangestellte, Udo schlägt sich als Jazz-Musiker durch. Das Ehepaar kommt auf ein zu versteuerndes Einkommen von 26 000 Euro. Darauf müssen sie 368 Euro Einkommensteuer zahlen. Mithilfe einer Erbschaft hatten sie ordentlich angespart. Ihr gemeinsames Depot warf 5 000 Euro an Kapitalerträgen ab. Nach Abzug des Sparerpauschbetrags von 2000 Euro führt die Bank von den verbleibenden 3 000 Euro Kapitaleinkünften rund 791 Euro an das Finanzamt ab. So werden sie zunächst mit insgesamt 1 159 Euro zur Kasse gebeten (368 plus 791). Per Anlage KAP holt sich Ehepaar U. 259 Euro der bereits abgeführten Steuern zurück. Grund: Der Grenzsteuersatz von Familie U. liegt mit gut 19 Prozent deutlich unter dem Abgeltungssteuersatz von 25 Prozent.

zu versteuerndes Einkommen ohne Zinsen	**26 000**
auf 26 000 Euro zu zahlende Einkommenssteuer	368
Zinsen	5 000
Abgeltungssteuer auf 3 000 Euro plus Soli (5 000 minus 2 000)	791
gezahlte Steuer insgesamt (368 plus 791)	1 159
zu versteuerndes Einkommen mit Zinsen (26 000 plus 5 000 minus 2 000)	29 000
auf 29 000 Euro zu zahlende Einkommenssteuer	900
Steuervorteil nach Günstigerprüfung (1 159 minus 900, alle Angaben in Euro)	**259**

Höhere Kapitaleinkünfte können oft steuerfrei bleiben, wenn Sparer zu Beginn des Steuerjahres mindestens 64 Jahre alt waren und den **Altersentlastungsbetrag für Nebeneinkünfte** verwenden können (→ Seite 196 und 256). Normalerweise berücksichtigt das Finanzamt den Altersentlastungsbetrag automatisch, doch für die pauschale Besteuerung der Kapitaleinkünfte gilt er nicht. Bei einer individuellen Besteuerung aber schon. Dafür müssen Sie aber die **Günstigerprüfung** in der Anlage KAP beantragen, sonst bleibt der Freibetrag unberücksichtigt. Der Freibetrag schmilzt für jeden neuen Jahrgang. Für alle, die Anfang 2024 gerade 64 Jahre alt waren, liegt er bei 13,6 Prozent der Einkünfte, maximal 646 Euro, das aber zusätzlich zum Sparerpauschbetrag.

Wer in **Zeile 5** die Ziffer „1" in das Kästchen schreibt, erreicht die Überprüfung seiner im Jahresverlauf bereits an das Finanzamt abgeführten Steuern auf Kapitaleinkünfte. Das kann beispielsweise sinnvoll sein, wenn Abgeltungssteuer abgeführt wurde, obwohl der Sparerpauschbetrag von 1 000 Euro (Ehepaare 2 000 Euro) nicht ausgeschöpft wurde, weil etwa die Freistellungsaufträge nicht richtig verteilt waren oder weil beim Bank- oder Depotwechsel etwas schiefgelaufen ist. Weitere Anlässe sind: Der Verlust bei einem Depot soll berücksichtigt werden oder ausländische Quellensteuer darf nach einem Doppelbesteuerungsabkommen teilweise zurückgeholt werden.

Achten Sie am besten schon im Laufe des Jahres darauf, dass Sie – wenn Sie Kunde mehrerer Banken sind – Ihre Freistellungsaufträge einiger-

maßen passend verteilen, und passen Sie sie zum Beispiel an, wenn Sie bei einer Bank ein Festgeldkonto aufgelöst und bei einer anderen Bank ein neues eröffnet haben.

In **Zeile 6** markieren kirchensteuerpflichtige Menschen mit der Ziffer „1", wenn für ihre laufenden Kapitalerträge von der Bank keine Kirchensteuer abgeführt wurde und dass sie das im Rahmen der Steuererklärung nachholen (auch Hauptvordruck **Zeile 2** ankreuzen, → Seite 56).

Das betrifft nur wenige Anlegerinnen und Anleger, weil Banken und andere Finanzinstitute die Kirchensteuer, die sie im Rahmen der Abgeltungssteuer einbehalten haben, in der Regel automatisch an den Fiskus abführen. Finanzinstitute und alle anderen, die zum Steuerabzug verpflichtet sind, müssen den Religionsstatus ihrer Kunden oder Zahlungsempfänger zum Stichtag 31. August beim Bundeszentralamt für Steuern (BZSt) abfragen. Die Abfrage erfolgt in der Regel jährlich neu in den Monaten September bis Oktober. Das Ergebnis bildet die Grundlage für den Abzug der Kirchensteuer im Folgejahr. Für das Jahr 2024 gilt also das Abfrageergebnis aus dem Jahr 2023.

Wer keiner Religionsgemeinschaft angehört, bleibt ohne Abzug. Ob das tatsächlich funktioniert hat, können Betroffene mithilfe der Mitteilungen der Kreditinstitute überprüfen. Kirchensteuerpflichtige, die bis 30. Juni 2023 eine „Sperrvermerkserklärung" beim BZSt eingereicht hatten, konnten die Datenübermittlung für 2024 verhindern. Der Sperrvermerk löst aber in jedem Fall eine Information des BZSt an das zuständige Finanzamt aus und ist in der Regel ein Grund für die Pflichtabgabe einer Steuererklärung. Die Sperrvermerkserklärung ist bis auf Widerruf gültig, muss also nicht jährlich erneuert werden. Das Formular dafür finden Sie im Internet unter formulare-bfinv.de. Dort geben Sie in das Suchfeld „Sperrvermerk“ ein und erhalten das Formular „Erklärung zum Sperrvermerk“.

Es gibt weitere Gründe, die Sparer und Anleger verpflichten, eine Anlage KAP abzugeben: etwa wenn sie im Ausland Kapitaleinkünfte erzielen oder Zinsen aus bestimmten privaten Darlehen erhalten haben (→ Seite 171).

Zeile 7 bis 15: Abgeltungssteuer abgeführt

In **Zeile 7** tragen Sie zusammengefasst sämtliche Kapitalerträge ein, für die im Jahresverlauf Abgeltungssteuer abgeführt wurde. Dazu gehören auch die per Freistellungsauftrag im Rahmen des Sparerpauschbetrags freigestellten Beträge bis 1 000/2 000 Euro (alleinstehend/verheiratet oder verpartnert). Hier geht es unter anderem um laufende Kapitalerträge wie etwa Zinsen und Dividenden. Die genauen Beträge ergeben sich aus den Steuerbescheinigungen von Banken, Fondsgesellschaften und anderen Finanzdienstleistern. Hierher gehören auch Erträge aus Lebensversicherungen, die nicht steuerbegünstigt sind. Außerdem tragen Sie hier Gewinne aus dem Verkauf von Wertpapieren aller Art, etwa Aktien, Anleihen oder Zertifikate, oder aus Termingeschäften ein.

In **Zeile 8** müssen Gewinne aus Aktienverkäufen (aus **Zeile 7**) nochmals separat erscheinen, weil sie steuerlich etwas anders als andere Kapitalerträge behandelt werden.

			Beträge laut Steuerbescheinigung(en) EUR		korrigierte Beträge (laut gesonderter Aufstellung) EUR
7	Kapitalerträge	210/410	1925,–	220/420	,–
8	In Zeile 7 enthaltene Gewinne aus Aktienveräußerungen	212/412	,–	222/422	,–

In **Zeile 9** tragen Sie die in Zeile 7 enthaltenen Gewinne aus Termingeschäften und Einkünfte aus Stillhalteprämien ein. Die **Zeile 10** fragt nach „bestandsgeschützten Alt-Anteilen“. Dabei geht es um Investmentfondsanteile, die vor dem 1. Januar 2009 gekauft wurden. Gewinne, die bis zum 31. Dezember 2017 entstanden sind, bleiben nach dem „Investmentsteuerreformgesetz 2018“ steuerfrei. Spätere Gewinne sind steuerpflichtig. Für solche Gewinne gibt es aber einen Freibetrag von 100 000 Euro pro Anleger. Der kann so lange genutzt werden, bis er aufgebraucht ist. Veräußerungsgewinne solcher Alt-Anteile können Anleger dem nachrichtlichen Teil der Steuerbescheinigungen der Fonds entnehmen. Ist ein Teil des Freibetrags verbraucht, stellt das Finanzamt den restlichen Freibetrag gesondert fest. War das im Vorjahr, also 2023, der Fall, ist das zusätzlich in der **Anlage Sonstiges** anzugeben (➔ Seite 180).

In **Zeile 11** geht es um die sogenannte Ersatzbemessungsgrundlage. Das sind 30 Prozent der Einnahmen aus einem Wertpapiergeschäft. Die Bank erhebt die Steuer auf dieser pauschal angenommenen Grundlage, wenn sie die genauen Anschaffungskosten des Wertpapiers nicht kennt. Ist der Wert zu hoch, können Sie ihn in der rechten Spalte der **Zeile 11** korrigieren, wenn Sie entsprechende Nachweise haben.

In der rechten Spalte der **Zeilen 7 bis 15** lassen sich außerdem Verluste von Konten bei unterschiedlichen Banken berücksichtigen oder Kosten von Veräußerungsgeschäften, die die Bank in ihre Abrechnung nicht einbezogen hat. Haben Sie von Ihrer Bank eine Verlustbescheinigung, in der der ein nicht ausgeglichener Verlust ausgewiesen ist, tragen Sie diesen in der linken Spalte in **Zeile 12** ein. Ein Aktienverlust gehört in **Zeile 13**. In die **Zeile 14** tragen Sie Verluste aus Termingeschäften ein.

Achtung: Zertifikate und Optionsscheine gehören nicht zu den Termingeschäften. Verluste aus dem Verfall dieser Papiere geben Sie in **Zeile 15** an, in der Verluste aus wertlos gewordenen Kapitalanlagen abgefragt werden. Diese können im laufenden Jahr nur bis 20 000 Euro mit anderen, positiven Kapitaleinkünften verrechnet werden.

Zeile 16 und 17: Sparerpauschbetrag

Ob und in welcher Höhe der Sparerpauschbetrag genutzt wurde, ergibt sich im Regelfall aus den vorliegenden Steuerbescheinigungen. **Zeile 16** fragt nach dem Teil des Sparerpauschbetrags, der für die in **Zeile 7 bis 15, 30 und 33** aufgeführten Kapitalerträge verwendet worden ist. Hier ist die Summe des Sparerpauschbetrags aus den Steuerbescheinigungen einzutragen. Das sollten maximal 1000/2000 Euro sein. In **Zeile 17** kommt eine Ausnahme. Hierher gehört der Teil des Sparerpauschbetrags, der für Kapitalerträge genutzt wurde, die **nicht** in den hier genannten Zeilen auftauchen. Ein solcher Fall kann beispielsweise dann eintreten, wenn die Bank bereits ordnungsgemäß und unter Berücksichtigung des Freistellungsauftrags Abgeltungssteuer abgeführt hat und der Sparer daran auch nachträglich nichts ändern möchte.

Wer in **Zeile 4** die Günstigerprüfung beantragt hat und deshalb alle Kapitalerträge vollständig in die Anlage KAP sowie bei Investmenterträgen im Ausland und bei Beteiligungen in die Anlagen KAP-INV und KAP-BET eingetragen hat, trägt in **Zeile 17** eine „0“ ein.

Zeile 18 bis 34: Ohne Abgeltungssteuer

In **Zeile 18 bis 26** werden Kapitalerträge abgefragt, bei denen erst mit der Steuererklärung 25 Prozent Abgeltungssteuer erhoben werden, falls nicht die individuelle Besteuerung günstiger ist (➔ **Zeile 4**). Dabei kann es sich zum Beispiel um ausländische Zinsen handeln oder auch um Kreditzinsen aus bestimmten Privatdarlehen. Alle diese Kapitalerträge gehören zusammengefasst in **Zeile 18** (Inland) oder **Zeile 19** (Ausland). In **Zeile 20 bis 23** will das Finanzamt eine gesonderte Aufstellung der bereits in **Zeile 18 und 19** enthaltenen Gewinne beziehungsweise Verluste sehen. Ausgenommen von der Zusammenfassung in **Zeile 18 und 19** sind Zinsen für Steuererstattungen, die das Finanzamt (obwohl es sie genau kennt) in **Zeile 26** ebenfalls separat sehen will und die im letzten Steuerbescheid zu finden sind. Erstattungszinsen, die Sie an Ihr Finanzamt zurückgezahlt haben, tragen Sie in **Zeile 18 und 22** ein. Erhaltene Prozess- und Verzugszinsen gehören in die neue **Zeile 26a**. Verluste aus wertlos gewordenen Kapitalanlagen, beispielsweise für im Ausland verwahrte Aktien oder Investmentanteile, gehören in **Zeile 25.**

Nach aktueller Rechtslage müssen Sie auch vom Finanzamt erhaltene Zinsen versteuern und deshalb in Ihrer Steuererklärung angeben.

Bei Kapitalerträgen, die nicht mit der Abgeltungssteuer, sondern mit dem persönlichen Steuersatz versteuert werden müssen (**Zeile 27 bis 34**), geht es meist um Erträge, die im betrieblichen Bereich anfallen, und um weitere Spezialfälle, die „Normalsteuerzahler" eher selten betreffen. Kapitalerträge aus inländischen und ausländischen Beteiligungen gehören ni- in die Anlage **KAP-BET**. **Zeile 28** fragt übrigens auch nach Zinsen aus privaten Darlehen an Verwandte und andere Menschen. Die unterliegen dem persönlichen Steuersatz, wenn sie beim Schuldner als Werbungskosten oder als Betriebsausgaben absetzbar sind. Der Bundesfinanzhof sieht das großzügiger. Er hat in mehreren Urteilen entschieden, dass die Nutzung der Abgeltungssteuer auch in diesen Fällen möglich ist, wenn kein Beherrschungsverhältnis zwischen den beteiligten Seiten vorliegt und das Darlehen einem Fremdvergleich standhält (zum Beispiel Az. VIII R 44/13).

In **Zeile 30** gehören Erträge aus steuerlich begünstigten Lebensversicherungen, die nach dem 31. Dezember 2004 abgeschlossen wurden. Wer sich eine solche Versicherung frühestens einen Tag nach dem 60. Geburtstag auszahlen lässt, erhält, wenn die Versicherung mindestens 12 Jahre bestand, die Hälfte der Erträge steuerfrei. Sind die Vorgaben nicht erfüllt, sind die Erträge komplett mit dem persönlichen Steuersatz steuerpflichtig. Die Versicherung berechnet aber zunächst auf alle Erträge Abgeltungssteuer, über die Steuererklärung wird dann mit dem persönlichen Steuersatz abgerechnet. Für die Wertsteigerung fondsgebundener Lebensversicherungen erfolgt seit 2018 teilweise eine Steuerfreistellung. Die genauen Werte ergeben sich aus der Steuerbescheinigung des Versicherers.

In der **Zeile 33** geht es unter anderem um die steuerliche Behandlung sogenannter verdeckter Gewinnausschüttungen in speziellen Fällen. Ohne Steuerberater sollte sich hier niemand bewegen. Das gilt auch für die **Zeile 34,** die „Spezial-Investmentanteile" behandelt.

Zeile 35 und 36: Steuerermäßigung

In **Zeile 35** gehören Kapitalerträge, die als Entschädigung gezahlt und ermäßigt besteuert werden, ähnlich wie Abfindungen bei Arbeitnehmern. Das kann beispielsweise Zahlungen von Bausparkassen nach einem Rechtsstreit betreffen. In **Zeile 36** wiederholt sich die Abfrage für andere Kapitaleinkünfte und Einkünfte aus Beteiligungen.

Zeile 37 bis 53: Steuerabzug & Co.

In **Zeile 37 bis 45** will das Amt sehen, wie viel Steuern auf Kapitalerträge bereits abgeführt wurden. Welche Kapitalerträge gemeint sind, findet sich in den Zeilenangaben der Überschrift. So gehört beispielsweise die insgesamt abgeführte Abgeltungssteuer in **Zeile 37,** und zwar auch die Steuer, die auf Investmenterträge abgeführt wurde, die ansonsten in der Anlage **KAP-INV** abgehandelt werden.

Abzugsbeträge aus Beteiligungen gehören dagegen nicht hierher, sondern in die Anlage **KAP-BET**. In **Zeile 38 bis 41** wiederholt sich die Prozedur für andere Steuerarten. Die fiktive Quellensteuer (**Zeile 42**) gilt für manche Anleihen ausländischer Staaten. Der deutsche Fiskus rechnet sie dem Anleger trotzdem an, als wäre sie einbehalten worden. Das erhöht die Rendite der Anleihen. **Zeile 43 bis 45** fragt nach den einbehaltenen und anzurechnenden Steuern auf die in der Überschrift erwähnten Erträge.

Mit **Zeile 46** will die Finanzverwaltung die Erstattung von Kapitalertragsteuer bei bestimmten Wertpapiergeschäften einschränken, etwa bei „cum/cum-Geschäften“ zwischen Banken und Großanlegern. Wer hier etwas einzutragen hat, sollte einen Steuerprofi konsultieren.

Das gilt auch für Beteiligungen an einer ausländischen Gesellschaft (**Zeile 47 und 48**), für den Umgang mit ausländischen Familienstiftungen (**Zeile 49 bis 54**) und für den Umgang mit Steuerstundungsmodellen (**Zeile 55**).

Manchmal Belege notwendig

Steuerbescheinigungen über inländische Kapitalerträge müssen der Steuererklärung grundsätzlich nicht beigefügt werden. Von dieser Regel gibt es aber Ausnahmen. So müssen bei Eintragungen in den Zeilen 12 und/oder 13 (Verluste) sowie in den Zeilen 43 bis 45 Steuerbescheinigungen weiterhin oft noch eingereicht werden.

Anlage Unterhalt: für Helfer

Sie unterstützen Ihren Sohn, der sich mit Anfang 30 für eine neue Ausbildung entschieden hat? Oder Ihre Eltern, die finanzielle Hilfe benötigen? Die Hilfe für unterhaltsberechtigte Verwandte, etwa an Kinder, Enkel oder Eltern, rechnen Sie in der Anlage Unterhalt ab. Das Finanzamt berücksichtigt sie 2024 voraussichtlich bis zum Höchstbetrag von 11784 Euro als außergewöhnliche Belastungen. Es geht dabei um Hilfe zum Lebensunterhalt, etwa für Nahrung, Kleidung, Unterkunft oder Ausbildung.

Diese Abzugsmöglichkeit ist neben der Unterhaltsverpflichtung an weitere Voraussetzungen gebunden, vor allem muss der Empfänger „bedürftig" sein. Er darf kein eigenes Vermögen über 15 500 Euro haben. Selbst genutztes Wohneigentum spielt aber bei dieser Höchstgrenze keine Rolle, wenn es der Situation angemessen ist. Auch das eigene Einkommen des Unterstützten muss angegeben werden.

Jeder Euro über dem Betrag von 624 Euro mindert den als Unterhalt abzugsfähigen Betrag. Erreicht das eigene Einkommen des Unterstützten 12 408 Euro (11784 plus 624), ist kein Unterhalt mehr absetzbar – mit einer Ausnahme: Beiträge zur Kranken- und Pflegeversicherung zählen zusätzlich. Denn neben dem Höchstbetrag von 11784 Euro dürfen Sie die für den Unterstützten gezahlten Beiträge zur Kranken- und Pflegeversicherung als Unterhalt geltend machen. Ferner darf niemandem Kindergeld oder ein Kinderfreibetrag für den Unterstützten zustehen. Eltern können Unterhaltszahlungen an ihre Kinder in der Regel erst dann geltend machen, wenn diese 18 beziehungsweise 25 Jahre alt sind (→ Seite 143).

Zum Einkommen des Unterstützten gehört fast alles, was ihm an Geld- oder Sachleistungen zufließt, zum Beispiel auch auch Sozial- oder Lohnersatzleistungen wie Elterngeld, Arbeitslosengeld oder der Lohn aus einem Minijob.

→ Zum Beispiel Elvira E.

Die alleinstehende Beamtin unterstützt ihren 28-jährigen, auswärts studierenden Sohn Erik mit 400 Euro im Monat. Kindergeld erhält sie nicht mehr. Erik arbeitet ab und zu am Wochenende als Kellner, sein Verdienst wird nach Steuerklasse abgerechnet. Er kommt übers Jahr auf 3 000 Euro Einkünfte aus nichtselbstständiger Arbeit. Elvira kann die 4 800 Euro (400 mal 12), die sie Erik im Jahr zukommen lässt, voll als außergewöhnliche Belastung geltend machen.

Eriks Einkünfte	**3 000**
minus pauschaler anrechnungsfreier Betrag	−624
Eriks anzurechnende Einkünfte	2 376
Unterhaltshöchstbetrag	11 784
minus Eriks anzurechnende Einkünfte	−2 376
Elviras höchstmöglicher Abzugsbetrag	9 408
tatsächlich von Elvira gezahlter Unterhalt (400 mal 12)	4 800
von Elvira absetzbarer Unterhalt (alle Angaben in Euro)	**4 800**

Als Unterhalt gelten nicht nur Geldzahlungen, sondern auch Sachleistungen. Würde Erik kostenlos bei Elvira leben, ginge das Finanzamt ohne weiteren Nachweis vom Unterhaltshöchstbetrag von 11 784 Euro aus, und Elvira würde so ihren höchstmöglichen Abzugsbetrag erhalten.

Auch Menschen, die nicht unterhaltsberechtigt sind, können ausnahmsweise steuersparend unterstützt werden, etwa Lebenspartner ohne Trauschein, denen wegen der Partnerschaft staatliche Zuwendungen wie Bürgergeld gekürzt oder gestrichen wurden.

Es kann sich übrigens lohnen, in Sachen Unterhalt und gerade beim ersten Antrag einen Steuerprofi zur Unterstützung mit einzubeziehen, etwa wenn es um die Anrechnung der eigenen Einkünfte und Bezüge des Unterstützten, die Bewertung seines Vermögens und um Unterhaltszahlungen ins Ausland geht.

Zeile 1 bis 6: Allgemeine Angaben

In einem Formular können Sie Angaben für zwei unterstützte Personen in einem Haushalt machen: ab **Zeile 21** für die erste und ab **Zeile 52** für eine zweite Person. Für weitere Personen im selben Haushalt benötigen Sie eine neue Anlage. Außerdem müssen Sie für jeden unterstützten Haushalt ein eigenes Formular abgeben. Wer mehrere Anlagen Unterhalt abgibt, schreibt in das rechte Feld in **Zeile 3** die laufende Nummer der entsprechenden Anlage.

Name und Steuernummer des Unterstützers gehören in **Zeile 1 bis 3.** In **Zeile 4** gehört die Anschrift des unterstützten Haushalts. Nur wenn dieser im Ausland liegt, ist eine Eintragung in **Zeile 5** erforderlich. In **Zeile 6** kommt die Anzahl der Menschen, die im unterstützten Haushalt leben, egal ob sie unterhaltsberechtigt sind oder nicht.

Zeile 7 bis 12: Unterhaltsleistungen

In **Zeile 7** schreiben Sie, für welchen Zeitraum Sie 2024 Unterhalt gezahlt haben. Den genauen Zeitraum der ersten bis zur letzten Zahlung im Jahr 2024 müssen Sie in **Zeile 8** eintragen. War der zum Beispiel Weihnachten 2023, wird die Zahlung für 2024 nicht anerkannt. Kam die erste Zahlung im März 2024, verringert sich der Höchstbetrag auf maximal zehn Zwölftel von 11784 Euro, das wären in diesem Fall 9 820 Euro (11784 durch 12 mal 10). Je eher die Zahlung beginnt, umso mehr ist absetzbar. Eine Kürzung gibt es nicht, wenn Sie einen im Ausland lebenden Ehegatten unterstützt haben. Den bezahlten Unterhalt tragen Sie dann in **Zeile 9** ein.

Zeile 10 bis 12 ist nur auszufüllen, wenn die Unterhaltszahlung einmal im Jahr unterbrochen und wieder aufgenommen wurde. Gibt es einen zweiten Zeitraum, müssen Sie diesen ab **Zeile 10** eintragen. Für die Zahlungen will das Amt in der Regel Nachweise sehen.

Zeile 13 bis 20: Zahlungen ins Ausland

Hier geht es um Unterhaltszahlungen an Personen im Ausland. Es wird etwas komplizierter, denn es gelten teilweise andere Bestimmungen und Nachweispflichten. Nachweise müssen der Steuererklärung aber nicht mehr beigelegt, sondern lediglich vorgehalten werden.

Das Amt hat die Welt in vier Ländergruppen aufgeteilt. Wie viel Unterhalt abzugsfähig ist, hängt davon ab, in welchem Land der Unterstützte wohnt. Die jeweils aktuellste Übersicht, welches Land in welche Gruppe gehört, finden Sie online unter bundesfinanzministerium.de, Suche nach „Ländergruppeneinteilung".

Haben Sie per Bank- oder Postüberweisung Unterhalt ins Ausland überweisen, tragen Sie die Summe in **Zeile 13** ein. In **Zeile 14 und 15** müssen Sie genaue Angaben für Bargeldübergaben machen. Ab **Zeile 16** geht es ausschließlich um Zahlungen an den Ehe-/Lebenspartner, die im Rahmen von Besuchsreisen erfolgt sind. In **Zeile 20** trägt der Unterstützer seinen monatlichen Nettolohn ein. Das Amt will prüfen, ob die Unterhaltszahlung so hoch ausfällt, dass der eigene Lebensunterhalt des Unterstützers gefährdet wird.

Zeile 21 bis 32: Angaben zum Unterstützten

Die Fragen in **Zeile 21 bis 32** beziehen sich auf die erste unterstützte Person. Wer Menschen im Ausland unterstützt, muss die „Bedürftigkeitserklärung" vorliegen haben und auf Anfrage vorlegen können. Wenn ja, tragen Sie eine „1" in **Zeile 32** ein. Muster gibt es im Internet unter formulare-bfinv.de. Betroffene sollten sich rechtzeitig beim Finanzamt oder einem Steuerprofi erkundigen, welche Unterlagen erforderlich sind und wie man sie beschaffen kann. **Zeile 24** meint den Partner des Unterstützten.

Unterschiede beim Abzug je nach Land
Unterstützen Sie eine im Ausland lebende Person, hängt es vom jeweiligen Aufenthaltsland ab, wie viel Ausgaben Sie geltend machen können: entweder so viel wie in Deutschland, drei Viertel davon, die Hälfte oder nur ein Viertel dessen, was Sie in Deutschland geltend machen können. Unterstützen Sie jemanden etwa in Frankreich, Großbritannien oder in den USA, gelten die Werte wie hierzulande.

Lebt die unterstützte Person im Haushalt des Unterstützers, geht das Amt ohne Nachweis davon aus, dass Unterhaltsaufwand bis zum absetzbaren Höchstbetrag entstanden ist (**Zeile 25**). Wer **Zeile 26** bejaht, darf keinen Unterhalt absetzen, wenn und solange ihm oder irgendjemandem für das Kind ein Kinderfreibetrag oder Kindergeld zusteht.

Ab **Zeile 27** wird abgefragt, ob eine der hier aufgeführten Unterhaltsverpflichtungen vorliegt. Das betrifft geschiedene oder getrennt lebende Ehepaare oder Partner einer aufgehobenen Lebenspartnerschaft (**Zeile 27**), den Partner, der im Ausland lebt (**Zeile 28**), die Mutter oder den Vater des gemeinsamen Kindes (bis zu dessen drittem Lebensjahr), die gesetzlich unterhaltsberechtigt sind (**Zeile 29**).

In **Zeile 30** geht es um Menschen, die zwar nicht unterhaltsberechtigt sind, denen aber wegen der Partnerschaft Zuwendungen wie Bürgergeld gekürzt oder gestrichen wurden. In **Zeile 31** gehört das Vermögen, das ein Unterstützter nur in begrenztem Umfang haben darf, etwa Bargeld, Pkw oder Hausgrundstück, wobei ein angemessenes, selbstbewohntes Hausgrundstück außen vor bleibt.

Zeile 33 bis 42: Einkünfte und Bezüge des Unterstützten

Hierher gehört ziemlich alles, was dem Unterstützten an Einkünften und Bezügen zufließt. Jeder Euro oberhalb von 624 Euro verringert das Abzugsvolumen von Unterhaltsaufwendungen. Zahlt etwa ein Sohn seiner

bedürftigen Mutter 11 784 Euro Unterhalt im Jahr, wirken sich davon 8 908 Euro steuerlich aus, wenn die Mutter selbst 3 500 Euro Einkünfte hat (11 784 minus 3 500 plus 624 Euro, Beispiel → auf Seite 175).
Wenn Unterstützte im Ausland leben, verringert sich auch der Betrag von 624 Euro entsprechend der Ländergruppeneinteilung. Die Fragen hier sind relativ gut nachvollziehbar. Beim Bruttoarbeitslohn (**Zeile 34 und 35**) sind Einnahmen aus Minijobs nicht einzutragen. Sie gehören in die Zeile 41. Unter „Versorgungsbezügen" versteht das Amt Pensionen (**Zeile 36**).

Bei Zinsen und anderen Kapitaleinkünften wird danach gefragt, ob sie mit der „normalen" Einkommensteuer besteuert wurden oder mit der Abgeltungssteuer (**Zeile 39**). Zu den in diesen Zeilen abgefragten Sozialleistungen gehört auch das Elterngeld, wenn der Unterstützte in Elternzeit ist. Mit „öffentlichen Ausbildungshilfen" ist unter anderem der Teil des BAföG gemeint, der als Zuschuss gezahlt wurde (**Zeile 41**).

Zeile 43 bis 46: Kranken- und Pflegeversicherung

Der Unterhaltshöchstbetrag kann noch um die für den Unterstützten übernommenen Basisbeiträge für die Kranken- und Pflegeversicherung aufgestockt werden. Wenn Sie diese Beiträge übernommen haben, füllen Sie die **Zeile 43 bis 46** aus.

Für den steuerlichen Abzug gelten jedoch auch hierfür die generellen Regeln und Beschränkungen, wie sie bei den Erläuterungen zur **Anlage Vorsorgeaufwand** → ab Seite 105 beschrieben sind.

Zeile 47 bis 51: Weitere Unterhaltzahlende

Zeile 47 bis 51 betrifft den Fall, dass sich mehrere Menschen am Unterhalt beteiligt haben. Wenn beispielsweise mehrere Geschwister Unterhalt an ihre Eltern geleistet haben, wird der Höchstbetrag unter ihnen aufgeteilt. Das geschieht aber nicht pro Kopf, sondern anteilig entsprechend der Höhe der Unterhaltsleistungen.

Die folgenden Zeilen im Formular sind analog auszufüllen, falls Sie eine zweite Person im Haushalt unterstützen (**Zeilen 52 bis 82**).

Anlage Sonstiges

In der Anlage Sonstiges werden einige „spezielle" Sachverhalte erfragt wie erbschaftsteuerlicher Erwerb, der Besitz schutzwürdiger Kulturgüter oder Verlustabzug.

Zeile 4 bis 8: Erbschaftsteuer

Hier geht es um Einkünfte, die in der Steuererklärung auftauchen und die bestimmte Erbfälle betreffen. Haben Sie die Erbschaftsteuer bereits entrichtet, kann in bestimmten Fällen mit einem Antrag in den Zeilen 4 bis 8 die Einkommensteuer ermäßigt werden. Denkbar sind in diesem Zusammenhang etwa Mietforderungen oder andere Forderungen des Erblassers, die zum Zeitpunkt bereits bestanden und mit Erbschaftsteuer belegt worden sind. Gehen diese steuerpflichtigen Zahlungen später beim Erben ein, sollte ein Steuerprofi um Rat gefragt werden.

Zeile 9 bis 15: Investitionen in Kulturgüter

Haben Sie sich an den Kauf einer alten Mühle, Parkanlage oder Bibliothek gewagt, ist eventuell ein gefördertes Baudenkmal oder Kulturgut in Ihrem Besitz. Bis zu 9 Prozent der Herstellungs- und Erhaltungskosten sind als Sonderausgaben absetzbar, wenn mehrere Voraussetzungen erfüllt sind.

Zeile 16: Spendenvortrag

Wurde mit der Steuererklärung 2023 ein Spendenvortrag festgestellt, tragen Sie hier eine „1" ein. Nachdem Sie den Höchstbetrag für den Abzug von Spenden im Vorjahr voll ausgeschöpft haben, beachtet das Finanzamt den verbleibenden Teilbetrag im Steuerjahr 2024.

Zeile 17 bis 19: Verluste

Über in den Vorjahren bereits festgestellte Verluste informieren Sie in **Zeile 17.** Ergibt sich mit der Steuererklärung 2024 insgesamt ein Verlust, wird der negative Betrag vom Finanzamt automatisch in den Jahren 2023 und

2022 berücksichtigt. Wollen Sie das nicht, weil sich der Verlust künftig günstiger auswirkt, beantragen Sie in **Zeile 18,** dass von einem Rücktrag des Verlusts in die Vorjahre abgesehen wird. Dann wird das Finanzamt den Verlust aus 2024 feststellen und in das nächste Jahr vortragen.
In **Zeile 19** ist anzugeben, wenn im Vorjahr Verluste aus Einkünften außerhalb der EU erzielt und gesondert festgestellt wurden (Negative Einkünfte mit Bezug zu Drittstaaten).

Zeile 20: Freibetrag für Investmentverkäufe

Sie haben bestandsgeschützte Altanteile an einem Investmentfonds verkauft? Für solche Anteile hat das Finanzamt einen Freibetrag gewährt. Wurde bis zum 31. Dezember 2023 ein verbleibender Freibetrag festgestellt, setzen Sie in **Zeile 20** eine „1". Das Finanzamt berücksichtigt dann diesen verbleibenden Freibetrag.

Zeile 21: Ehepaare mit einzelnen Steuererklärungen

Diese Zeile betrifft nur Ehegatten und eingetragene Lebenspartner, die jeweils eine eigene Steuererklärung abgeben. Sie können hier beantragen, dass Steuerermäßigungen rund um den Haushalt und für energetische Maßnahmen in der eigenen Wohnung, Sonderausgaben und außergewöhnliche Belastungen hälftig zwischen ihnen aufgeteilt werden.

Zeile 22: Forschungszulage

Unternehmer, die in Forschung investiert haben und hierfür eine Forschungszulage beantragt haben, können mit einer „1" in Zeile 22 beantragen, dass die Festsetzung der Einkommensteuer durchs Finanzamt bis zur Festsetzung der Forschungszulage zurückstellen lassen. So können sie sicherstellen, dass sie zeitnah angerechnet wird.

Weitere Anlagen: Zusatzeinkünfte

Die meisten Arbeitnehmer und Beamten kommen mit den bisher dargestellten Anlagen zu ihrer Steuererklärung aus. Wer aber neben Lohn und Zinsen noch andere steuerpflichtige Einnahmen hat, beispielsweise als Vermieter, Rentner oder im Zusammenhang mit einer selbstständigen Nebentätigkeit, braucht weitere Anlagen. Einige davon zeigen wir hier im Überblick.

Anlage SO: Sonstige Einkünfte

In Anlage SO (Sonstige Einkünfte) fragt das Finanzamt einige Einkünfte ab, die anderswo nicht unterzubringen waren. In Zeile 4 geht es um sehr spezielle Zahlungen, zum Beispiel Altenteilsleistungen in der Land- und Forstwirtschaft oder bestimmte Schadensersatzrenten. Hier geht ohne Steuerprofi im Regelfall gar nichts.

Zeile 5 bis 28: Unterhalt, Bezüge & Co.

In die **Zeile 5** schreiben geschiedene Ehegatten oder getrennt lebende Lebenspartner Leistungen, die sie von ihren Ex-Partnern zur Vermeidung eines Versorgungsausgleichs erhalten haben. In **Zeile 6** trägt der Empfänger die von seinem Ex-Partner erhaltenen Unterhaltsleistungen ein, wenn der andere sie als Sonderausgaben absetzt (→ Seite 122). Der Zahler hat den Vorteil, dass die Unterhaltszahlung bei ihm steuerlich gefördert wird. Wenn Ex-Partner sich auf eine faire Verteilung des Steuervorteils einigen können, bringt dieses „Realsplitting" beiden Vorteile. Beide müssen gemeinsam die **Anlage U** ausfüllen.

Der Zahler darf zusätzlich zu den maximal geförderten 13 805 Euro Unterhalt im Jahr die von ihm übernommenen Beiträge zur Kranken- und Pflegeversicherung des Unterstützten als Sonderausgaben absetzen. Diese sind beim Empfänger ebenso steuerpflichtig wie der Unterhalt selbst, und sie gehören deshalb mit in die **Zeile 6**. Der Empfänger darf sie allerdings als eigene Sonderausgaben in seine **Anlage Vorsorgeaufwand** eintragen (→ Seite 105).

Ab **Zeile 10** sind Angaben zu Tätigkeiten im Zusammenhang mit Einheiten **virtueller Währungen** und sonstiger Token zu machen. Hier müssten Sie Einkünfte aus Mining, Forging, Staking, Lending und der Teilnahme an Airdrops eintragen. Falls Sie diesbezüglich gewerbliche Einkünfte erzielen, müssten sie diese stattdessen in der Anlage G angeben.

In **Zeile 17** gehört die neue **Wirtschafts-Identifikationsnummer** (W-IdNr.) bezüglich der hier erklärten sonstigen Leistungen. Das Bundeszentralamt für Steuern teilt diese wirtschaftlich tätigen Personen und Gesellschaften zu. Einzelkaufleute und Freiberufler erhalten die W-IdNr. zusätzlich zu ihrer Identifikationsnummer, so dass der betriebliche Bereich eindeutig vom privaten Bereich getrennt wird.

Abgeordnete versteuern Ihre Einnahmen aus dem Mandat als „sonstige Einkünfte" und füllen hierfür die **Zeile 19 bis 28** aus.

Zeile 30 bis 62: Private Veräußerungsgeschäfte

Unter den Begriff „Private Veräußerungsgeschäfte" kann der Verkauf aller möglichen Dinge fallen, von Grundstücken über Kunstgegenstände, Schmuck, Edelmetallen, Briefmarken und Antiquitäten. Auch wenn Sie Kryptowährungen wie Bitcoins innerhalb eines Jahres erworben und verkauft haben, ist das im Regelfall ein solches privates Geschäft. Es sei denn, Sie haben etwa in Form von börsengehandelten Zertifikaten in Kryptowährungen investiert – dann fällt der Gewinn aus diesen Papieren unter die Abgeltungssteuer.

Der Gewinn aus privaten Veräußerungsgeschäften ist zu Ihrem persönlichen Steuersatz steuerpflichtig, wenn Kauf und Verkauf innerhalb einer bestimmten Frist liegen: Bei Immobilien beträgt diese Frist zehn Jahre, bei den meisten anderen Gegenständen ist es ein Jahr.

Ob das Finanzamt tatsächlich etwas abbekommt, ist aber eine andere Frage, denn Spekulationsgewinne bis 999 Euro im Jahr bleiben steuerfrei. Ein Euro mehr ändert aber die Lage. Erreicht der Gewinn aus allen privaten

Veräußerungsgeschäften 1 000 Euro, wird alles steuerpflichtig, auch die bis dahin steuerfreien 999 Euro. Für Ehepaare/Lebenspartnerschaften verdoppelt sich die Freigrenze nicht generell. Nutzen kann sie nur der Partner, der die entsprechenden Einkünfte hat. Gehört aber ein veräußerter Gegenstand beiden, profitieren beide jeweils von der Freigrenze. Bis 2023 lag die Freigrenze nur bei 600 Euro.

Zeile 30 bis 40: Grundstücksverkauf

Wer ein Grundstück verkauft, sollte das immer mit Beratung eines Steuerexperten tun. Das kann auch für den Verkauf eines Eigenheims wichtig sein. Der ist zwar grundsätzlich steuerfrei, wenn eine Wohnung im Jahr des Verkaufs und in den beiden Jahren zuvor selbst bewohnt wurde. Aber auch hier bestätigen Ausnahmen die Regel. Auch der Eigenheimbesitzer, der mit seiner Familie seinen bisherigen Wohnort aufgibt und zu seinem neuen Arbeitsort umsiedelt, erhält Post vom Finanzamt. Nachdem er als Verkäufer beim Notar unterschrieben hat, muss der Notar den Immobilienverkauf beim Finanzamt anzeigen. Das Finanzamt schickt einen umfangreichen Fragebogen an den Eigenheimbesitzer, um zu erfahren, ob der Verkauf steuerpflichtig ist.

Private Veräußerungsgeschäfte

Grundstücke und grundstücksgleiche Rechte (z. B. Erbbaurecht)

– In den Zeilen 34 bis 40 bitte nur den steuerpflichtigen Anteil erklären. –

30	Bezeichnung des Grundstücks (Lage) / des Rechts: MEISENWEG 7, 12435 STEUERHAUSEN, WOHNUNG EG			
31	Zeitpunkt der Anschaffung (z. B. Datum des Kaufvertrags, Zeitpunkt der Entnahme aus dem Betriebsvermögen): 01072015		Zeitpunkt der Veräußerung (z. B. Datum des Kaufvertrags, auch nach vorheriger Einlage ins Betriebsvermögen): 31072024	
32	Nutzung des Grundstücks bis zur Veräußerung zu eigenen Wohnzwecken	vom TTMMJJJJ	bis TTMMJJJJ	m²
33	X Nutzung des Grundstücks bis zur Veräußerung zu anderen Zwecken (z. B. Vermietung)	vom 01072016	bis 31072024	80 m²

Wer etwa Räume an die Enkelin vermietet hatte oder andere Teile seines Hauses nicht zu „eigenen Wohnzwecken" benutzte, muss einen Verkaufsgewinn, der auf diese Teile entfällt, versteuern, wenn er das Haus nicht

mindestens zehn Jahre besaß. Die Nutzung eines häuslichen Arbeitszimmers bleibt hier aber unberücksichtigt (BFH, Az. IX R 27/19). Denken Sie also daran, dass auch beim Verkauf eines Eigenheims binnen der Zehnjahresfrist ein steuerpflichtiger Spekulationsgewinn entstehen kann.
In **Zeile 39** kann der der Gewinn oder Verlust aus diesem Veräußerungsgeschäft auf die Ehepartner zugerechnet werden. Haben Sie 2024 weitere Grundstücke verkauft, müssen Sie diese in **Zeile 40** eintragen und in einer gesonderten Aufstellung darstellen.

Zeile 41 bis 55: Andere Verkäufe und Verluste

Neben dem Verkauf von Grundstücken kann auch der Verkauf anderer Gegenstände aus dem Privatvermögen steuerliche Folgen haben. Das betrifft etwa Schmuck, Edelmetalle, Kunstgegenstände oder wertvolle Bücher, wenn sie innerhalb eines Jahres nach ihrem Erwerb wieder verkauft werden. Haben Sie beispielsweise im Sommer für 5 000 Euro Goldmünzen gekauft und haben Sie diese im Frühjahr des Folgejahres für 6 200 Euro wieder verkauft, erzielen Sie einen steuerpflichtigen privaten Veräußerungsgewinn von 1 200 Euro. Dieser gehört in die **Zeilen 48 bis 53.** Hier lassen sich aber nicht nur steuerpflichtige Gewinne, sondern auch

Häufig Privatangelegenheit

Sie haben den Keller oder Ihren Dachboden entrümpelt und wollen gebrauchte Möbel, Geschirr oder andere Kleinigkeiten verkaufen? Keine Sorge: Anders als etwa beim Verkauf von Antiquitäten ist der Verkauf von alltäglichen Gebrauchsgegenständen kein Fall fürs Finanzamt. Solche Geschäfte gehören zu Ihrer privaten Vermögenssphäre, auch wenn Sie übers Jahr verteilt einige Dinge verkaufen. Die Situation kann sich jedoch ändern, wenn Sie etwa Sammler sind und sich im Laufe des Jahres zum Beispiel An- und Verkäufe von Modelleisenbahnen häufen. Dann empfiehlt es sich, dass Sie die Situation zur Sicherheit mit einem Steuerprofi besprechen.

Verluste unterbringen. Der Verkauf alltäglicher Gebrauchsgegenstände, etwa Pkw, ist grundsätzlich nicht steuerpflichtig, Oldtimer gelten allerdings nicht als „Gebrauchsgegenstände".

Gewinne aus Verkäufen bei Ebay und anderen Portalen sind auch steuerpflichtig und hier anzugeben, wenn der Gegenstand nicht länger als ein Jahr im Besitz war und es sich nicht um einen Gegenstand des täglichen Gebrauchs handeln sollte. Vorsicht ist geboten, wenn regelmäßig solche Verkäufe erfolgen. Die Finanzämter prüfen, ob gewerbliche und umsatzsteuerpflichtige Einnahmen vorliegen.

Im Formular ausdrücklich aufgeführt werden ab **Zeile 41** der Verkauf von **Kryptowährungen**. In den **Zeilen 41 bis 47, 54 und 55** müssen Sie die entsprechenden Angaben wie Zeitpunkt der Anschaffung und Veräußerung (**Zeile 43**) machen, um dann selbst einen Gewinn oder Verlust zu ermitteln. Diesen tragen Sie in **Zeile 47** ein und übertragen ihn in **Zeile 54.**

Verluste aus privaten Veräußerungsgeschäften können nicht steuermindernd mit anderen Einkünften verrechnet werden, sondern nur mit Gewinnen aus anderen privaten Veräußerungsgeschäften. Sind im Jahr 2024 in der Anlage SO keine Gewinne zum Verrechnen vorhanden, wird der Verlust vom Finanzamt festgestellt. Er kann dann in den Folgejahren verrechnet werden, wenn Veräußerungsgewinne anfallen sollten.

Die Ergebnisse von **Zeile 47** und **Zeile 53** werden in **Zeile 54** gegebenenfalls auf beide Ehepartner/eingetragenen Partner aufgeteilt. Weil bis dahin jeweils nur ein einziger Verkauf einer Kryptowährung und eines anderen Wirtschaftsguts im Formular erfasst werden kann, gibt es noch die **Zeile 55.** Bei mehreren Geschäften müssen Sie dort das Ergebnis zusammenfassen. Die Einzelheiten aller dieser Geschäfte will das Finanzamt möglichst nach dem Muster der vorherigen Zeilen auf einem Extrablatt sehen. Online wäre eine solche Aufstellung etwa. über Coinbase darstellbar.

In **Zeile 56 bis 61** geht es zum Beispiel um Grundstücksgemeinschaften und Beteiligungen, die meist professionelle Steuerberatung erfordern. In **Zeile 62** beantragen Sie, Verluste nicht ins Vorjahr zurückzutragen. Das sollten Sie machen, wenn Sie im nächsten Jahr mit geringeren steuerpflichtigen Einkünften rechnen.

Meist elektronisch abrechnen
Auch Kleinunternehmer müssen die amtliche „Anlage EÜR" (Einnahmenüberschussrechnung) elektronisch ausfüllen und übermitteln. Ausnahmen davon gibt es in wenigen „Härtefällen", etwa wenn Computer oder Internetzugang fehlen oder wenn ausschließlich steuerfreie Einnahmen vorliegen, zum Beispiel bei Übungsleitern.

Anlagen G und S: Für Nebenerwerbsunternehmer

Wenn sich Arbeitnehmer und Beamte nebenbei als Gewerbetreibende oder Freiberufler etwas hinzuverdienen, tun sie das in der Regel als Kleinunternehmer. Gewerbetreibende füllen die Anlage G aus, Freiberufler die Anlage S (Gewerbebetrieb, Selbstständige Tätigkeit). Wer Gewerbetreibender und wer Freiberufler ist, steht indirekt im Einkommensteuergesetz (§ 18). Dort sind die Berufsgruppen definiert, die das Finanzamt als Freiberufler akzeptiert, zum Beispiel Ärzte, Übersetzer, Rechtsanwälte, Journalisten und eine Reihe anderer Berufe. Wer dort nicht steht, gilt in der Regel als Gewerbetreibender, wobei die Grenze zum Teil fließend ist.

Der steuerlich wichtigste Unterschied: Freiberufler müssen keine Gewerbesteuer zahlen. Für Angestellte, die sich als Nebenberufsunternehmer etwas hinzuverdienen, dürfte das aber ohnehin ein Randthema sein, denn Gewerbesteuer wird erst oberhalb eines Freibetrags von 24 500 Euro Jahresgewinn fällig.

Als Kleinunternehmer darf Ihr Umsatz im vergangenen Kalenderjahr nicht über 22 000 Euro gelegen haben und im laufenden Jahr voraussichtlich 50 000 Euro nicht übersteigen. Sie bleiben von Umsatz-, Gewerbesteuer und Bilanzierungspflicht verschont. Erzielen Arbeitnehmer Einkünfte aus gewerblicher und freiberuflicher Tätigkeit bis 410 Euro im Jahr, ist dafür weder eine Steuererklärung noch Steuer fällig (→ Seite 225).

Kleinunternehmer haben bei der Umsatzsteuer ein Wahlrecht. Wenn sie sich gegen die Umsatzsteuer entscheiden, müssen sie keine Umsatz-

Bis zu 788 Euro steuerfrei

Erfolgt Ihre begünstigte Tätigkeit als Übungsleiter im Rahmen eines pauschal besteuerten Minijobs, können Sie seit Januar 2024 sogar bis zu 788 Euro im Monat steuer- und sozialabgabenfrei kassieren: 538 Euro aus dem Minijob plus 250 Euro Aufwandsentschädigung (3 000 durch 12). Diese Einnahmen gehören dann in die Anlage N (→ Seite 66).

steuer an das Finanzamt abführen. Allerdings bekommen sie die von ihnen selbst gezahlte Umsatzsteuer auch nicht vom Finanzamt zurück. Das ist nicht immer günstig, denn wer beispielsweise gerade seine Unternehmerkarriere startet, hat in der Regel höhere Investitionen und bescheidene Einnahmen. Fällt in dieser Phase die Entscheidung pro Umsatzsteuer, bleibt unter dem Strich oftmals mehr in der Kasse. Wenn Sie sowieso überlegen, zumindest für den Start einen Steuerexperten um Hilfe zu bitten, können Sie dort gleich klären, ob sich der Verzicht auf den Kleinunternehmerstatus lohnt oder nicht.

Spätestens wenn der Umsatz die Grenze für Kleinunternehmer übersteigt, sollten auch „Nebenberufsunternehmer" regelmäßig einen Steuerberater aufsuchen. Besonders wichtig kann die Hilfe eines Steuerberaters vor oder zu Beginn der unternehmerischen Tätigkeit sein, um die wichtigsten Steuerprobleme zu erkennen und um künftig eine professionelle Steuererklärung fortschreiben zu können.

Arbeitnehmer, die sich in kleinerem Rahmen freiberuflich betätigen, können ihre Betriebskosten manchmal pauschal abrechnen. Das ist nicht nur einfacher als die Aufstellung der einzelnen Ausgaben, sondern kann auch vorteilhaft sein, wenn die tatsächlichen Kosten unterhalb der Pauschale bleiben. 2023 wurde sie deutlich erhöht. Bei wissenschaftlicher, künstlerischer, schriftstellerischer oder lehrender Nebentätigkeit sind es 25 Prozent der Einnahmen, maximal 900 Euro (zuvor: 614 Euro), die ohne Nachweis als Betriebskostenpauschale geltend gemacht werden können.

Wenn Pauschalen höher sind als die tatsächlichen Betriebsausgaben, lohnt sich die Pauschalmethode in jedem Fall, zumal sie auch weniger bürokratischen Aufwand erfordert. Macht zum Beispiel ein Student mit Nachhilfeunterricht 2 000 Euro Jahresumsatz, kann er 25 Prozent davon, das sind 500 Euro, ohne Nachweis als Betriebsausgaben geltend machen. Lagen seine tatsächlichen Kosten, etwa für Fahrten oder Lehrmaterial, nur bei 200 Euro, kann er seinen steuerpflichtigen Gewinn so erheblich drücken. Für Hebammen und Tagesmütter gibt es spezielle „Sonderregelungen" für den pauschalen Ansatz der Betriebsausgaben. Und auch für hauptberufliche Journalisten und Schriftsteller gibt es eine Betriebsausgabenpauschale. Seit 2023 beträgt diese 30 Prozent der Einnahmen bis höchstens 3 600 Euro.

Bei der Gewinnermittlung spielt die Abschreibung eine zentrale Rolle. Oft ist sie für Nebenerwerbsunternehmer ein Buch mit sieben Siegeln. Arbeitnehmer kennen aus ihrer angestellten Tätigkeit die Möglichkeit, Arbeitsmittel abzuschreiben (➔ Seite 75). Im unternehmerischen Bereich funktioniert das ähnlich, es gibt aber mehr Freiräume. Unternehmer können ebenfalls den Kaufpreis sogenannter geringwertiger Wirtschaftsgüter (GWG) im Jahr des Kaufs voll als Werbungskosten geltend machen. Als geringwertig gelten Wirtschaftsgüter, wenn sie ohne Umsatzsteuer nicht mehr als 800 Euro (952 Euro brutto) gekostet haben. Alles, was teurer ist, ist über die vorgegebene Nutzungsdauer abzuschreiben, Büromöbel beispielsweise über 13 Jahre. Diese sogenannte betriebsübliche Nutzungsdauer hat die Finanzverwaltung in Tabellen festgelegt. Sie finden sie online unter bundesfinanzministerium.de, wenn Sie dort im Suchfeld den Begriff „AfA-Tabellen" eingeben. Die Tabellen sind aber ziemlich umfangreich und entsprechend unhandlich. Es gibt allerdings auch etwas Spielraum: Bei nachweislich intensiver Nutzung eines Wirtschaftsguts ist auch eine schnellere Abschreibung möglich als in den Übersichten genannt.

Ein weiterer Vorteil gilt seit 2021: Computer (auch Drucker, Software etc.) können Sie selbst dann im Jahr des Kaufs voll abschreiben, wenn sie mehr als 800 Euro netto gekostet haben. Über weitere Abschreibungsmöglichkeiten informieren Sie sich am besten, bevor Sie die Geräte oder das Büromaterial kaufen.

Engagieren Sie sich selbstständig in Vereinen oder in anderen Einrichtungen, die gemeinnützigen, mildtätigen oder kirchlichen Zwecken dienen, können Sie bis zu 3000 Euro steuerfreie Aufwandsentschädigung erhalten. Die Einnahmen gehören in die **Anlage S, Zeilen 55 und 56.** Dort benennen Sie die Tätigkeit, die Gesamteinnahmen daraus und die steuerfreie Aufwandsentschädigung. Diesen sogenannten Übungsleiter-Freibetrag gibt es für nebenberuflich ausbildende, erzieherische, betreuende, künstlerische oder pflegerische Arbeiten. Auch ehrenamtliche Vormünder und rechtliche Betreuer gehören zum begünstigten Personenkreis.

Für andere gemeinnützige Tätigkeiten, etwa für den Kassenwart oder für Bürokräfte im Verein, bleiben Zahlungen bis 840 Euro pauschal steuerfrei. Für dieselbe Tätigkeit gibt es aber immer nur die eine oder die andere Förderung, ein Zusammenfassen auf 3840 Euro funktioniert nicht. Ist aber die Vereinsvorsitzende beispielsweise auch noch Trainerin der Jugendmannschaft, stehen ihr sowohl der 3000-Euro-Übungsleiter-Freibetrag, als auch die 840-Euro-Ehrenamtspauschale zu, weil es sich um zwei unterschiedliche Tätigkeiten handelt. Eigene Ausgaben mit dieser Tätigkeit können Sie beim Finanzamt geltend machen.

Falls Ihnen das Bundeszentralamt für Steuern eine oder mehrere **Wirtschafts-Identifikationsnummern** zugeteilt hat, müssen Sie diese bei der jeweiligen Tätigkeit im Formular ergänzen (ab **Zeile 5**).

Anlage R und Anlage R-AV/bAV: Für Rentner

Renten- und andere Ruhestandsbezüge werden auf **drei Anlagen** abgefragt: Die **Anlage R** für inländische Renten, die **Anlage R-AV/bAV** für private Altersvorsorgeverträge und betriebliche Altersversorgung und die **Anlage R-AUS** für Renten aus dem Ausland.

Arbeitnehmer, die im Laufe des Jahres 2024 Rentner geworden sind, müssen meist eine Steuererklärung abgeben, auch wenn sie bisher davon verschont waren und später eventuell wieder darauf verzichten können. Der Grund: Wer neben Lohn und Gehalt weitere Einkünfte über 410 Euro im Jahr hatte, ist zur Abgabe einer Steuererklärung verpflichtet (→ Seite 20).

→ Zum Beispiel Viktor

Der ledige, kinderlose Arbeitnehmer ist am 1. Juli 2024 in Rente gegangen, hat also jeweils ein halbes Jahr Lohn sowie Rente bezogen. Er kommt um eine Steuererklärung nicht herum, weil er neben seinem Lohn mehr als 410 Euro weitere Einkünfte hatte, nämlich aus seiner Rente. Bezieht er als Ex-Arbeitnehmer und Neu-Rentner nur eine durchschnittliche Rente und hat er keine anderen steuerpflichtigen Einkünfte, kann er im Regelfall ab 2025 auf eine Steuererklärung verzichten.

Seine Rente ist im Jahr 2024 nur zu 83 Prozent steuerpflichtig. Wenn Viktor nur eine Jahresbruttorente von 13 200 Euro bekommt, bleibt er 2025 von Steuererklärung und Steuer verschont. Er kann von seinem steuerpflichtigen Rentenanteil von 10 956 Euro (13 200 mal 83 Prozent) in jedem Fall 102 Euro Werbungskostenpauschale, 36 Euro Sonderausgabenpauschale und seine Beiträge zur Kranken- und Pflegeversicherung abziehen. In seinem Fall sind dies beispielsweise 1525 Euro (circa 11,55 Prozent von 13 200). Damit bleibt er deutlich unter dem voraussichtlichen Grundfreibetrag von 12 084 Euro im Jahr 2025 und kann sich die Abrechnung beim Finanzamt schenken.

Viele Ehepaare und Lebenspartner haben über einen längeren Zeitraum das gleiche Problem, wenn einer der beiden Rentner ist und der andere Arbeitnehmer. Geben sie eine gemeinsame Steuererklärung ab, ist das für das Amt ein einheitlicher Steuerfall, bei dem Arbeitslohn und andere Einkünfte zusammentreffen. Damit wird allein deshalb eine Steuererklärung Pflicht, weil neben Lohn und Gehalt in der Regel Renteneinkünfte über 410 Euro eine Rolle spielen.

Stellen Sie sich darauf ein: Die Chancen, als Rentner beim Finanzamt durchzurutschen, sind gering. Inzwischen kennen die Finanzämter in den meisten Fällen sämtliche alljährlich ausgezahlten Renten. Meldepflichtig sind alle Versicherer, also die gesetzliche Rentenversicherung, berufsständische Versorgungswerke und private Versicherungsunternehmen. Die Daten werden regelmäßig geprüft. Gut möglich, dass auch Sie per Post vom Finanzamt aufgefordert werden, für mehrere zurückliegende Jahre eine Steuererklärung abzugeben. Ob am Ende tatsächlich Steuern fällig werden, steht damit aber noch nicht fest. Verschaffen Sie sich zunächst einen Überblick über die eigene steuerliche Situation. Wer danach unsicher bleibt, ob eine Steuererklärung fällig wird oder nicht, sollte professionelle Hilfe von einem Lohnsteuerhilfeverein oder Steuerberater nutzen (→ ab Seite 262). Um sicherzugehen, können Sie auch auf Verdacht eine Steuererklärung abgeben, sodass Sie anschließend Bescheid wissen.

Wenn klar ist, dass auf jeden Fall Steuern fällig gewesen wären, sollten Sie zügig handeln und möglichst vor Eingang der amtlichen Aufforderung Steuererklärungen für die betreffenden Jahre abgeben. Im Jahr 2024 kann das Finanzamt zur Abgabe der Steuererklärung ab dem Jahr 2017, in begründeten Fällen sogar ab dem Kalenderjahr 2011, auffordern.

Pensionäre müssen sich mit den verschiedenen Anlagen R für Rente und betriebliche Alterseinkünfte zunächst nicht befassen, denn Beamtenpensionen und vom Arbeitgeber finanzierte Werkspensionen gelten als Arbeitslohn und gehören nicht hierher, sondern in die **Anlage N**. Aber auch bei Pensionären können andere Einkünfte hinzukommen, etwa aus einer Rente des Ehepartners oder aus einer eigenen Rente. Dann kommen sie in der Regel nicht um die Anlage R herum. Eine Steuererklärung müssen die meisten Pensionäre ohnehin machen, weil ihre Versorgungsbezüge im Unterschied zu Renten bereits jetzt voll steuerpflichtig sind und auch ihre Steuervorteile weiter abschmelzen (→ Seite 257).

Anlage R Zeile 4 bis 12: Gesetzliche Renten & Co.

An das Finanzamt werden schon länger jährlich die steuerpflichtigen Renten von der Deutschen Rentenversicherung oder anderen Leistungsträgern gemeldet. Seit 2019 müssen diese Rentenbeträge nicht mehr in das Papierformular eingetragen werden. Wenn im Vordruck keine weiteren Angaben erforderlich sind, können Rentner die Anlage R bei ihrer Steuererklärung sogar ganz weglassen.

Der Papier-Vordruck ist auszufüllen, wenn steuerpflichtige Renten nicht gemeldet wurden, etwa weil sie als Rentenzahlung aus einem Hausverkauf von einer Privatperson gezahlt werden. Eintragungen sind außerdem notwendig, wenn die gemeldeten Daten von den tatsächlich erhaltenen Renten abweichen, also fehlerhaft sind, oder wenn in den hellgrünen Formularzeilen weitere Angaben oder Werbungskosten einzutragen sind.

Die Zeilen 4 bis 9 sind für die Papiererklärung Kür, für die elektronische Steuererklärung sind sie weiterhin Pflicht. Renten aus der gesetzlichen Rentenversicherung und steuerlich gleich behandelte Renten oder Altersbezüge der berufsständischen Versorgungseinrichtungen für Ärzte, Anwälte oder andere Freiberufler werden als E-Daten an die Finanzverwaltung übermittelt. In der Papiererklärung können diese Zeilen deshalb meist leer bleiben.

Zeile 10 bis 12 betrifft nur Rentner, die vor 2005 mindestens zehn Jahre lang Beiträge oberhalb des Höchstbetrags zur gesetzlichen Rentenversicherung (West) eingezahlt haben. Das sind in der Regel Freiberufler, zum Beispiel Ärzte oder Anwälte. Sie müssen sich bei ihrem Versorgungswerk eine Bescheinigung besorgen und den Prozentsatz in **Zeile 10** eintragen. Handelt es sich um eine befristete Rente, muss **Zeile 11** ausgefüllt werden, bei einer Einmalzahlung **Zeile 12.** Diese Daten werden vom Versicherungsträger nicht elektronisch übertragen.

Zeile 13 bis 18: Private Rentenverträge

Hier geht es um Renten, die überwiegend aus bereits versteuerten Mitteln finanziert wurden. Sie sind mit dem Ertragsanteil steuerpflichtig. Beispielsweise kann es sich um eine Rente aus einer privaten Rentenversicherung handeln oder um eine private Erwerbsminderungsrente. Weil in Deutschland ansässige Versicherungsträger die Daten an die Finanzverwaltung übermitteln, müssen Rentenbezieher diese Zeilen in die Papiererklärung meist nicht mehr ausfüllen.

In **Zeile 13** gehört der Jahresbetrag der Rente und in **Zeile 14** das Datum des Rentenbeginns. In der **Zeile 15** geht es um das Geburtsdatum der verstorbenen versicherten Person bei „Garantiezeitrenten". Das sind Renten aus einem Versicherungsvertrag, die auch nach dem Tod des Rentenempfängers (manchmal als einmaliger Betrag) gezahlt werden. Hängt die Rente

Nicht alle Renten abrechnen
Gesetzliche Unfallrenten, Kriegs- und Wehrdienstbeschädigtenrenten sind steuerfrei. Sie müssen sie gar nicht in der Steuererklärung abrechnen.

vom Leben einer anderen Person ab, gehört deren Name in **Zeile 16.** Diese Daten werden dem Finanzamt nicht elektronisch gemeldet. Wer sich damit erstmals befasst, sollte Profirat einholen. Wird die Rente dagegen bis zu einem bestimmten Datum gezahlt, gehört dieses in **Zeile 17.** In **Zeile 18** gehören Rentennachzahlungen für mehrere Jahre. Sie werden zwar bereits in **Zeile 13** erfasst, können aber ermäßigt besteuert werden und werden deshalb hier nochmals abgefragt.

Zeile 19 bis 24: Renten von Privatpersonen

Für Rentenzahlungen von Privatpersonen liegen dem Finanzamt keine E-Daten vor. Die Angaben müssen deshalb immer eigenständig in die Steuererklärung eingetragen werden. Das betrifft beispielsweise Renten, die aus privaten Vermögensübertragungen entstanden sind. Ein Grundstück oder Betriebsvermögen wurde gegen die Zahlung einer lebenslangen Rente verkauft. Der Vermögenswert entspricht dabei etwa dem kapitalisierten Wert der Rente. Bei solchen Gestaltungen sollte im Vorfeld unbedingt professioneller steuerlicher Rat eingeholt werden. Die Angaben sind in die **Zeilen 19 bis 24** einzutragen. Die Abfrage erfolgt analog den im Abschnitt zuvor beschriebenen **Zeilen 13 bis 18.**

Zeile 25 bis 26: Werbungskosten & Co.

Das Finanzamt berücksichtigt von sich aus pauschal 102 Euro für Werbungskosten im Zusammenhang mit Renten und Pensionen, ganz gleich, ob welche angefallen sind oder nicht. Rentner und Pensionäre, die mehr ausgeben mussten, können auch mehr geltend machen. In den **Zeilen 25 und 26** werden die Werbungskosten den jeweiligen Leistungen zugeordnet. Zu den Kosten für Erwerb und Sicherung der Rente gehören zum Beispiel Aufwendungen für Telefon, Fahrten oder Porto, die bei Beantragung der Rente anfielen. Auch Ausgaben für eine Rentenberatung oder juristische Auseinandersetzungen um die Rente lassen sich absetzen.

Anlage R-AV/bAV: Riester & Co.

Diese Anlage heißt ausführlich „Leistungen aus zertifizierten Altersvorsorgeverträgen und aus der inländischen betrieblichen Altersversorgung". In die gehören Riester-Renten und Leistungen aus Pensionsfonds und anderen Formen der geförderten betrieblichen Altersversorgung. Empfänger solcher Leistungen, zum Beispiel aus Lebensversicherungen, Banksparplänen oder anderen Geldanlagen, erhalten einen amtlichen Vordruck, auf dem unterschiedliche Arten der Besteuerung solcher Leistungen aufgeführt sein können.

In Abhängigkeit davon, aus welchen Quellen die eingezahlten Beiträge stammten, sind die Altersbezüge voll, teilweise oder gar nicht steuerpflichtig. Bei Fragen zur Leistungsmitteilung hilft in der Regel eine Nachfrage beim Versorgungsträger oder einem Steuerprofi. Wer die Daten in die Anlage R-AV/bAV übernehmen muss, orientiert sich an der Zeilennummerierung in der Leistungsmitteilung und der entsprechenden Abfrage auf der Anlage R-AV/bAV.

Anlage R-AUS: Altersbezüge Ausland

Zahlungen aus dem Ausland werden nicht ans deutsche Finanzamt gemeldet und müssen deshalb stets eingetragen werden, wenn sie in Deutschland zu versteuern sind. Dazu gibt es mit der Anlage R-AUS eine extra Anlage. Der Vordruck entspricht im Aufbau weitgehend der normalen **Anlage R** für Inlandsbezüge.

Ausländische Renten aus gesetzlichen und staatlichen Versorgungssystemen werden ebenso wie Renten der Deutschen Rentenversicherung besteuert und sind in die **Zeilen 4 bis 13** einzutragen. Bezüge aus privaten Rentenversicherungsverträgen aus dem Ausland gehören in die **Zeilen 14 bis 20.** Werbungskosten geben Sie in den **Zeilen 32 bis 36** an. Für die Ein-

Altersentlastungsbetrag: Freibetrag für Nebeneinkünfte

Wer zu Beginn des Steuerjahres 64 Jahre oder älter ist oder wer einen Ehe- oder gesetzlichen Lebenspartner in diesem Alter hat, kann von diesem Freibetrag für Nebeneinkünfte profitieren. Um ihn für das Jahr 2024 nutzen zu können, müssen Sie vor dem 2. Januar 1960 geboren sein.

→ **Einkünfte.** Der Freibetrag ist nicht auf die gesetzliche Rente oder eine Pension anwendbar. Wer aber Lohn, Zinsen, Mieten oder Gewinne zu versteuern hat, kann ihn nutzen. Den Altersentlastungsbetrag müssen Sie nicht extra beantragen, sondern das Finanzamt berücksichtigt ihn von sich aus, wenn die Voraussetzungen stimmen. Kontrollieren Sie Ihren Bescheid diesbezüglich.

→ **Höhe.** Der Freibetrag beläuft sich abhängig vom Jahrgang auf maximal 40 Prozent der begünstigten Einkünfte (z. B. Arbeitslohn), höchstens auf 1900 Euro im Jahr. Seit 2005 schmilzt er für jeden neuen Jahrgang. Hat beispielsweise ein Arbeitnehmer im Sommer 2021 seinen 64. Geburtstag gefeiert, bekommt er 14,4 Prozent der begünstigten Einkünfte steuerfrei, maximal 684 Euro. Träfe dies erst ein Jahr später zu, bekäme er hingegen nur 14 Prozent, höchstens 665 Euro. Er behält den Freibetrag in dieser Höhe lebenslang. (→Seite 256) Berechnungsgrundlage für den Altersentlastungsbetrag sind in der Regel die Einkünfte, beim Arbeitslohn ist es der Bruttolohn.

→ **Paare.** Ehe- und eingetragene Lebenspartner erhalten den Altersentlastungsbetrag nur, wenn sie selbst die entsprechenden Einkünfte haben. Wenn etwa beide Eheleute Eigentümer der vermieteten Wohnung sind und ein Ehegatte das Einstiegsalter für den Entlastungsbetrag erreicht hat, kann dieser den Freibetrag auf die Hälfte der Mieteinkünfte erhalten.

tragung und für die Besteuerung der Leistungen aus dem Ausland gelten dieselben Regelungen, wie sie zur **Anlage R** für inländische Bezüge beschrieben sind.

Anlage V: Für Vermieter

Arbeitnehmer mit Vermietungseinkünften sollten wenigstens ab und zu professionelle steuerliche Hilfe nutzen. Wer die Anlage V allein schaffen will, muss sich richtig gut auskennen und stets am Ball bleiben, denn auf

Mehr Tipps zu Steuern im Ruhestand
Alles zur Besteuerung von Renten und Pensionen finden Sie im Ratgeber der Stiftung Warentest „Steuererklärung 2024/2025 Rentner, Pensionäre", erhältlich im Buchhandel oder unter test.de/shop.

diesem Gebiet sind Gesetzgebung, Verwaltung und Rechtsprechung besonders aktiv. Haben Arbeitnehmer und Beamte Vermietungseinkünfte bis 410 Euro pro Jahr, bleiben die steuerfrei. Wer nur gelegentlich vermietet oder untervermietet, kann mit Zustimmung des Finanzamts bis 520 Euro Miete im Jahr steuerfrei einnehmen.

Auf längerfristige Vermietungsverluste reagiert das Finanzamt jedoch kritisch. Wenn eine Vorausschau ergibt, dass über die gesamte Dauer der Vermietung keine Einnahmenüberschüsse erreicht werden können, vermutet es steuerlich unbeachtliche „Liebhaberei" und streicht die Verluste. Vermieter sollten möglichst alles vermeiden, was den Fiskus misstrauisch machen könnte: zum Beispiel befristete Mietverträge, extrem verbilligte Mieten oder vertraglich vereinbarte kurzfristige Selbstnutzungs- oder Verkaufsabsichten. Bei einer langfristigen Vermietungsabsicht muss das Finanzamt aber in der Regel nachvollziehbare Verluste anerkennen.

Für die verbilligte Vermietung von Wohnraum, etwa an nahe Angehörige, gelten klare Regeln. Diese haben sich seit 2021 etwas verändert. Seitdem ist es erlaubt, dass die Miete bis zu 50 Prozent unter der ortsüblichen liegt und Sie trotzdem alle Werbungskosten in voller Höhe abrechnen können. Liegt die Miete bei mindestens 50, jedoch unter 66 Prozent der ortsüblichen, müssen Sie allerdings nachweisen, dass Sie in den künftigen Jahren mit der Vermietung Gewinn erzielen wollen. Fällt diese Prüfung positiv aus, ist für die verbilligte Wohnraumüberlassung der volle Werbungskostenabzug möglich. Kommt das Finanzamt jedoch zu einem anderen Ergebnis und sieht keine Gewinnerzielungsabsicht, können Vermieter ihre Kosten nur anteilig geltend machen. Um hier keine unnötigen Probleme zu bekommen, behalten Sie am besten die Entwicklung der ortsüblichen Marktmiete im Auge und passen die verbillige Miete zeitig an.

Vor allem in der Anfangszeit als Vermieter sind die Ausgaben oft höher als die Einnahmen aus der Vermietung. Aufwendungen für Baumaßnahmen können Vermieter als Werbungskosten absetzen. Wie hoch der Steuervorteil ausfällt, hängt aber davon ab, ob die Maßnahmen als Modernisierung, Renovierung, Instandsetzung oder als Herstellung zu bewerten sind. Herstellungsaufwand darf nur über die gesamte Nutzungsdauer des Gebäudes abgeschrieben werden. Kosten für Modernisierung, Renovierung und Instandsetzung sind auf einen Schlag oder wahlweise gleichmäßig über einen Zeitraum von zwei bis fünf Jahren absetzbar. In der Praxis liegen Modernisierung und Herstellung manchmal dicht beieinander, und die richtige Einordnung kann Abschreibungsvorteile bringen. Solche Fälle besprechen Sie am besten mit einem steuerlichen Berater. Das gilt auch für die Frage, ob ein Sofortabzug von Erhaltungsaufwand günstiger ist oder ein über bis zu fünf Jahre verteilter Abzug.

Leerstand kann zu einem Nachlass bei der Grundsteuer führen. Tritt eine „wesentliche Ertragsminderung“ einer vermieteten Immobilie ein, weil etwa hohe Arbeitslosigkeit in der Region zu einem Überangebot an Wohnungen führte, kann der Vermieter Grundsteuererlass beantragen. Es gibt 25 Prozent Erlass bei einer Ertragsminderung von mehr als 50 Prozent und 50 Prozent Grundsteuererlass bei einer Ertragsminderung von 100 Prozent. Die Ertragsminderung darf nicht vom Vermieter verschuldet sein. Für jedes Objekt ist eine eigene Anlage V erforderlich.

Anlage V-Fewo: Für Vermieter von Ferienwohnungen

Für die Vermietung von Ferienwohnungen gibt es seit 2023 ein weiteres Formular. Dieses müssen Sie jetzt auch verwenden, falls Sie Ihre Wohnung kurzfristig vermieten. In der Anlage V-Fewo können Sie die Angaben zu drei Objekten eintragen. Besonders im Blick hat das Finanzamt die Angabe wie viele Tage Sie Ihre Ferienwohnung selbst genutzt haben und an wie vielen sie leer stand. Auch die ortsüblichen Vermietungstage müssen Sie ermitteln und in **Zeile 10** eintragen. Vermieter von Ferienwohnungen müssen stärker auf der Hut sein. Bei hohem Leerstand darf das Finanzamt Vermietungsverluste streichen. Liegt die Vermietungszeit 25 Prozent oder mehr unterhalb der „ortsüblichen Vermietungszeit", wird eine Prognose fällig, und wenn diese langfristig keinen Überschuss der Mieteinnahmen bringt, fallen die Verluste dem Rotstift zum Opfer.

Neu ist auch die „Anlage V – Sonstige", in die unter anderem Einkünfte aus der Untervermietung von gemieteten Räumen einzutragen sind.

Anlage V-Sonstige: Bei Untervermietung

Bestimmte Vermietungseinkünfte müssen in ein separates Formular eingetragen werden. In die Anlage V-Sonstige gehören zum Beispiel:

- Einkünfte aus Beteiligungen (z. B. Grundstücks- oder Erbengemeinschaften)
- Einkünfte aus Untervermietung von gemieteten Räumen
- Vermietung eines Parkplatzes, für die Überlassung von Erbbaurechten und Ähnliches
- Einnahmen aus Prozess- und Verzugszinsen, die ein Mieter nach erfolgreicher Klage zahlt

Anlage WA-ESt: Auslandsprobleme

Diese Anlage heißt so, weil sie „Weitere Angaben und Anträge" im Rahmen der Einkommensteuer abfragt. Die meisten der abgehandelten Fragen haben Auslandsbezug. Sie betreffen beispielsweise Menschen, die 2024 ganz oder teilweise im Ausland gewohnt haben.

Frühzeitig Experten einschalten

Um sich im Gewirr aus Fördermitteln, Abschreibungsregeln und anderen Werbungskosten gut zurechtzufinden, empfiehlt es sich meist, dass Sie schon frühzeitig einen Steuerexperten einschalten, ehe Sie als Bauherr oder Käufer Ihr Projekt „Immobilie vermieten" in Angriff nehmen.

Mehr Tipps zum Sparen

Ein gutes Gefühl: Die Steuererklärung ist abgeschickt, die Unterlagen wieder in Ordnern und im Schrank verstaut. Also Ruhe für die nächsten zwölf Monate? Nicht ganz. Kurz darauf kommt der Steuerbescheid zum Kontrollieren, und dann bieten sich in nächster Zeit einige zusätzliche Gelegenheiten, die steuerliche Situation zu verbessern.

Wie wäre es, wenn Sie gleich jeden Monat mehr netto ausgezahlt bekommen und nicht bis zur Steuererklärung im kommenden Jahr auf zu viel gezahlte Lohnsteuer warten müssen? Was hielten Sie davon, wenn von einer finanziellen Belohnung des Chefs mehr als nur die Hälfte am Monatsende auf dem Konto landet? Wie gefiele es Ihnen, wenn ein Zusatzverdienst tatsächlich ein attraktives Plus auf Ihr Konto bringt?

In diesem Kapitel zeigen wir, dass es sich häufig lohnt, nicht erst bei der Steuererklärung, sondern schon im Laufe des Jahres mit dem Finanzamt zu rechnen. Sie erfahren zum Beispiel, wie sich zusätzliche Freibeträge in den Lohnsteuerdaten auswirken und wie geldwerte Extras zum Gehalt letztlich mehr bringen als eine Erhöhung des Monatsbruttos. Auch die Themen Nebenjob, Hochzeit und Lohnersatz greifen wir auf, ebenso die Frage, wie Sie mit dem Steuerbescheid umgehen sollten.

Der Steuerbescheid: Erst prüfen, dann abheften

Die amtliche Antwort auf die Steuererklärung ist der Steuerbescheid. Wenn er bei Ihnen ankommt, mag der erste Impuls lauten: Kurz aufs Ergebnis gucken, dann direkt weg damit. Der kleingedruckte Text mit Steuerfachbegriffen ist nicht die attraktivste Lektüre.

Doch es empfiehlt sich, dass Sie etwas Zeit in die Kontrolle des Bescheids investieren, denn es kann – auch in Zeiten der elektronischen Datenübermittlung – Fehler geben. Deshalb die erste Frage: Stimmen die Daten, die zum Beispiel Ihr Arbeitgeber, die Krankenkasse oder Banken an das Finanzamt übermittelt haben, die für Ihre Steuerberechnung zugrunde gelegt wurden? Im besten Fall haben Sie die übermittelten E-Daten schon beim Ausfüllen der Steuererklärung überprüft und dann in die Steuererklärung übernommen. Ist das Finanzamt von diesen Werten abgewichen? Vergleichen Sie die Angaben aus Ihrer Steuererklärung mit den Daten im Steuerbescheid und den Werten, die Ihnen zum Beispiel die Krankenkasse bescheinigt hat. Gibt es da Abweichungen, etwa weil die Kasse etwas falsch übermittelt hat, haken Sie dort nach.

Ob etwas falsch gelaufen sein könnte, können Sie, wenn Sie Ihre Erklärung online abgegeben haben, schnell überprüfen. Hatten Sie sich für die Papierformulare entschieden, haben Sie hoffentlich eine Kopie davon gemacht, um den Bescheid mit Ihren eigenen Angaben abzugleichen.

Entspricht der Bescheid nicht den eigenen Vorausberechnungen, ist das Amt in der Regel von den Angaben in der Steuererklärung abgewichen. Den Kontrollblick sollten Sie dann zunächst auf den Abschnitt „Erläuterungen" im Steuerbescheid richten. Hier muss das Finanzamt Abweichungen von der Steuererklärung darlegen. Findet sich dort nichts Nachvollziehbares, ist das allein schon ein Grund, gegen den Steuerbescheid vorzugehen. Häufig empfiehlt es sich, zunächst beim Finanzbeamten telefonisch den Grund zu erfragen. Sie sollten dabei jedoch die Einspruchsfrist im Auge behalten. Sie haben **einen Monat Zeit**, um sich gegen falsche oder ungerechte Bescheide zu wehren. Jährlich bearbeitet die Finanzverwaltung mehrere Millionen Einsprüche.

Nachhaken kann sich lohnen

Ein Einspruch kann infrage kommen, wenn das Finanzamt nicht alle Ausgaben so berücksichtigt, wie Sie es gedacht hatten. Hat es zum Beispiel nicht die Abschreibungsraten für Arbeitsmittel in der Höhe berücksichtigt, die Sie abgerechnet hatten? Hat es bei Ihrem täglichen Arbeitsweg eine kürzere Wegstrecke zugrunde gelegt als Sie? Dann wird es Zeit, dass Sie aktiv werden und zum Beispiel erklären, warum Sie einen anderen, längeren Weg zur Arbeit gefahren sind, etwa um regelmäßige Staus zu umfahren. Einen solchen Umweg muss das Finanzamt grundsätzlich anerkennen.

Auch bei anderen Posten kann es zu Abweichungen kommen, zum Beispiel im Umgang mit Pflegekosten. Hintergrund: Hat die Pflegeversicherung nur einen Teil Ihrer Pflegekosten – etwa für einen ambulanten Pflegedienst oder für Leistungen im Heim – übernommen? Dann können Sie den Rest als außergewöhnliche Belastung geltend machen. Das Finanzamt erkennt allerdings nur den Teil an, der oberhalb Ihrer „zumutbaren Belastung“ liegt. Für die Ausgaben, die noch als zumutbar gelten, können Sie jedoch die Steuerermäßigung als „haushaltsnahe Dienstleistungen“ in Anspruch nehmen. 20 Prozent Ihrer Ausgaben zieht das Finanzamt dann direkt von der Steuerschuld ab.

Finden Sie diesen Ablauf in Ihrem Steuerbescheid wieder? Wurde der Wert der „zumutbaren Belastung“ beim Punkt „haushaltsnahe Dienstleistungen“ berücksichtigt? Wenn nicht, legen Sie **Einspruch** gegen den Steuerbescheid ein und lassen Sie diesen Punkt überprüfen.

Schauen Sie außerdem nach, ob das Finanzamt Steuerfreibeträge korrekt zu Ihren Gunsten berücksichtigt hat. Wenn Sie zum Beispiel zu Beginn des Steuerjahres schon 64 Jahre alt waren, steht Ihnen für Nebeneinkünfte der Altersentlastungsbetrag zu. Wurde dieser in der richtigen Höhe anerkannt? Wie groß der Freibetrag je nach Geburtsjahr ist, zeigt die Tabelle auf Seite 256.

Einspruch einlegen

Mit einem Einspruch kann sich jeder gegen einen fehlerhaften Steuerbescheid wehren. Er kostet nichts und muss schriftlich beim Finanzamt eingereicht werden, auch E-Mail oder Fax sind erlaubt. Sie dürfen ihn auch mündlich im Finanzamt vortragen und zu Protokoll nehmen lassen. Wenn die Zeit fehlt, den Einspruch zu begründen, können Sie zunächst auf eine Begründung verzichten, doch Sie sollten sie zügig nachreichen.

Im Einspruchsverfahren rollt das Finanzamt den gesamten Fall neu auf. Jetzt können Sie selbst noch neue Einwände vorbringen. Das Finanzamt kann aber auch Änderungen zu Ihrem Nachteil vornehmen. Eine solche „Verböserung" ist jedoch nur zulässig, wenn Ihnen das Finanzamt vorher diese Absicht mitgeteilt hat. Nehmen Sie dann den Einspruch zurück, bleibt es beim Erstbescheid.

Ein Einspruch ändert nichts an einer Zahlungsverpflichtung. Wollen Sie diese vermeiden, müssen Sie mit dem Einspruch einen „Antrag auf Aussetzung der Vollziehung" stellen. Dieser kann aber auch zum Einspruch nachgereicht werden.

Einspruch keine schwierige Hürde

Viele Einsprüche funktionieren mit besonders geringem Aufwand. Läuft ein vergleichbares Verfahren beim Europäischen Gerichtshof (EuGH), beim Bundesverfassungsgericht (BVerfG), beim Bundesfinanzhof (BFH) oder bei einem anderen Bundesgericht, muss das Finanzamt die Entscheidung über den Einspruch bis zu einer Gerichtsentscheidung ruhen lassen (➔ Seite 208). Geht es dagegen um Verfahren bei Landesfinanzgerichten (FG), ist die Verwaltung nicht verpflichtet, den Steuerbescheid nach einem Einspruch offenzuhalten.

Die Finanzämter reagieren aber unterschiedlich, manchmal reicht ein Hinweis auf ein bekanntes FG-Verfahren, und der Einspruch ruht bis zu einer Gerichtsentscheidung.

Manchmal kein Einspruch nötig

Das Finanzamt hält den Steuerbescheid in einigen Punkten von sich aus offen und setzt ihn vorläufig fest. Sie sollten im Steuerbescheid unter „Erläuterungen" genau prüfen, welche Punkte das Finanzamt aufgeführt hat. Das Bundesfinanzministerium aktualisiert in unregelmäßigen Abständen die aktuelle Vorläufigkeitsliste (→ Seite 207).

Vorbehalt beachten

Im Gegensatz zur Vorläufigkeit bleibt beim „Vorbehalt der Nachprüfung" nach Paragraf 164 Abgabenordnung (AO) der Steuerbescheid nicht nur zu bestimmten Rechtsfragen, sondern im vollen Umfang offen. So können Sie vergessene Ausgaben ohne Begründung nachträglich geltend machen. Das ändert sich, wenn der Vorbehalt aufgehoben wird oder die Festsetzungsfrist abgelaufen ist. Bis dahin kann aber auch das Finanzamt den Bescheid jederzeit ändern. Dagegen können Sie sich innerhalb eines Monats ab Erhalt des Änderungsbescheids mit einem Einspruch wehren.

Änderungsanträge und Fehlerkorrektur

Neben dem Einspruch gibt es weitere Instrumente, um sich gegen einen Steuerbescheid zu wehren. Ein „Antrag auf schlichte Änderung" richtet sich ausschließlich gegen einen oder mehrere Punkte des Bescheids. Er muss auch innerhalb eines Monats gestellt werden. Das Finanzamt darf nur in den genannten Punkten Änderungen vornehmen. Eine „Verböserung" ist weitgehend ausgeschlossen. Nach einem Monat können Sie selbst aber auch keine weiteren Änderungsanträge „nachschieben".

Bestimmte Fehler können im Nachhinein noch berichtigt werden. Das geht, solange die Verjährungsfrist nicht abgelaufen ist. Die Verjährungsfrist beträgt mindestens vier Jahre und beginnt in der Regel zum Ende des Jahres, in dem die Steuererklärung abgegeben wurde. Wenn zum Beispiel im Laufe des Jahres 2025 die Steuererklärung für das Jahr 2024 eingereicht wurde, endet die Verjährungsfrist im Normalfall erst am 31. Dezember 2029 um Mitternacht. Änderungen sind möglich, wenn dem Finanzamt „neue Tatsachen" bekannt werden (Paragraf 173 AO). Während das Finanzamt in diesem Fall immer ändern darf (und muss), wenn sich dadurch eine höhere Steuer ergibt, gilt dies bei einer nachträglichen Änderung zugunsten des Arbeitnehmers nur eingeschränkt. Dieser darf das spätere Bekanntwerden nicht „grob schuldhaft" verursacht haben. Unkenntnis über eine steuermindernde Ausgabe, die im Formular und der Anleitung nicht ausdrücklich erwähnt wird, ist jedoch kein „grobes Verschulden".

Ein „Änderungsantrag wegen offenbarer Unrichtigkeiten" dient dazu, Schreib-, Rechen- und Übertragungsfehler, Zahlendreher und ähnliche Fehler zu berichtigen, die dem Amt unterlaufen sind (Paragraf 129 AO). Schreib- und Rechenfehler des Bürgers können nach einer anderen Vorschrift ebenfalls korrigiert werden (Paragraf 173a AO). Wenn Daten, die elektronisch an das Finanzamt gesendet werden, im Steuerbescheid nicht richtig erfasst wurden oder selbst falsch sind, ist ebenfalls eine Änderung möglich (Paragraf 175b AO).

Daneben gibt es weitere Änderungsgründe, etwa wenn dem Finanzamt neue Tatsachen bekannt sind oder ein Grundlagenbescheid vorliegt. Das kann auch ein neuer oder geänderter Schwerbehindertenausweis sein.

Der Weg vor Gericht

Hat das Finanzamt Einsprüche und Änderungsanträge schriftlich abgelehnt, bleibt nur noch der Gang zum Finanzgericht. Die Klage muss innerhalb eines Monats nach Zugang der Einspruchsentscheidung schriftlich beim zuständigen Finanzgericht eingehen. Eine Klage löst zunächst eine Vorauszahlung von über 300 Euro auf die Gerichtskosten aus. Kosten für einen professionellen Rechtsbeistand sollten Sie ebenfalls einplanen. Grundsätzlich kann zwar jeder ohne Anwalt oder Steuerberater vor ein Finanzgericht ziehen. Doch es empfiehlt sich, dass Sie sich vorher von einem Lohnsteuerhilfeverein, Steuerberater oder Fachanwalt für Steuerrecht über die Erfolgsaussichten der Klage beraten lassen.

Vorläufig noch offen: Hier können Sie auf Einspruch verzichten

In einigen Punkten bleiben Steuerbescheide offen, ohne dass Sie Einspruch einlegen müssen. Bis Redaktionsschluss standen laut Schreiben des Bundesfinanzministeriums vom 28. März 2022 (BMF-Schreiben, GZ IV A3 - S 0338/19/10006) folgende Streitpunkte auf der Liste:

- ➔ die Höhe des Kinder- und Betreuungsfreibetrags,
- ➔ die mögliche Doppelbesteuerung von gesetzlichen Renten und anderen Leistungen der Basisversorgung.
- ➔ die Beschränkung der Verrechnungsmöglichkeiten von Verlusten aus Aktienverkäufen
- ➔ Solidaritätszuschlag

Rentenbesteuerung:
Nachdem der BFH im Mai 2021 zwei Urteile zur Rentenbesteuerung gefällt hat (BFH, Az. X R 33/19, X R 20/19), ist dieser Punkt auf die Liste gekommen. Das Bundesverfassungsgericht hat allerdings die Verfassungsbeschwerden der beiden Kläger nicht zur Entscheidung angenommen. Das BMF weist darauf hin, dass die Finanzämter nicht von sich aus prüfen, ob eine unerlaubte Doppelbesteuerung vorliegt. Rentner müssen selbst aktiv werden und dem Finanzamt die entsprechenden Unterlagen vorlegen. Aus diesen Belegen muss ermittelbar sein, wie viele Vorsorgeaufwendungen sie eingezahlt haben.

Verlustverrechnung:
Infrage steht, wie Anleger Verluste aus dem Verkauf von Aktien verrechnen dürfen. Ist es rechtens, dass sie diese Aktienverluste nur mit Gewinnen aus Aktienverkäufen verrechnen dürfen? Diese Frage muss nun vom BVerfG entschieden werden (Az. 2 BvL 3/21). Eine Verrechnung mit steuerpflichtigen Zinsen oder Fondserträgen ist derzeit nicht möglich.

Anhängige Verfahren – Urteile der Finanzgerichte stehen noch aus

Eine Liste anhängiger Verfahren gibt es unter bundesfinanzhof.de. Dort klicken Sie in der linken Spalte auf „Anhängige Verfahren", danach „Anhängige Revisionsverfahren online". In der Maske können Sie unter „Text" ein passendes Stichwort, etwa „Arbeitszimmer", eingeben. Ein Klick auf „Suchen" öffnet die gewünschte Liste. Hier finden Sie auch beim Europäischen Gerichtshof und beim Bundesverfassungsgericht anhängige Verfahren.
Achtung: Unsere Übersicht haben wir mit Stand 30. Juli 2024 erstellt, seither können in den genannten Verfahren die Urteile gefallen sein. Jeweils aktuelle Informationen zu wichtigen Verfahren finden Sie auf test.de.

Kinderfreibeträge: Waren sie hoch genug und ist es rechtens, dass sie sich nicht am Alter orientieren, denn ältere Kinder haben in der Regel einen höheren Bedarf?
(Bundesverfassungsgericht, Az. 2 BvL 3/17)

Aktien: Führt die ersatzlose Ausbuchung wertloser Aktien aus dem Depot zu einem steuerlichen Verlust, den Anleger absetzen können? Ist die Verlustverrechnungsbeschränkung für Aktienveräußerungsverluste verfassungsgemäß? **(BVerfG, Az. 2 BvL 3/21)**

Kinderbetreuung: Eltern dürfen nur zwei Drittel der Kinderbetreuungskosten und höchstens 4 000 Euro pro Jahr und Kind als Sonderausgaben absetzen. Die Kläger halten diese Regelung für verfassungswidrig.
(BFH, III R 8/23)

Förderverein: Eltern können 30 Prozent des Schulgelds für eine Privatschule als Sonderausgaben absetzen. Gilt das auch für Zahlungen an einen Förderverein, der das Geld an die Schule weiterleitet?
(BFH, Az. X R 27/23)

Private Pflegeversicherung: Beiträge zu einer freiwilligen privaten Pflegeversicherung können nur bis zu bestimmten Höchstbeträgen als Sonderausga-

ben abgesetzt werden. Sollten sie vollständig absetzbar sein, wenn die private Pflegezusatzversicherung im Bedarfsfall Leistungen erbringt, die dem Niveau der gesetzlich garantierten Sozialhilfeleistungen entsprechen?
(BFH, Az. X R 10/20)

Umzugskosten: Sind Umzugskosten berufsbedingt, wenn damit zwar nicht die Fahrtzeit verkürzt wird, dafür aber das Einrichten eines Arbeitszimmers möglich ist? **(BFH, Az. VI R 3/23)**

Doppelter Haushalt: Zählen die Mietkosten für einen Autostellplatz oder Garage zu den auf 1000 Euro monatlich begrenzt abzugsfähigen Unterkunftskosten bei einer doppelten Haushaltsführung? **(BFH, Az. VI R 4/23)**

Dienstwagen: Ist der steuerpflichtige geldwerte Vorteil zu reduzieren, wenn der Mitarbeiter die Kosten eines Stellplatzes für den Firmenwagen am Arbeitsplatz selbst bezahlt?
(BFH, Az. VI R 7/23)

Fitnessstudio: Als außergewöhnliche Belastungen dürfen die Kosten für ärztlich verordnete Fitnesskurse abgesetzt werden. Wie sieht es aber mit Mitgliedsbeiträgen fürs Fitnessstudio aus, wenn die Mitgliedschaft Voraussetzung dafür ist, an den Kursen teilnehmen zu können?
(BFH, Az. VI R 1/23)

Energiepreispauschale: Arbeitnehmer haben 2022 zur Abfederung der gestiegenen Energiekosten 300 Euro Energiepreispauschale erhalten. Ist sie zu Recht wie Arbeitslohn versteuert worden?
(BFH, Az. VI R 15/24)

Elektronische Daten: Viele Stellen wie Krankenkassen melden Daten an das Finanzamt - allerdings nicht immer rechtzeitig. Darf das Finanzamt den Steuerbescheid zuungunsten des Steuerzahlers ändern, nachdem die Daten Dritter verspätet eingetroffen sind, obwohl der Steuerzahler diese in seiner Steuererklärung zutreffend angegeben hat?
(BFH, Az. X R 25/22)

Profitieren Sie vom Jahresprinzip

Die Steuer ist vor allem ein „Jahresgeschäft“. Sie kommt und geht mit dem Kalenderjahr. So läuft das auch mit Freibeträgen, Freigrenzen, Höchstbeträgen und mit der Berechnung der Einnahmen und Ausgaben. Wenn Sie diese zumindest grob im Hinterkopf haben und beispielsweise bei Ihren Ausgaben darauf achten, winken Ihnen Steuervorteile.

Ausgaben für den Job

Für Ihre Ausgaben im Job steht Ihnen der Arbeitnehmerpauschbetrag von 1230 Euro jährlich zu (→ Seite 63). Viele Arbeitnehmer kommen mit dieser Pauschale aus, weil sie im Jahresverlauf keine höheren Werbungskosten haben. Mit etwas guter Planung und mit dem Blick auf das Jahresprinzip lassen sich bei gleicher Ausgabenhöhe manchmal trotzdem höhere Werbungskosten geltend machen.

→ Zum Beispiel Wanda W.

Die alleinstehende Arbeitnehmerin hat außer der Entfernungspauschale von 350 Euro keine Werbungskosten. In diesem Jahr plant sie jedoch eine Fortbildung, die sie 600 Euro kosten wird. Im nächsten Jahr folgt ein Anschlusskurs zum gleichen Preis. Wanda könnte in beiden Jahren jeweils 950 Euro an Werbungskosten geltend machen (350 plus 600). In beiden Jahren würden die Fortbildungskosten im Arbeitnehmerpauschbetrag „verschwinden“ und steuerlich wirkungslos bleiben. Wanda verhindert das: Sie zahlt in diesem Jahr die Kursgebühren für beide Fortbildungsveranstaltungen. Das bringt ihr 1550 Euro Werbungskosten (2 mal 600 plus 350) und damit 320 Euro oberhalb der Pauschale (1550 minus 1230). Bei einem Grenzsteuersatz von 30 Prozent (→ Seite 261) spart sie dadurch 96 Euro Steuern.

Private Kosten geschickt planen

Abseits vom Job können Sie auch im Alltag durch geschicktes Geld-Ausgeben die Steuern sparen, etwa in Sachen Ausgaben bei Krankheit und für Ihre medizinische Versorgung. Diese können Sie als außergewöhnliche Belastungen beim Finanzamt geltend machen. Sie bewirken aber nur dann eine steuerliche Entlastung, wenn sie die sogenannte zumutbare Belastung überschreiten. Das ist eine Rechengröße, die je nach Verdienst und Familiensituation zwischen 1 und 7 Prozent der Einkünfte liegt. Wie das genau funktioniert, lesen Sie auf den Seiten 124 und 252. Auch hier gilt wieder das Jahresprinzip: Wenn die Krankheits- und Gesundheitskosten eines Jahres die Hürde der zumutbaren Belastung nicht überspringen, bleiben sie steuerlich unwirksam. Im nächsten Jahr steht dieselbe Hürde in gleicher oder in ähnlicher Höhe wieder da.

Natürlich lassen sich Krankheiten nicht „planen", Krankheitskosten aber manchmal schon, etwa beim (teuren) Zahnersatz, bei Kuren, neuen Brillen oder größeren Medikamentenbestellungen. Gelingt es Ihnen, die Kosten in einem Jahr zu bündeln, wirkt sich das steuerlich vorteilhaft aus (→ Beispiel Seite 131). Ansonsten „verschwindet" Jahr für Jahr alles in der zumutbaren Belastung und bringt keinen Vorteil.

Einsatz von Profis kalkulieren

Eine weitere dicke Steuerentlastung können Ihnen die Ausgaben für Handwerkerleistungen in der Privatwohnung bringen. Pro Jahr ist eine Steuererstattung von bis zu 1200 Euro möglich (→ ab Seite 133). Sanieren beispielsweise Maler, Klempner und Fliesenleger im selben Jahr Räume des Eigenheims und stellen dafür 10 000 Euro Personalkosten in Rechnung, wären im Prinzip maximal 20 Prozent davon, also 2 000 Euro, absetzbar. Praktisch ist aber bei 1200 Euro im Jahr Schluss mit der Steuererstattung für Handwerkerkosten, weil das Finanzamt höchstens Ausgaben bis 6 000 Euro im Jahr berücksichtigt. Deshalb ist folgende Überlegung interessant: Würde in diesem Jahr nur ein Teil der Arbeiten in Rechnung gestellt, der andere Teil im nächsten Jahr, wären insgesamt 800 Euro Steuererstattung mehr möglich. Denken Sie deshalb einfach darüber nach, ob alle

Leistungen zwingend auf einmal erledigt werden müssen oder ob sie sich zum Beispiel auf November und Januar verteilen lassen. Wichtig dabei: Entscheidend für die Frage, in welchem Jahr die Ausgaben steuerlich berücksichtigt werden, ist das Datum der Überweisung.

Einnahmen verschieben

Gelingt es Arbeitnehmern und Beamten, geschickt mit Einnahmen zu hantieren, kann das ebenfalls steuersenkend wirken. Hier haben Sie aber einen relativ geringen Spielraum, denn reguläre Lohnzahlungen lassen sich zeitlich kaum beeinflussen. Bei Sonderzahlungen, etwa Prämien, lässt sich der Chef manchmal auf eine zeitliche Verschiebung ein. Die könnte zweckmäßig sein, wenn Sie in diesem Jahr relativ viel und im nächsten Jahr voraussichtlich weniger verdienen. Kommt die Prämie erst im nächsten Jahr, sorgt das für einen Belastungsausgleich und damit unter dem Strich über beide Jahre für weniger Steuern.

Bei Abfindungen und Vergütungen für mehrere Jahre kann sich das erheblich auswirken. Verlassen Sie zum Beispiel im Dezember Ihren Job mit einer ordentlichen Abfindung, klären Sie, ob es sich für Sie lohnt, wenn diese erst im Januar ausgezahlt wird. Gerade bei größeren Summen sprechen Sie am besten vorher mit einem Steuerprofi, damit er Ihnen den Effekt ausrechnet (→ Seite 262).

Prüftermin 1. Advent

Wegen des Jahresprinzips ist Silvester ein entscheidender Steuertermin. Alles, was bis Mitternacht an Einnahmen und Ausgaben geflossen ist, gehört grundsätzlich zum abgelaufenen Jahr. Was danach fließt, wirkt sich bereits für das nächste Jahr aus.

Deshalb ist der Spätherbst oder spätestens der 1. Advent ein guter Zeitpunkt dafür, dass Sie sich einen Überblick über Ihre bisherigen Einnahmen und Ausgaben verschaffen. Bis Silvester bleibt noch etwas Zeit, zum Beispiel um noch in Arbeitsmittel zu investieren, um die Zahnarztrechnung zu bezahlen oder den Maler zu beauftragen und seine Rechnung anzuzahlen.

Freibeträge eintragen lassen: gleich mehr netto

In den meisten Fällen fordert das Finanzamt von Arbeitnehmern und Beamten zunächst mehr, als ihm zusteht: Die monatliche Lohnsteuerberechnung ist nur eine mehr oder weniger grobe Vorabrechnung, sodass der Arbeitgeber häufig am Monatsende mehr von Ihrem Bruttoverdienst abzieht, als Sie eigentlich zahlen müssten. Warum der Arbeitgeber so handeln muss, lesen Sie → ab Seite 17. Das müssen Sie aber nicht einfach so hinnehmen, sondern Sie können dafür sorgen, dass Sie gleich weniger und damit passender Lohnsteuer zahlen und nicht bis zur Steuererklärung auf eine Erstattung vom Finanzamt warten müssen.

Das klappt, wenn Sie Ihre voraussichtlich anfallenden Werbungskosten, Sonderausgaben oder außergewöhnlichen Belastungen in einen individuellen Freibetrag umwandeln. Mit anderen Worten: Sie lassen sich einen Freibetrag in Ihre Lohnsteuerdaten eintragen, den Sie sonst erst im Zuge der Steuererklärung beim Finanzamt abrechnen würden.

Zusätzlicher Freibetrag in den Lohnsteuerdaten

Wenn Sie angeben, dass Ihnen im Jahresverlauf bestimmte Aufwendungen entstehen werden, vermerkt die Finanzverwaltung die voraussichtlichen Kosten in den ELStAM („elektronische Lohnsteuerabzugsmerkmale"), und der Arbeitgeber erhält die Mitteilung zum Steuerfreibetrag per Datenübertragung. Er behält dann entsprechend weniger Lohnsteuer ein und zahlt mehr Nettolohn aus. Unter dem Strich zahlen Sie dann zwar auch nicht weniger Steuern als ohne den Freibetrag, aber Sie haben sofort mehr Netto in der Tasche, und das hilft manchmal schon sehr viel weiter. Und sei es nur, um den Dispo-Kredit nicht unnötig zu strapazieren.

Freibeträge betreffen die Zukunft, darum will das Finanzamt ab und an Nachweise darüber, dass die beantragten Kosten mit hoher Wahrscheinlichkeit auch auftreten werden. Das ist in vielen Fällen kein Problem. So können Sie zum Beispiel bei einem langen Arbeitsweg, mit einem auswärts studierenden Kind oder einer erheblichen Kirchensteuerbelastung klar belegen, dass Ihnen eine laufende Entlastung zusteht. Andere Fälle sind schwieriger, etwa wenn eine aufwendige Fortbildung oder der Kauf von teuren Arbeitsmitteln geplant ist. Dann müssen Sie künftige Ausgaben „glaubhaft machen", indem Sie erklären, dass diese anstehen. Normalerweise akzeptiert das Amt solche Erklärungen, wenn sie nachvollziehbar sind.

Beachten Sie: Sobald Sie sich einen zusätzlichen Freibetrag in Ihre Steuerdaten eintragen lassen, müssen Sie grundsätzlich eine Steuererklärung abgeben. Ausnahmen: Bei Bruttolöhnen bis 13 050/24 870 Euro (Single/verheiratet) sowie beim Behinderten- und Hinterbliebenenpauschbetrag entfällt die Abgabepflicht.

Hürde beachten

Das Finanzamt trägt aber nicht jeden Minifreibetrag ein. Es wird erst aktiv, wenn im Jahr insgesamt mehr als 600 Euro an Freibeträgen aller Art zusammenkommen. Das ist die sogenannte allgemeine Antragsgrenze, und die hat Folgen. So müssen Arbeitnehmer mehr als 1830 Euro Werbungskosten haben, bevor das Amt einen Freibetrag für Werbungskosten berücksichtigt. Der Grund: Sie müssen zunächst den Arbeitnehmerpauschbetrag von 1230 Euro überwinden, denn der wird bereits beim laufenden Lohnsteuerabzug automatisch berücksichtigt. Haben Sie das geschafft, müssen Sie zusätzlich die 600-Euro-Hürde der allgemeinen Antragsgrenze nehmen.

Beispielsweise muss ein Arbeitnehmer, der ausschließlich Fahrtkosten zwischen Wohnung und Betrieb als Freibetrag geltend machen kann, bei 230 Arbeitstagen im Jahr mindestens 26 Kilometer entfernt vom Betrieb wohnen. Er kommt so auf 1905 Euro (für die ersten 20 Kilometer Entfernung erkennt das Finanzamt 30 Cent je Kilometer an, für die weiteren Kilometer 38 Cent, → Seite 68). Bei 25 Kilometer Entfernung würde er mit 1817 Euro den Freibetrag noch verfehlen.

Für einige Positionen, für die Sie einen Freibetrag erhalten können, gilt die allgemeine Antragsgrenze aber wiederum nicht. So dürfen beispielsweise der Hinterbliebenenpauschbetrag, der Behindertenpauschbetrag, Verluste im laufenden Jahr und Verlustvorträge, Ausgaben für Handwerkerleistungen und für haushaltsnahe Dienstleistungen, der Erhöhungsbetrag für Alleinerziehende mit mehreren Kindern oder Kinderfreibeträge für im Ausland lebenden Kinder, für die es kein Kindergeld gibt, auch dann als Freibetrag berücksichtigt werden, wenn sie unter der 600-Euro-Marke bleiben.

Ausgaben für den Job

Für Arbeitnehmer und Beamte sind Werbungskosten aller Art in der Regel die wichtigste Quelle von Freibeträgen, vor allem die Entfernungspauschale von 30 Cent für jeden Entfernungskilometer zwischen Wohnung und erster Tätigkeitsstätte und sogar 38 Cent für jeden Kilometer ab Kilometer 21. In dieser Entfernungspauschale sind grundsätzlich sämtliche Fahrzeugkosten eingerechnet.

Auch wenn Sie im Job viel unterwegs sind, können Sie das Finanzamt an Kosten für Fahrt, Unterkunft und Verpflegung beteiligen. Arbeitnehmer, die beispielsweise vorübergehend in einen Filialbetrieb beordert werden, auf Dienstreise sind oder regelmäßig weitere Arbeitsplätze aufsuchen, können dafür in der Regel die tatsächlichen Fahrt- und Übernachtungskosten als Werbungskosten abrechnen. Auch hier gibt es für jeden gefahrenen Kilometer mit dem privaten Pkw pauschal 30 Cent und je nach Abwesenheitsdauer für maximal drei Monate im Inland Verpflegungspauschalen von 14 oder 28 Euro (→ Seite 94).

Ausgaben für Fortbildung, Fachbücher, Fachzeitschriften, Werkzeug, Computer, Büromöbel, Arbeitsbekleidung und andere Arbeitsmittel sorgen ebenfalls für Freibeträge. Kosten für ein häusliches Arbeitszimmer spielen in Sachen Freibetrag eine größere Rolle, ebenso Ausgaben für eine doppelte Haushaltsführung (mehr zu Werbungskosten → ab Seite 68).

Entlastung für Eltern

Eltern dürfen pro Kind maximal 6 000 Euro Kinderbetreuungskosten geltend machen. Weil das Finanzamt zwei Drittel dieser Summe akzeptiert, können bis zu 4 000 Euro pro Kind als Freibetrag eingetragen werden. Egal ob Kinderbetreuungskosten ganzjährig anfallen oder nur in einem Teil des Jahres, werden sie als Freibetrag immer bis 4 000 Euro berücksichtigt.

Bei der Betreuung im Ausland, beispielsweise bei in Deutschland arbeitenden Vätern und in der Heimat lebenden Müttern, ist der Höchstbetrag entsprechend der Ländergruppeneinteilung zu kürzen.

Die Kinderbetreuungskosten sind Sonderausgaben und gelten für jedes Kind bis zum 14. Geburtstag; für Kinder mit einer Behinderung ohne Altersbegrenzung (→ Seite 157). Weitere Sonderausgaben sind Zahlungen an Privatschulen, für die Sie als Eltern ebenfalls einen Freibetrag erhalten können. Gleiches gilt für erhöhte Aufwendungen bei auswärtiger Unterbringung während der Ausbildung eines Kindes (→ Seite 154).

Der Kinderfreibetrag und der Betreuungsfreibetrag spielen beim laufenden Lohnsteuerabzug in der Regel keine Rolle, weil die Kinderförderung zunächst über das Kindergeld läuft. Erst wenn sich nach Ablauf des Jahres herausstellt, dass Eltern mit den Freibeträgen besser fahren als mit dem Kindergeld, wird diese steuerliche Entlastung zu ihren Gunsten berücksichtigt. Diese Freibeträge können nicht vorab mit der Lohnsteuerermäßigung geltend gemacht werden. Eine Ausnahme gilt, wenn für Kinder im Ausland kein Kindergeld gezahlt wird.

Besonderes und Außergewöhnliches

Auch Sonderausgaben wie Spenden, Kirchensteuer, Unterhaltszahlungen an den Ex-Ehe-/Lebenspartner oder Ausbildungskosten für eine erstma-

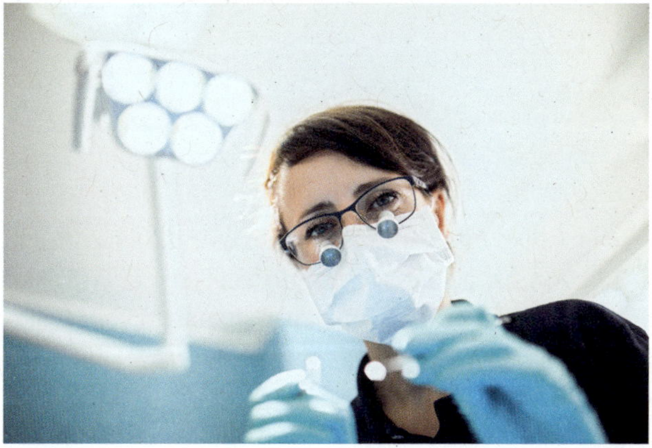

lige Berufsausbildung können zu Freibeträgen führen (➔ Seite 119). Freibetragsfähig sind ebenso außergewöhnliche Belastungen wie Krankheits-, Behinderungs- und Pflegekosten.

Wenn absehbar ist, dass bestimmte Krankheitskosten (beispielsweise für chronische Leiden, Kur, Zahnsanierung) anstehen, können Sie dafür einen Freibetrag beim Finanzamt beantragen. Wichtig ist, dass Sie anstehende Aufwendungen belegen oder zumindest glaubhaft darlegen können. Und dann entscheidet das Amt, ob es mitgeht oder ablehnt. Da man die Kosten letztlich immer mit der Steuererklärung durchboxen muss, lohnt sich der Aufwand einer Klage an dieser Stelle in der Regel nicht. Auch

- **Behindertenpauschbeträge,**
- **Freibeträge** für Kinder über 18, die auswärts wohnen,
- sowie **Unterhaltszahlungen** an Angehörige

lassen sich für die Verringerung der laufenden Lohnsteuer nutzen. So kann etwa die geplante finanzielle Unterstützung der 27-jährigen Tochter als Freibetrag eingetragen werden. Beiträge zur Sozialversicherung können Sie allerdings nicht zu Freibeträgen machen, weil diese bereits als Vorsorgeaufwand den laufenden Lohnsteuerabzug senken.

Rund um den Haushalt

Für Dienstleistungen rund um den Haushalt fallen die einzutragenden Freibeträge besonders üppig aus. Dahinter steckt eine besondere Form der Berechnung: Das Finanzamt ermittelt den Freibetrag als das Vierfache der voraussichtlichen Steuererstattung, die die Dienstleistung bringen würde, maximal 16 000 Euro (4 mal 4 000 Euro). Bei Handwerkerleistungen sind es 4 800 Euro (4 mal 1 200). Für eine Haushaltshilfe mit Minijob gibt es einen Freibetrag von bis zu 2 040 Euro im Jahr (4 mal 510), und das sogar zusätzlich zu den Freibeträgen für haushaltsnahe Dienst- und Handwerkerleistungen.

➔ Zum Beispiel Andrea und Andreas A.

Beide sind Arbeitnehmer und haben Lohnsteuerklasse IV. Andreas verdient 3 000 Euro brutto im Monat, Andrea 1 500 Euro. Sie sind verheiratet und haben ein fünfjähriges Kind. Beide fahren gemeinsam den täglichen Arbeitsweg von 10 Kilometern zu ihrem Betrieb.

Wie schaut es in diesem Fall mit den möglichen Freibeträgen aus?

- ➔ **Kinderbetreuungskosten:** Für Kindergarten, Tagesmutter und Babysitter muss Familie A. voraussichtlich 5 400 Euro Kinderbetreuungskosten zahlen. Das Finanzamt berücksichtigt zwei Drittel davon, also 3 600 Euro, als Freibetrag für Andreas.
- ➔ **Reparaturen:** Für Reparaturarbeiten am Dach ihres Einfamilienhauses hat die Baufirma Personalkosten von 5 500 Euro veranschlagt. 20 Prozent davon, 1100 Euro, winken als Steuererstattung. Als Freibetrag für Andreas berücksichtigt das Finanzamt das Vierfache: 4 400 Euro.
- ➔ **Fahrtkosten:** Die Fahrtkosten zum Betrieb führen hier nicht zu einem Freibetrag, denn 10 Kilometer mal 230 Tage mal 0,30 Euro bringen Andreas nur 690 Euro Werbungskosten, und die „verschwinden" im Arbeitnehmerpauschbetrag von 1 230 Euro. Zusammen mit den 690 Euro Kilometerpauschale von Andrea würde er die Hürde nehmen. Das funktioniert aber nicht, weil für einen Freibetrag Werbungskosten immer nur derjenige geltend machen kann, dem sie tatsächlich entstanden sind. Diese strikte Trennung gilt auch bei Ehepaaren.

Andreas erhält einen Freibetrag von 8 000 Euro (3 600 Euro Kinderbetreuung plus 4 400 Euro Dachsanierung). Das bringt Familie A. 177 Euro mehr Netto pro Monat. Im Jahresverlauf zahlen sie dank Freibetrag rund 2 120 Euro weniger Lohnsteuer.

Für bis zu zwei Jahre
Sie können einen Freibetrag mit zweijähriger Gültigkeit beantragen. Sollten sich die Verhältnisse während der Gültigkeitsdauer zu Ihren Ungunsten ändern, etwa weil weniger Werbungskosten anfallen als beantragt, sind Sie verpflichtet, dem Finanzamt solche Änderungen mitzuteilen.

Mögliches Plus bei Lohnersatzleistungen

Freibeträge können in manchen Fällen auch zu mehr Lohnersatzleistungen führen. Sie erhöhen bei der Berechnung von Krankengeld, Mutterschaftsgeld & Co. das Nettoeinkommen und damit die Berechnungsgrundlage dieser Leistungen. Beim Eltern- und beim Arbeitslosengeld funktioniert die Leistungserhöhung durch den vorherigen Eintrag von Freibeträgen kaum noch. Dieser Einschränkung können verheiratete Eltern aber entgehen, wenn sie das sogenannte Faktorverfahren nutzen (→ Seite 239).

Richtig beantragen

Den Hauptvordruck „Antrag auf Lohnsteuer-Ermäßigung“ muss jeder Antragstellende ausfüllen. Je nach Bedarf gibt es die „Anlage Kinder“, die „Anlage Sonderausgaben/außergewöhnliche Belastungen“, die „Anlage Werbungskosten“. Die Formulare bekommen Sie beim Finanzamt oder im Internet unter formulare-bfinv.de. Auf der linken Seite wählen Sie zuerst das „Formularcenter“ an, dann die Rubrik „Steuerformulare“. In der alphabetisch sortierten Liste wählen Sie den Punkt „Lohnsteuer (Arbeitnehmer)“ aus.

Bis zum 30. November können Sie noch für das laufende Jahr den Antrag beim Finanzamt stellen. Ein Freibetrag wirkt sich jeweils zum nächsten Monatsersten aus. Wer im November beantragt, erhält im Dezember den Jahresfreibetrag auf einmal angerechnet und organisiert sich so quasi ein zusätzliches Weihnachtsgeld.

Gehalts-Extras vom Chef

Das Angebot des Arbeitgebers klingt gut: Er will Ihr Gehalt erhöhen – jeden Monat 250 Euro brutto mehr. Gerade in Zeiten hoher Inflationsraten ist die Aussicht auf mehr am Monatsende sicher verlockend.

Wenn Sie dann aber die erste Gehaltsabrechnung mit dem Gehaltsplus in den Händen halten, folgt womöglich die Ernüchterung. Stieg das Monatsbrutto von 4000 auf 4250, bleiben Ihnen gerade einmal gut 134 Euro mehr netto als vorher. Grund sind die Steuern und Sozialabgaben, die auch für das Gehaltsplus fällig werden.

Geldwerte Extras anstatt Geld

Natürlich sind 134 Euro mehr jeden Monat besser als nichts, aber es geht noch besser: wenn Sie sich mit Ihrem Arbeitgeber anstatt auf mehr Monatsbrutto auf geldwerte Extras zum Gehalt einigen. Es gibt eine ganze Reihe von Leistungen, die Arbeitgeber ihren Mitarbeitern ganz oder teilweise steuerfrei zukommen lassen können, in vielen Fällen auch frei von Sozialabgaben. Davon profitieren unter dem Strich beide Seiten, denn steuerbegünstigte Gehalts-Extras bringen Arbeitnehmern deutlich mehr als übliche Gehaltserhöhungen, und der Arbeitgeber hat auch einen Vorteil: Er spart bei seinen Sozialabgaben. Zusatzargument: Extras können das Betriebsklima fördern.

Voraussetzung für einen Steuerbonus ist in der Regel, dass die Arbeitgeberleistung **zusätzlich zum geschuldeten Lohn** erfolgt. Einige der wichtigsten Leistungen stellen wir im Folgenden kurz vor:

➔ **Arbeitgeberdarlehen.** Für Darlehen des Arbeitgebers fallen keine Abgaben an, wenn der Arbeitgeber marktübliche Zinsen verlangt. Bei einem niedrigeren Effektivzins muss der Arbeitnehmer nur die Differenz zwischen dem marktüblichen Zins und dem geringeren Zinssatz des Arbeitgeberkredits versteuern. Zum Vergleich wird der Effektivzins der Deutschen Bundesbank herangezogen. Meistens ergibt sich allenfalls ein kleiner steuerpflichtiger Vorteil.

- **Arbeitsweg.** Der Arbeitgeber kann die Entfernungspauschale von 30 oder bei längeren Entfernungen auch 38 Cent pro Kilometer einfacher Entfernung für Fahrten zwischen Wohnung und Betrieb übernehmen. Dafür zahlt der Arbeitgeber 15 Prozent Pauschalsteuer. Beim Beschäftigten ist die Auszahlung steuer- und sozialabgabenfrei, ist jedoch auf die Werbungskosten anzurechnen. Versteuert der Arbeitgeber den Zuschuss mit 25 Prozent pauschal, müssen in der Steuererklärung die Fahrten mit der Entfernungspauschale nicht gekürzt werden. Die Kosten eines Monatstickets für Bus und Bahn oder das Deutschlandticket kann der Arbeitgeber sogar völlig abgabenfrei übernehmen, wenn es maximal 50 Euro im Monat kostet und keine anderen Sachbezüge hinzukommen.
- **BahnCard.** Der Arbeitgeber kann für Mitarbeiter, die dienstlich viel unterwegs sind, die Kosten einer BahnCard steuer- und beitragsfrei übernehmen. Auch die private Mitnutzung der BahnCard durch den Arbeitnehmer löst keine Abgabenbelastung aus. Voraussetzung dafür ist, dass für den Arbeitgeber durch die BahnCard die Kostenersparnis für die betrieblichen Fahrten höher ausfällt als die Kosten der BahnCard selbst.
- **Betreuung von Kindern und anderen Angehörigen.** Der Arbeitgeber kann Betreuungsleistungen bis 600 Euro im Jahr für Kinder oder pflegebedürftige Angehörige von Arbeitnehmern steuer- und beitragsfrei übernehmen, wenn solche Leistungen durch berufliche Sondersituationen erforderlich geworden sind. Die Erstattungsmöglichkeit für Kinderbetreuungskosten gilt für Kinder bis zum 14. Lebensjahr. Für

Kinder im Vorschulalter kann der Arbeitgeber sogar sämtliche Kosten für die Betreuung des Nachwuchses seiner Mitarbeiter übernehmen. Weder für ihn noch für den Arbeitnehmer fallen Lohnsteuer und Sozialversicherung an. Die Betreuung muss aber außerhalb des eigenen Haushalts der Eltern erfolgen.

→ **Elektromobilität.** Arbeitnehmer können private Elektro- und Hybridfahrzeuge oder auch das E-Bike an Stromladestationen des Arbeitgebers steuer- und versicherungsfrei betanken. Schenkt der Arbeitgeber dem Arbeitnehmer eine Ladevorrichtung, kann er das pauschal versteuern, der Arbeitnehmer bleibt belastungsfrei.

→ **Erholungsbeihilfen.** Wenn der Arbeitgeber seinem Arbeitnehmer bis 156 Euro im Jahr Erholungsbeihilfe zahlt, bis 104 Euro für dessen Ehepartner und bis 52 Euro pro Kind, bleiben diese Zahlungen sozialversicherungsfrei. Der Arbeitgeber muss sie allerdings pauschal mit 25 Prozent versteuern.

→ **Fahrräder und E-Bikes.** Arbeitgeber können ihren Beschäftigten Firmen-Fahrräder zur Privatnutzung überlassen, ohne dass ein geldwerter Vorteil zu versteuern ist. Dies gilt selbst für E-Bikes, die kraftfahrzeugrechtlich als Fahrräder eingestuft sind, weil die Elektrounterstützung nur bis 25 km/h erfolgt.

→ **Firmenwagen.** Einen Dienstwagen schätzen viele Arbeitnehmer mehr als eine Gehaltserhöhung. Sie können den Wagen auch privat nutzen, und der Arbeitgeber übernimmt nicht nur den Kauf, sondern begleicht meist auch die Tankfüllungen, zahlt die Versicherung, Kfz-Steuer und die Werkstattkosten. Die Mitarbeiter bekommen dann am Monatsende zwar etwas weniger aufs Konto, sparen sich aber die Kosten eines Privatwagens. Das Finanzamt berechnet den steuerpflichtigen privaten Nutzen in der Regel nach der 1-Prozent-Methode. Dabei gelten monatlich 1 Prozent vom Listenpreis des Autos plus eine Pauschale für jeden Fahrtkilometer zwischen Wohnung und Arbeitsstelle als fiktiver Zusatzlohn, auf den Einkommenssteuer erhoben wird. Alternativ kann per Fahrtenbuch abgerechnet werden. Für Elektrofahrzeuge, die seit 2019 überlassen wurden oder werden und höchstens 70000 Euro Listenpreis haben, wird der Vorteil nur aus einem Viertel des Listenpreises berechnet und für andere ab 2019 angeschaffte E-Autos sowie für Hybridfahrzeuge nur aus der Hälfte des Listenpreises.

- → **Fortbildung.** Sie möchten nach Ihrer kaufmännischen Ausbildung nebenberuflich ein Studium absolvieren? Ihr Chef kann die Fortbildungskosten steuer- und sozialabgabenfrei zusätzlich zum Arbeitslohn übernehmen oder bezuschussen. Das Finanzamt achtet jedoch darauf, dass die Weiterbildung zu einer verbesserten Einsatzmöglichkeit des Mitarbeiters führt. Fehlt der Bezug zur konkreten Tätigkeit oder zu einem Positionswechsel, liegt steuerpflichtiger Arbeitslohn vor.
- → **Gesundheitsförderung.** Für Massagen, Rückenschulen, Stressbewältigungskurse und andere Gesundheitsmaßnahmen inner- und außerhalb der Firma kann der Arbeitgeber dem Mitarbeiter pro Jahr 500 Euro spendieren. Die Ausgaben bleiben steuer- und versicherungsfrei. Beiträge an Sportvereine oder Fitnessstudios sind aber nicht begünstigt.
- → **Gutscheine.** Der Arbeitgeber kann seinem Mitarbeiter pro Monat zusätzlich zum Lohn Sachleistungen von maximal 50 Euro steuer- und versicherungsfrei zuwenden. Dabei kann es sich beispielsweise um Benzin- oder andere Warengutscheine handeln.
- → **Mitarbeiterbeteiligungen.** Belegschaftsaktien und andere Formen der Vermögensbeteiligung am Unternehmen des Arbeitgebers bleiben bis 2 000 Euro im Jahr steuer- und beitragsfrei. Mit dem Zukunftsfinanzierungsgesetz wurde dieser Freibetrag ab 2024 erneut erhöht. Bis 2020 lag er noch bei 360 Euro und wurde ab 2021 auf 1.440 Euro angehoben.
- → **PC & Co.** Nutzt ein Arbeitnehmer einen PC des Arbeitgebers (samt Drucker und anderen Peripheriegeräten) sowie Telekommunikationsgeräte des Arbeitgebers privat im Betrieb oder außerhalb, bleibt das steuer- und beitragsfrei. Bei einer Schenkung solcher Geräte an den Mitarbeiter kann der Arbeitgeber den geldwerten Vorteil pauschal mit 25 Prozent versteuern. Der Mitarbeiter bleibt unbelastet.
- → **Personalrabatt.** Überlässt der Chef seinen Mitarbeitern Dienstleistungen oder Waren aus der eigenen Produktion oder aus seinem Angebot, bleiben pro Kalenderjahr bis zu 1 080 Euro davon steuer- und sozial-

versicherungsfrei. Auf Waren und Leistungen gibt es außerdem 4 Prozent Abschlag.

Wie wertvoll geldwerte Extras im Vergleich zu einer „normalen“ Gehaltserhöhung sein können, zeigt das folgende Beispiel einer alleinerziehenden Mutter:

→ Zum Beispiel Bettina B.

Die alleinerziehende Angestellte mit 3 000 Euro Monatsgehalt (Steuerklasse II) zahlt monatlich 280 Euro Kita-Gebühr. Sie verhandelt mit dem Chef, ob er statt der Gehaltserhöhung die Kita-Gebühr übernimmt. Die einfache Rechnung überzeugt ihn: Er hat so 57 Euro weniger Lohnnebenkosten (337 minus 280) und Bettina 117 Euro mehr in der Tasche als durch die Gehaltserhöhung (2 460 minus 2 343).

Vergleichsrechnung für Bettina B.	**Mit Kitazuschuss**	**Mit Gehaltserhöhung**
Bruttogehalt vorher	3 000	3 000
Nettogehalt vorher	2 180	2 180
Bruttogehalt nachher	3 000	3 280
Nettogehalt nachher	2 180	2 343
Kindergartenzuschuss	280	0
Netto insgesamt (Nettogehalt nachher plus Zuschuss)	2 460	2343
Zusatzkosten des Arbeitgebers (alle Angaben in Euro)	**280**	**ca. 337**

Nebeneinkünfte: bis 410 Euro steuerfrei

Vermieten Sie eine Garage an den Besitzer eines Wohnmobils oder die Dachgeschosswohnung an eine Studentin? Solange Ihre Nebeneinkünfte bei höchstens 410 Euro im Jahr liegen, können Sie diese steuerfrei kassieren. Zu den Nebeneinkünften zählen beispielsweise

- **freiberufliche Einkünfte,**
- **Einkünfte aus Gewerbebetrieb,**
- **Mieteinkünfte,**
- **Renteneinkünfte.**

Auf die Besonderheiten, die für eine selbstständige Nebentätigkeit – als Freiberufler oder Gewerbetreibender – gelten, gehen wir noch etwas ausführlicher im Kapitel „Nebenjobs“ auf Seite 228 ein.

Für Einkünfte aus Kapitalvermögen gilt die Freigrenze von 410 Euro im Jahr nicht. Dafür gibt es ja den Sparerpauschbetrag von 1 000 Euro.

Der 410-Euro-Freibetrag kann sich lohnen

Haben Sie beispielsweise für eine Vortragstätigkeit im Jahr 400 Euro steuerpflichtige Einkünfte eingenommen, bleiben diese steuerfrei. Das ist ein Vorteil, den nur Arbeitnehmer, Beamte und Pensionäre haben, und sie müssen wegen solcher Zusatzeinkünfte bis 410 Euro auch keine Steuererklärung abgeben.

Sobald die jährlichen Nebeneinkünfte über 410 Euro liegen, verändert sich die Lage: Dann sind Ihre Nebeneinkünfte nicht mehr steuerfrei, und Sie müssen eine Steuererklärung abgeben. Aber der Vorteil ist nicht gleich komplett verloren, er schmilzt bis 820 Euro langsam ab. Den „Härteausgleich“ können ebenfalls nur Arbeitnehmer, Beamte und Pensionäre nutzen. Er bewirkt, dass Nebeneinkünfte bis 820 Euro etwas milder besteuert werden.

Das passiert durch eine einfache Formel: 820 Euro minus Nebeneinkünfte ergibt den Freibetrag für die Nebeneinkünfte. Hätte der Arbeitnehmer und Nebenerwerbsreferent aus dem Beispiel oben nicht 400 Euro, sondern 460 Euro Vortragshonorare, würde das Finanzamt zunächst die 820-Euro-Grenze um die Honorare von 460 Euro verringern. Das Ergebnis wären 360 Euro (820 minus 460). Diese 360 Euro mindern das Einkommen. Unter dem Strich wären nicht 460 Euro Honorare steuerpflichtig, sondern nur 100 Euro (460 minus 360).

Je mehr sich die Nebeneinkünfte der 820-Euro-Grenze nähern, umso geringer wird der steuerfreie Betrag. Erreichen sie 820 Euro, beträgt er null und sämtliche Nebeneinkünfte sind voll steuerpflichtig.

Besondere Rechnung als Paar

Für Ehe- und Lebenspartner gilt wie für Alleinstehende die gleiche Grenze von 410 Euro. Sie verdoppelt sich nicht, obwohl die Nebeneinkünfte beider Partner zusammengerechnet werden. Als Paar sollten Sie deshalb überlegen, ob sich eventuell zwei getrennte Steuererklärungen lohnen. Meist ist für Sie aber dennoch die gemeinsame Abrechnung günstiger.

Hat zum Beispiel die Ehefrau 400 Euro Nebeneinkünfte und der Ehemann 600 Euro, müssten sie das zusammen voll versteuern, weil mit 1000 Euro Nebeneinkünften die 820-Euro-Hürde gerissen wäre. Bei getrennten Steuererklärungen blieben die Nebeneinkünfte der Ehefrau dagegen ganz steuerfrei, weil sie unter 410 Euro liegen. Der Ehemann könnte den Härteausgleich nutzen mit einem Freibetrag von 220 Euro (820 minus 600). In diesem Fall kann es sich lohnen, die Alternativen Einzel- oder Zusammenveranlagung mit einer Steuersoftware rechnerisch zu vergleichen. Dann sehen Sie, ob die getrennten Steuererklärungen sich tatsächlich lohnen oder ob die Nachteile, die sich daraus ergeben, doch größer sind als der Vorteil (→ Seite 262).

Zusätzlicher Vorteil für Ältere möglich

Auch Nebeneinkünfte sind Einkünfte, wie sie das Steuerrecht versteht. Es geht hier immer um Einnahmen minus Werbungskosten oder Betriebsausgaben. Außerdem werden je nach Alter der Altersentlastungsbetrag (→ Seite 196) und der Freibetrag für Einkünfte aus Land- und Forstwirtschaft berücksichtigt. Hätte der Arbeitnehmer und Nebenerwerbsreferent aus dem vorherigen Beispiel im Jahr 2023 seinen 64. Geburtstag gefeiert und wäre Pensionär geworden, stünde ihm im Steuerjahr 2024 ein Altersentlastungsbetrag von 13,6 Prozent seines Honorars von 460 Euro zu (→ Seite 256). Das wären 63 Euro, und somit blieben nur 397 Euro steuerpflichtige Mieteinkünfte übrig (460 minus 63). Weil die Nebeneinkünfte damit unterhalb von 410 Euro liegen würden, blieben sie komplett steuerfrei, und eine Steuererklärung ist nicht erforderlich, weil für Pensionäre dieselben Regeln wie für aktive Arbeitnehmer gelten.

Das ist sicher kein alltäglicher Fall, er zeigt aber, dass auch eher geringe Entlastungen spürbare Steuerersparnisse bringen können.

Erzielen Sie Nebeneinkünfte von mehr als 410 Euro, kann der genannte Altersentlastungsbetrag trotzdem helfen, Ihre Abgaben zu drücken. Hätte unser Arbeitnehmer aus dem obigen Beispiel deutlich höhere Nebeneinkünfte, etwa aus Vermietung und Verpachtung, hätte das Finanzamt für ihn einen Altersentlastungsbetrag von bis zu 646 Euro berücksichtigen müssen:

→ Zum Beispiel Hubert H.

Hubert H. ist im Sommer 2023 64 geworden und will 2025 in Rente gehen. Noch arbeitet er in einer Bank und erzielt nebenbei aus einer vermieteten Einliegerwohnung 5 000 Euro Nebeneinkünfte. Für ihn muss das Finanzamt ab 2024 einen Altersentlastungsbetrag von 13,6 Prozent berücksichtigen, allerdings maximal 646 Euro im Jahr. Bei einem Grenzsteuersatz von 30 Prozent bringt ihm der Altersentlastungsbetrag somit eine Ersparnis von immerhin 193,80 Euro.

Nebenjob: Wenn Sie dazuverdienen wollen

Ihr Grundgehalt ist insgesamt niedrig? Sie arbeiten Teilzeit, würden gerne Stunden aufstocken, aber derzeit ist nichts im Unternehmen möglich? Oder möchten Sie sich in einer neuen Branche ein zweites Standbein schaffen, vielleicht sogar als Ihr eigener Chef?

Für einen Nebenjob zu Ihrer Tätigkeit als Arbeitnehmer oder Beamter kann es ganz unterschiedliche Gründe geben. Geht es Ihnen vor allem um mehr finanzielle Freiräume, sollten Sie vor dem Einstieg in den Zusatzjob genau überlegen, wie viel Sie nebenbei arbeiten. Denn nicht jeder Zusatzverdienst lohnt sich letztlich so, wie Sie es vielleicht auf den ersten Blick erwarten. Lassen Sie sich nicht durch einen hohen Bruttoverdienst blenden – schauen Sie vor Jobantritt auf das, was Ihnen netto tatsächlich am Monatsende zur Verfügung stehen wird. Bitten Sie Ihren Arbeitgeber, dass er Ihnen vorab ausrechnet, was Sie netto erhalten. Zudem finden Sie im Internet Gehaltsrechner, mit denen Sie zumindest grob Ihr Monatsnetto ermitteln können.

Minijob nebenbei meist attraktiv

Die meisten Arbeitnehmer entscheiden sich für eine geringfügige Beschäftigung, einen sogenannten Minijob, nebenbei. Finanziell ist das sowohl für Angestellte als auch für Beamte attraktiv, denn wenn Sie im Schnitt höchstens 538 Euro im Monat nebenbei verdienen, können Sie Ihren Bruttoverdienst ohne Abzüge, also brutto wie netto, einstreichen. Diese Grenze wurde im Januar 2024 erhöht. Sie lag zuvor bei 520 Euro. Auf die Grenze werden steuerbegünstigte Zuschläge wie Sachbezüge oder Feiertags- und Nachtarbeit nicht angerechnet.

Für den Verdienst werden pauschal 2 Prozent Lohnsteuer fällig. Häufig übernimmt der Arbeitgeber die Lohnsteuer zusammen mit den zu zahlenden Sozialversicherungsbeiträgen. Dann müssen Sie Ihren Zusatzverdienst nicht in der Steuererklärung angeben. Sie tragen nur die Rentenbeiträge ein, die für Ihren Verdienst geflossen sind. Es kann auch sein, dass der Arbeitgeber die Pauschalsteuer auf Sie abwälzt. Das ist allerdings im Regelfall immer noch günstiger für Sie, als wenn er Ihren Verdienst nach Steuerklasse abrechnet.

Regelmäßig über 538 Euro

Brutto wie netto verdienen? Das klappt nicht mehr, wenn Sie regelmäßig mehr als 538 Euro brutto monatlich erhalten, denn dann werden für Ihren Verdienst Steuern und Sozialabgaben fällig. Der Arbeitgeber muss ihn nach Ihrer Steuerklasse abrechnen. Für Nebenjobber bleibt dafür nur die ungünstige Steuerklasse VI. Hier ist die monatlich fällige Lohnsteuer besonders hoch. Und trotz dieser hohen monatlichen Abzüge müssen Sie bei der nächsten Steuererklärung oft noch mit einer Nachforderung vom Finanzamt rechnen.

Für die Sozialversicherungsbeiträge gilt: Ihre Höhe hängt unter anderem davon ab, welche weiteren Einkommen Sie haben. So müssen Rentner und Studenten mit einem Monatsverdienst bis höchstens 2000 Euro brutto nur reduzierte Sozialversicherungsbeiträge zahlen. Wer hingegen als Arbeitnehmer aus einem oder mehreren Jobs auf mehr als 2000 Euro kommt, zahlt die vollen Beitragssätze zur Kranken-, Pflege-, Renten- und Arbeitslosenversicherung. Letztlich können die Steuer und die Versicherungsbeiträge dazu führen, dass ein hoher Bruttoverdienst netto gar nichts oder kaum mehr als ein pauschal versteuerter Minijob bringt:

→ Zum Beispiel Annette

Annette hat 2024 in Teilzeit in einer Spedition 2 200 Euro brutto im Monat verdient. Netto blieben ihr 1 590 Euro. Für ihren Zweitjob in einer Druckerei erhielt A 800 Euro brutto im Monat. In Steuerklasse VI bekam sie netto 544 Euro im Monat ausgezahlt. Aus beiden Jobs hatte sie so insgesamt 2 134 Euro netto im Monat. Gibt sie nun in der Steuererklärung beide Jobs an, zeigt sich, dass ihr zu versteuerndes Einkommen so hoch ist, dass das Finanzamt noch einmal 1017 Euro Steuern für das Jahr nachfordert. Das sind rund 85 Euro pro Monat. Netto hatte sie damit tatsächlich nur 2 049 Euro (2 134 minus 85 Euro) im Monat. Hätte Annette sich stattdessen für einen pauschal versteuerten 538-Euro-Job entschieden, wäre sogar mehr drin gewesen. Sie hätte damit netto bis zu 2 128 Euro (1 590 plus 538 Euro) im Monat gehabt.

Vorübergehend mehr arbeiten: Saison- und Aushilfsjob

Sie können sich vorstellen, nicht das ganze Jahr über, sondern nur zu bestimmten Zeiten nebenbei zu arbeiten: etwa, wenn Sie im Sommer im Café einer Freundin aushelfen oder im Winter Samstagsschichten auf dem Weihnachtsmarkt übernehmen?

Liegt Ihr Verdienst in der Zeit über 538 Euro brutto im Monat, ist er zwar steuerpflichtig, aber Sozialabgaben entfallen meist. Denn wenn die Tätigkeit von vornherein auf maximal drei Monate oder 70 Arbeitstage im Jahr begrenzt ist, müssen weder Sie noch Ihr Arbeitgeber für den Verdienst Versicherungsbeiträge zahlen. Die Höhe der Lohnsteuer ermittelt der Arbeitgeber meist nach der ungünstigen Steuerklasse VI. Waren die Abzüge zu hoch, holen Sie sich das Geld mit der Steuererklärung zurück.

Je nach Arbeitszeit und Verdienst kommt eventuell alternativ eine pauschale Besteuerung infrage. Der Steuersatz beträgt dann aber nicht wie beim Minijob nur 2 Prozent, sondern 25 Prozent. Deshalb lohnt sich die Pauschalsteuer für Sie als Jobber oft nur, wenn der Arbeitgeber sie zahlt und nicht auf Sie abwälzt.

Nebenbei selbstständig

Wollen Sie sich mit einer selbstständigen Nebentätigkeit ein zweites berufliches Standbein schaffen, müssen Sie den Verdienst zwar versteuern, aber auch bei dieser Kombination werden häufig keine zusätzlichen Sozialversicherungsbeiträge fällig. Solange die Selbstständigkeit etwa aufgrund Ihres Verdienstes und der Arbeitszeit nebenberuflich bleibt, müssen Sie für Ihre Einnahmen keine Krankenkassenbeiträge zahlen. Je nach Beruf können aber Beiträge zur Rentenversicherung fällig werden, etwa für Tätigkeiten als Handwerker oder Lehrer.

Erzielen Sie als Selbstständiger einen Gewinn von mehr als 410 Euro im Jahr, müssen Sie ihn in der Einkommensteuererklärung angeben (→ Seite 225). Machen Sie einen Verlust – zum Beispiel, weil Sie zunächst deutlich höhere Ausgaben als Einnahmen aus Ihrem Betrieb haben –, muss das Finanzamt ihn mit anderen Einkünften verrechnen, etwa mit den Einkünften aus angestellter Beschäftigung.

Beachten Sie aber, dass für Sie als Selbstständiger neben der Einkommen- auch Umsatzsteuer fällig werden kann. Das hängt davon ab, ob das Finanzamt Sie als Kleinunternehmer führt oder nicht. Als Kleinunternehmer müssen Sie keine Umsatzsteuer erheben und an das Finanzamt weiterleiten. Als Kleinunternehmer gelten Sie, solange Ihr Jahresumsatz nicht über 22 000 Euro liegt. Ist er höher, gelten Sie ab dem folgenden Jahr nicht

Mehrere Jobs kombinieren

Reicht Ihnen etwa der Verdienst aus einem Minijob zusammen mit Ihrer Hauptbeschäftigung nicht aus, können Sie beides noch mit einer saisonalen Beschäftigung kombinieren. Auch dann müssen Sie keine Sozialversicherungsbeiträge für Mini- und Saisonjob zahlen. Noch ein Minijob mehr würde dann aber nicht gehen. Mehr Informationen zu Zusatzverdiensten finden Sie unter minijob-zentrale.de, auch erreichbar über die Service-Hotline 03 55 / 2 90 27 07 99.

mehr als Kleinunternehmer. Liegt Ihr Jahresumsatz voraussichtlich sogar über 50000 Euro, können Sie schon im laufenden Jahr umsatzsteuerpflichtig sein. Sie sollten dann einen Steuerberater zurate ziehen.

Die Grenze von 22000 Euro gilt im ersten Jahr monatsweise, sodass Sie monatlich im Schnitt bis zu 1833,33 Euro einnehmen dürfen (1⁄12 von 22000 Euro). Machen Sie sich erst im September selbstständig, darf der Umsatz höchstens 7333 Euro (4 Monate mal 1833,33 Euro) betragen. Ist der Umsatz höher, sind Sie ab dem Folgejahr umsatzsteuerpflichtig.

Die Kleinunternehmer-Regel klingt bequem und sie ist es häufig auch, da Sie sich nicht um Umsatzsteuer kümmern müssen. Sie müssen sie nicht von Ihren Kunden erheben und auch nicht an das Finanzamt weiterleiten. Doch die bequeme Lösung ist nicht unbedingt am günstigsten für Sie, sodass es sich trotz niedriger Umsätze lohnen kann, dass Sie sich gegen die Befreiung von der Umsatzsteuer entscheiden, zum Beispiel, wenn Sie selbst für Ihren Betrieb größere Aufwendungen haben, etwa für technische Geräte. Die dafür bezahlte Vorsteuer dürfen Sie mit der Umsatzsteuer, die Sie einnehmen und weiterleiten müssen, gegenrechnen. Unterm Strich kann das Erstattungen bringen. Klären Sie am besten mit einem Steuerberater vorab, was für Sie am günstigsten ist.

Lohnersatz: So holen Sie etwas mehr heraus

Seit der Corona-Pandemie sind Lohnersatzleistungen verstärkt ins Blickfeld geraten: Millionen Arbeitnehmer landeten ab 2020 in Kurzarbeit. Immerhin konnten sich die Betroffenen in dieser Situation auf finanzielle Unterstützung durch den Staat verlassen. Leistungen wie Kurzarbeiter- und Arbeitslosengeld sorgen dafür, dass in diesen Phasen weiterhin Geld aufs Konto kommt. Auch das Krankengeld, das Kinderkrankengeld sowie das Elterngeld zählen zu diesen Lohnersatzleistungen.

In diesem Kapitel fassen wir zunächst kurz zusammen, was diese Zahlungen für Ihre nächste Steuererklärung bedeuten. Noch wichtiger für die Zukunft ist jedoch die Frage, wie Sie heute schon dafür sorgen können, dass Ihr Lohnersatz eventuell künftig etwas höher ausfällt.

Lohnersatz bereits geflossen: Abrechnung häufig Pflicht

Haben Sie bereits Lohnersatz erhalten? Dann müssen Sie sich häufig auf zwei Punkte einstellen, die Sie vielleicht aus früheren Jahren nicht kennen. Einer davon: Sind Lohnersatzleistungen geflossen, ist die Steuererklärung häufig Pflicht, nämlich dann, wenn Sie neben Ihrem Arbeitslohn Lohnersatzleistungen in Höhe von über 410 Euro erhalten haben. Die 410-Euro-Grenze gilt übrigens für Alleinstehende sowie für Ehepaare und Lebenspartnerschaften. Sie verdoppelt sich für Paare also nicht.

Sind Sie in der Pflicht, dürfen Sie sich für die Erklärung nicht so viel Zeit lassen, wie Sie es vielleicht aus früheren Jahren gewöhnt sind: Es herrschen strenge Abgabefristen. Die Steuererklärung 2024 muss bis zum 31. Juli 2025 beim Finanzamt sein.

Wenn Sie nun Ihren Lohnersatz abgerechnet haben, müssen Sie einplanen, dass sich Ihre Steuerbelastung erhöhen kann. Hintergrund: Leistungen wie Kinder- oder Kurzabereitergeld sind zwar steuerfrei, unterliegen aber dem sogenannten „Progressionsvorbehalt“. Das heiß: Durch den Lohnersatz kann sich der Steuersatz für Ihre sonstigen Einkünfte erhöhen und damit auch Ihre Steuerbelastung. Das Finanzamt addiert den im Steuerjahr geflossenen Lohnersatz zum zu versteuernden Einkommen und ermittelt den Steuersatz auf diese Summe. Das ist der sogenannte besondere Steuersatz. Danach zieht das Finanzamt die Lohnersatzleistung wieder ab und wendet den besonderen Steuersatz auf das ursprüngliche zu versteuernde Einkommen an. Das Ergebnis ist in der Regel eine höhere Steuerbelastung als vorher:

→ Zum Beispiel Chiara C.

Die alleinstehende und kinderlose Arbeitnehmerin hatte nach allen Abzügen 22 000 Euro zu versteuerndes Einkommen. Zusätzlich erhielt sie 3 000 Euro Kurzarbeitergeld von der Bundesagentur für Arbeit. Die steuerfreie Lohnersatzleistung erhöhte Chiaras Einkommenssteuer um rund 423 Euro, wie die folgende Rechnung zeigt.

zu versteuerndes Jahreseinkommen (ohne Kurzarbeitergeld)	**22 000**
Einkommenssteuer (Durchschnittssteuersatz: 10,1 Prozent)	2 233
Chiaras zu versteuerndes Jahreseinkommen mit Kurzarbeitergeld (22 000 plus 3 000)	25 000
Einkommenssteuer (Durchschnittssteuersatz: 12,1 Prozent)	3 023
22 000 Euro zu versteuern mit dem besonderen Steuersatz von 12,1 Prozent	2 660
Mehrbelastung (2 660 minus 2 233, alle Angaben in Euro)	**427**

Dieser Progressionsvorbehalt sorgt übrigens dafür, dass Sie als Ehepaar nicht automatisch in der Steuererklärung die gemeinsame Veranlagung ankreuzen sollten. Im Normalfall ist sie zwar für Ehepaare günstiger (→ Seite 237), doch durch den Progressionsvorbehalt kann es tatsächlich sein, dass es für Sie als Paar attraktiver ist, wenn Sie zwei einzelne Steuererklärungen einreichen – jeder Partner füllt eine eigene aus.

Lohnersatz ist nicht gleich Lohnersatz

Allerdings lösen nicht alle Lohnersatzleistungen den Progressionsvorbehalt aus. Lohnersatzleistungen, die dem Progressionsvorbehalt unterliegen, sind in § 32b Absatz 1 des Einkommensteuergesetzes benannt: Arbeitslosengeld (ALG I), Elterngeld, Insolvenzgeld, Krankengeld von Arbeitnehmern, die in der gesetzlichen Versicherung freiwillig oder pflichtversichert sind, Kurzarbeitergeld, Mutterschaftsgeld, Zuschuss zum Mutterschaftsgeld, Verletztengeld, Winterausfallgeld.

Was nicht in diesem Paragrafen steht, bleibt frei vom Progressionsvorbehalt, zum Beispiel Arbeitslosengeld II, Krankengeld einer privaten Krankenversicherung, Sozialhilfe und Wohngeld.

Für künftige Zahlungen: So holen Sie mehr heraus

Die Höhe des Lohnersatzes ist festgelegt – daran können Sie gar nichts machen? Das stimmt so nicht! Mit etwas zeitlichem Vorlauf haben Sie immerhin die Möglichkeit, sich für die Zukunft mehr Leistungen zu sichern.

Wenn Sie verheiratet sind, können Sie unter anderem an der Stellschraube Steuerklasse drehen. Viele Lohnersatzleistungen werden auf der Grundlage des Nettoeinkommens berechnet und damit in Abhängigkeit von der Lohnsteuerklasse. Welche Steuerklassen für welche Arbeitnehmer gelten, stellen wir ausführlicher im Kapitel „Trauschein mit Steuereffekt" vor (➔ Seite 237). An dieser Stelle zeigen wir nur ein Beispiel, was ein Steuerklassenwechsel beim Lohnersatz tatsächlich bringen kann.

Verdient beispielsweise eine verheiratete werdende Mutter 2 500 Euro brutto in der Steuerklasse V, steht ihr nach der Geburt ein Elterngeld in Höhe von monatlich rund 883 Euro zu. Wechselt sie rechtzeitig in die Steuerklasse III, bekommt sie etwa 345 Euro mehr Elterngeld: 1 228 Euro. Sie profitiert davon, dass in Steuerklasse III mehr Steuerfreibeträge berücksichtigt werden als in Klasse V. Damit sich der Steuerklassenwechsel aber tatsächlich auszahlt, sollten Sie als Paar mit Kinderwunsch auch finanziell auf eine langfristige Planung setzen. Wer wird voraussichtlich den überwiegenden Teil der Elternzeit nehmen?

Die richtigen Anträge stellen

Wollen Sie als Paar die Steuerklassen III/V statt IV/IV, stellen Sie den „Antrag auf Steuerklassenwechsel bei Ehegatten" gemeinsam. Ein Wechsel ist mehrmals im Jahr möglich, letztmalig zum 30. November. Zur IV darf einer allein wechseln, der andere rutscht dann automatisch mit in die IV. Einen Freibetrag erhalten Sie per „Antrag auf Lohnsteuer-Ermäßigung 2024". Hier können Alleinerziehende auch den Wechsel in Steuerklasse II und den Entlastungsbetrag beantragen. Alle Anträge gibt es online unter: formulare-bfinv.de.

Damit die Familienkasse den Steuerklassenwechsel in eine günstigere Lohnsteuerklasse mit Sicherheit anerkennt, sollten Sie als Mutter in der Regel mindestens sieben Monate vor Beginn des Mutterschutzes in Steuerklasse III sein. Beim **Krankengeld** muss die III spätestens einen Monat vor der Arbeitsunfähigkeit in den ELStAM-Daten stehen. Beim **Arbeitslosengeld** sollte sie im Januar des Jahres gelten, in dem die Arbeitslosigkeit beginnt. Einen späteren Wechsel akzeptiert die Arbeitsagentur nur, wenn die neuen Steuerklassen für das Paar sinnvoll sind. Beim **Kurzarbeitergeld** können Sie vor oder während des Bezugs zur III wechseln.

Wichtig: Selbst wenn es für den Wechsel von der V in die III zu spät ist, bleibt Ihnen immer noch ein Wechsel zur Klasse IV + Faktor. Er ist für beide Partner immer möglich.

Eine weitere Chance, zumindest einige Lohnersatzleistungen zu erhöhen, bieten zusätzliche Freibeträge, die Sie sich in Ihre Lohnsteuerdaten eintragen lassen (→ Seite 213). Zusätzliche Steuerfreibeträge gewährt Ihnen das Finanzamt – vereinfacht gesagt – für Ausgaben, die Sie sonst in der nächsten Steuererklärung geltend machen würden. Mit diesen zusätzlichen Freibeträgen sinkt die monatlich zu zahlende Lohnsteuer, und Ihr Nettogehalt steigt, weil Sie gleich einigermaßen passend Ihre Steuer zahlen und nicht deutlich zu viel.

Bei Leistungen wie dem Kranken- oder Mutterschaftsgeld führt das zu höheren Leistungen. Beim Eltern- und Arbeitslosengeld wirken sich die zusätzlichen Freibeträge allerdings nicht aus.

Trauschein mit Steuereffekt

Heiraten im Dezember? Es gibt Hochzeitstage, an denen das Wetter deutlich besser ist, aber steuerlich ist ein Termin zum Jahresende genauso attraktiv wie im Mai oder September. Denn egal, wann Sie im Laufe des Jahres heiraten, Sie profitieren in dem Jahr von einigen Steuervorteilen. Wenn wir im weiteren Verlauf der Einfachheit halber nur von Ehepaaren sprechen, beziehen sich diese Informationen automatisch auch auf eingetragene Lebenspartnerschaften.

Der wirksamste Vorteil ist der spezielle Steuertarif, der Ihnen als Paar zusteht. Es geht um den „Splittingtarif", der Ehe- und Lebenspartnern in der Regel einen Steuernachlass bringt. Er fällt umso höher aus, je unterschiedlicher die steuerpflichtigen Einkünfte beider Partner sind.

Splitting-Vorteil im Überblick

Haben zum Beispiel Ehepaare/Lebenspartner zusammen ein zu versteuerndes Einkommen von 50 000 Euro, werden dafür 6 046 Euro Einkommenssteuer für das Jahr 2024 fällig, wenn beide Partner eine gemeinsame Steuererklärung abgeben („Zusammenveranlagung"). Wie sich das Einkommen auf beide verteilt, spielt keine Rolle. Gibt aber jeder von ihnen eine eigene Steuererklärung ab („Einzelveranlagung"), werden die Partner im Prinzip wie zwei Alleinstehende besteuert. Und da zeigen sich die Unterschiede: Verdient einer alles und der andere nichts, würden bei einer

Vorübergehend getrennt

Der Splittingtarif steht nur zusammenlebenden Ehe- und Lebenspartnern zu. Unternehmen aber getrennt lebende Partner einen Versöhnungsversuch und leben einige Zeit wieder zusammen, drückt das Finanzamt für das Jahr ein Auge zu. Egal wie der Versuch endete, gilt der Splittingtarif.

Einzelveranlagung 10 872 Euro an Einkommenssteuer fällig, also 4 862 Euro mehr als bei einer Zusammenveranlagung. Hätten beide ein gleiches zu versteuerndes Einkommen von 25 000 Euro, zahlte jeder bei einer Einzelveranlagung 3 023 Euro Einkommenssteuer. Es wäre in dem Fall zunächst egal, ob man gemeinsam oder einzeln seine Steuern erklärt.

Sie können jedes Kalenderjahr erneut wählen, ob Sie eine gemeinsame Steuererklärung abgeben möchten oder einzelne. Häufig ist die Zusammenveranlagung günstiger, insbesondere wenn beide Partner sehr unterschiedlich verdienen. Andere Lebenssituationen sind weniger eindeutig. Ein Beispiel: Angenommen, das Einkommen ist einigermaßen gleich verteilt. Doch dann kommen nennenswerte Einnahmen hinzu, die wie etwa Kurzarbeitergeld dem Progressionsvorbehalt unterliegen (→ Seite 234), oder Verluste eines Partners, Abfindungen oder Nebeneinkünfte bis 410 Euro pro Jahr (→ Seite 225). Hier hilft nur genaues Rechnen – zum Beispiel mithilfe eines Steuerprogramms.

Steuerklassen geschickt kombinieren

Einen weiteren Vorteil, den Paare haben: Sie haben einige Kombinationsmöglichkeiten bei der Wahl der Steuerklassen. So können Sie Einfluss auf Ihr Nettogehalt und damit auch auf künftige Lohnersatzzahlungen nehmen. Denn je nach Lohnsteuerklassen-Kombination müssen Sie in unterschiedlicher Höhe monatliche Abzüge vom Bruttoverdienst hinnehmen.

Die Kombination IV/IV ist in der Regel die richtige Wahl, wenn beide Partner etwa gleich viel verdienen. Liegen die Löhne weit auseinander, sorgt die Kombination III/V für den geringsten Steuerabzug im Laufe des Jahres, kann aber mit der Steuererklärung zu einer enormen Nachforderung führen. Der Partner mit dem höheren Lohn nimmt Klasse III, wenn er mindestens 60 Prozent des „Gesamtlohns" beider Partner hat, so eine Daumenregel.

Besteuerung per Faktor

Achtung: Die oftmals beliebten Steuerklassen III/V sollen ab 2030 abgeschafft werden. Das plant die Bundesregierung mit dem Entwurf eines Steuerfortentwicklungsgesetzes. Diese Klassen sollen dann in „Steuerklasse IV + Faktor" überführt werden. Die Steuerklasse IV + Faktor gibt es bereits seit einigen Jahren.

Durch das „Faktorverfahren" verringert sich die hohe Steuerbelastung in der Klasse V zulasten der besonders günstigen Klasse III. Jeder Partner zahlt dann bereits beim monatlichen Lohnsteuerabzug entsprechend seinem Gehaltsanteil. Es geht also um eine gerechtere Verteilung der Steuerbelastung. Bezüglich der nach der Steuererklärung insgesamt zu zahlenden Einkommenssteuer ändert sich für das Paar nichts.

Mit der Steuerklassenkombination III/V kann es zu Steuernachzahlungen kommen, die bei großen Lohnunterschieden ansteigen. Außerdem verbleibt bei der Steuerklasse V oft relativ wenig Nettolohn. Wer beide Nachteile vermeiden will, kann das über die Wahl der Steuerklassenkombination IV/IV mit Faktor erreichen. Bei dieser Kombination entspricht der Lohnsteuerabzug annähernd der tatsächlich zu zahlenden Einkommenssteuer. Das Finanzamt ermittelt dafür einen Faktor, der den Verdienstunterschied ausgleicht und die Lohnsteuerbelastung optimiert. Der individuell ermittelte Faktor wird dem Arbeitgeber mitgeteilt. Daraufhin zieht er die Lohnsteuer zunächst auf der Grundlage der Steuerklasse IV ab und multipliziert die Steuer danach mit einem Faktor, der kleiner als eins ist. So wird erreicht, dass die bisher hohe Lohnsteuerbelastung in der Lohnsteuerklasse V des geringer verdienenden Partners deutlich sinkt. Ebenso wird eine deftige Steuernachzahlung, die bei unzutreffender Wahl von III/V errechnet werden kann, vermieden.

Sind Sie unsicher, welche Kombination für Sie am besten passt, nutzen Sie zum Beispiel die Seite bmf-steuerrechner.de und klicken Sie auf: „Berechnung der Lohnsteuer", danach „Faktorverfahren". Dort können Sie Ihre Daten eingeben und ermitteln, wie sich der Faktor bei Ihrer Lohnsteuerklassenwahl auswirkt.

Faktorberechnung nicht immer optimal

Wollen Sie als Paar die Steuerklasse IV mit Faktor wählen, müssen Sie mit einem gemeinsamen Antrag beim Finanzamt auch die voraussichtlichen Jahresarbeitslöhne aus Ihrem Hauptarbeitsverhältnis angeben. Arbeitslöhne aus weiteren Jobs, die nach Steuerklasse VI besteuert werden, bleiben bei der Faktorberechnung unberücksichtigt. Letztlich ist die Vorababrechnung dann nicht ganz genau, sodass es auch deshalb bei der Steuererklärung doch noch zu Nachforderungen kommen kann.

Paare können den Faktor für das laufende Kalenderjahr bis zum 30. November beim zuständigen Finanzamt beantragen oder bis zu diesem Termin ändern lassen. Arbeitnehmer, die sich für das Faktorverfahren entscheiden, müssen eine Steuererklärung abgeben. Der Faktor kann auch für zwei Jahre beantragt werden.

Lohnersatz beeinflussen

Sind Sie selbst in der Steuerklasse IV oder IV mit Faktor, ist Ihr Nettoverdienst höher, als wenn Sie in Steuerklasse V sind. Am höchsten ist das Monatsnetto in Steuerklasse III. Dementsprechend gilt auch: Wer damit rechnet, in absehbarer Zeit Lohnersatzleistungen wie Eltern- oder Kurzarbeitergeld zu bekommen, kann mit einem Wechsel in Steuerklasse III die Auszahlung erhöhen (→ Seite 250).

Vermutlich wird durch einen Wechsel der Steuerklassen – der Partner mit niedrigerem Einkommen geht von der V in III, der Besserverdiener dafür in die V – erst einmal die monatliche Lohnsteuerbelastung steigen. Allerdings lässt sich diese höhere Steuerbelastung später per Steuererklärung zurückholen. Dafür bleiben Ihnen aber in jedem Fall die höheren Lohnersatzleistungen erhalten.

Ein Wechsel kann aber auch negative Folgen haben, wenn der Partner mit dem höheren Verdienst selbst unerwartet arbeitslos wird. Mit ungünstiger Steuerklasse fällt seine Lohnersatzleistung niedriger aus.

Steuerklassenwechsler sollten mit behördlichem Argwohn rechnen. Beim Elterngeld hat allerdings das Bundessozialgericht den Wechsel aus der Klasse V in die Klasse III oder IV als legale Gestaltungsmöglichkeit bewertet, auch wenn der Wechsel „nur" das Ziel hatte, mehr Elterngeld zu bekommen. Beim Arbeitslosengeld ist das anders. Erfolgt der Wechsel eines Partners in eine günstigere Steuerklasse im Jahr der Arbeitslosigkeit, prüft die Arbeitsagentur, ob der Wechsel „zweckmäßig" war. Zweckmäßig ist im Amtsverständnis ein Verhältnis der Arbeitslöhne der Partner, wie es die Finanzverwaltung in ihren Tabellen ausgerechnet hat. Verdient zum Beispiel ein Ehepartner 3 000 Euro und der andere 1 500 Euro und haben sie bisher die Kombination III/V, lehnt das Amt etwa einen Wechsel in die Kombination V/III als „unzweckmäßig" ab. Es berechnet das Arbeitslosengeld so, als hätte es keinen Wechsel gegeben. Das Amt hält sich dabei an die Lohnsteuerklassenkombination, die am 1. Januar des Jahres galt.

Hätte das Arbeitnehmerehepaar bereits vorher die Kombination gewechselt, hätte das Amt mitspielen müssen. Wenn Paare die Kombination wechseln wollen, weil ein Partner absehbar Lohnersatz beziehen wird, sollten sie das möglichst bis Silvester des Vorjahres tun.

Arbeitnehmerinnen, die sich per Steuerklassenwechsel mehr Mutterschaftsgeld vom Arbeitgeber holen wollen, brauchen dazu in der Regel sein Einverständnis. Verweigert er das, haben sie vor Gericht schlechte Karten. Relativ problemlos führt der Steuerklassenwechsel beim Kurzarbeitergeld zu höheren Bezügen.

Tod des Partners

Ein paar steuerliche Besonderheiten gelten, wenn Ihr Ehe- oder Lebenspartner stirbt. Stirbt Ihr Partner im Jahr 2024, steht Ihnen weiterhin der Splittingtarif zu. Sie füllen die Steuererklärung für 2024 dann so aus, als würde der Partner noch leben. Für das Folgejahr 2025 reicht der verwitwete Partner nur seine persönliche Steuererklärung ein und vermerkt im

Hauptvordruck, dass er 2024 verwitwet ist. Das Finanzamt berechnet die Steuer für 2025 dann nochmals mit dem Splittingtarif. Erst für das Steuerjahr 2026 legt das Finanzamt nicht mehr den Splittingtarif, sondern den Grundtarif für Alleinstehende zugrunde. Dadurch kann die Steuerbelastung höher ausfallen.

Für die Besteuerung von Hinterbliebenenbezügen, beispielsweise Witwenrenten oder Werkspensionen, gelten die steuerlichen Bedingungen, die für den verstorbenen Partner galten. Wurde etwa der verstorbene Ehemann vor 2006 Rentner, ist eine erstmals 2024 gezahlte Witwenrente zu 50 Prozent steuerpflichtig und nicht zu 83 Prozent, wie das ein Rentenbeginn 2024 eigentlich vorschreiben würde. Gleiches gilt für den Versorgungsfreibetrag und seinen Zuschlag für Beamten- und Werkspensionen (→ Seite 257).

Freibeträge und andere Steuervergünstigungen, die als Jahresbeträge gewährt werden, können im Todesjahr vom überlebenden Partner noch doppelt genutzt werden. Das betrifft zum Beispiel den Sparerpauschbetrag von 2000 Euro (für beide) oder den Altersentlastungsbetrag, wenn die entsprechenden Einkünfte und das Alter bei beiden vorliegen (→ Seite 256). Für das Folgejahr gibt es solche Vergünstigungen nicht mehr.

Sobald Sie neben Ihrem eigenen Monatseinkommen eine Hinterbliebenenrente und damit Renteneinkünfte beziehen, werden Sie häufig zur Steuererklärung verpflichtet sein: Haben Sie Nebeneinkünfte von mehr als 410 Euro im Jahr, kommen Sie um die Jahresabrechnung nicht mehr umhin. Um in dieser neuen Situation steuerlich alles richtig zu machen, kann es sinnvoll sein, zumindest einmalig einen Steuerprofi einzuschalten. Das kann ein Steuerberater sein oder auch ein Lohnsteuerhilfeverein. Jedoch können Sie sich beim Lohnsteuerhilfeverein nicht zu Fragen der Erbschaftssteuer beraten lassen, sondern nur beim Steuerberater.

Allerdings müssen Sie sich hier meist keine Sorgen machen: Als hinterbliebener Ehe- oder Lebenspartner gelten für Sie bei der Erbschaftssteuer hohe Freibeträge, sodass Sie hier häufig keine Abzüge fürchten müssen.

Tipps für Beamte

Beamte, Richter und Soldaten behandelt das Finanzamt als Arbeitnehmer. Ihre Amtsbezüge gehören zu den „Einkünften aus nichtselbstständiger Tätigkeit“ und damit in die Anlage N (→ ab Seite 63). Dennoch sollten Sie auf ein paar steuerliche Besonderheiten achten. Die ergeben sich vor allem daraus, dass Sie in der gesetzlichen Sozialversicherung nicht pflichtversichert sind.

Altersvorsorge mit Förderung möglich

Auch wenn Sie selbst nicht in die gesetzliche Rentenversicherung einzahlen müssen, haben Sie die Möglichkeit, zusätzlich mit Steuerförderung vorzusorgen. So sind Sie bei der Riester-Förderung „unmittelbar Begünstigter“ und können für sich und Ihren Ehegatten/Lebenspartner die Zulagen beziehungsweise den Sonderausgabenabzug nutzen (→ Seite 116). Dazu müssen Sie bei Ihrer Besoldungsstelle schriftlich einwilligen, dass Ihre Daten der zuständigen Stelle übermittelt werden dürfen. Ansonsten fällt die Riester-Förderung flach.

Sie können außerdem mit der sogenannten Basis-Rente, auch „Rürup-Rente“ genannt, steuerbegünstigt vorsorgen. Im Regelfall handelt es sich um eine private Rentenversicherung, die Beiträge werden aber steuerlich genauso behandelt wie Beiträge in die gesetzliche Rentenversicherung. Sie sind als Sonderausgaben abzugsfähig. Das Finanzamt erkennt seit 2023 die gesamten eingezahlten Beiträge als Sonderausgaben an. Die Förderhöchstgrenze liegt 2024 bei 27 566 Euro. Der Höchstbetrag, den Beamte in einen Rürup-Vertrag einzahlen können, wird auf besondere Weise ermittelt, wie das folgende Beispiel zeigt.

→ Zum Beispiel Studienrat Elias

Die Bezüge des alleinstehenden Lehrers belaufen sich auf 50 000 Euro brutto. Er hatte überlegt, einen Riester-Vertrag abzuschließen, doch er hatte den Wunsch, mehr als die maximal mögliche Einzahlung von 2 100 Euro im Jahr für später anzulegen. Um seine spätere Pension aufzubessern, zahlt er deshalb nun 5 000 Euro in einen Rürup-Rentenvertrag. Diesen Betrag darf er als Sonderausgaben absetzen. Er hätte sogar bis zu 18 266 Euro in den Vertrag einzahlen können.

Beitrag zur Basisrente (= Rürup-Rente)	**5 000**
Höchstbetrag im Jahr	27 566
Kürzung des Höchstbetrags um 18,6 % von 50 000*	– 9 300
gekürzter Höchstbetrag (27 566 minus 9 300)	18 266
abzugsfähige Sonderausgaben (100 % von 5 000, alle Angaben in Euro)**	**5 000**

* Um eine Gleichbehandlung mit Arbeitnehmern herzustellen, kürzt das Finanzamt den abzugsfähigen Höchstbetrag um den Beitrag, den der Beamte (einschließlich Arbeitgeberanteil) in die gesetzliche Rentenversicherung einzahlen müsste, wenn er dazu verpflichtet wäre.
** Das Amt vergleicht den tatsächlich gezahlten Beitrag zur Basis-Rente (5 000 Euro) mit dem gekürzten Höchstbetrag (18 266 Euro). Vom niedrigeren der beiden Beträge, hier von 5 000 Euro, sind 100 Prozent als Sonderausgaben absetzbar.

Freiwillige Beiträge in die Rentenversicherung

Um steuerbegünstigt für das Alter vorzusorgen, kommt eine Alternative infrage: Beamte wie Elias können freiwillige Beiträge in die gesetzliche Rentenversicherung zahlen. Kommen sie auf mindestens fünf Beitragsjahre, steht ihnen im Alter neben der Pension auch eine gesetzliche Altersrente zu. Der Gedanke mag zunächst überraschend erscheinen –

zusätzlich zur Beamtenversorgung eine gesetzliche Rente beziehen, wozu sollte das gut sein? Ein Vorteil ist, dass Beamte, die nebenbei eine gesetzliche Rente beziehen, die auf freiwilligen Beiträgen beruht, nicht fürchten müssen, dass wegen dieser Rente ihre Pension gekürzt wird. Es ist also möglich, diese Rente und die Pension parallel zu beziehen. Ein weiterer Vorteil ist, dass sich die Rendite der gesetzlichen Rentenversicherung gerade auch im Vergleich zu anderen Vorsorgeverträgen durchaus sehen lassen kann.

Wer unsicher ist, ob die Investition in die gesetzliche Rente attraktiv ist, kann sich zum Beispiel kostenlos in einer Beratungsstelle der Deutschen Rentenversicherung (deutsche-rentenversicherung.de) beraten lassen. Einen Termin vereinbaren Sie kostenlos über die Hotline 0800/1000 4800.

Wer sich für die freiwilligen Beiträge entscheidet, kann 2024 monatlich zwischen 100,07 und 1404,30 Euro an die Rentenkasse zahlen. Selbst wenn Elias aus den Beispiel links monatlich den Höchstbetrag von 1404,30 Euro aufbringt, könnte er auch davon 100 Prozent als Sonderausgaben geltend machen. Aufs Jahr gesehen bliebe er unter Anrechnung seiner Bezüge unter der Förderhöchstgrenze (1404,30 mal 12 ergibt 16 851,60 Euro).

Kranken- und Pflegeversicherung

Die meisten Beamten sind privat kranken- und pflegeversichert. Sie können ihre Beiträge für die Kranken (KV)- und Pflegeversicherung (PV) genau wie gesetzlich versicherte Arbeitnehmer als Sonderausgaben per Anlage Vorsorgeaufwand geltend machen (→ Seite 105). Der Arbeitgeber berücksichtigt beim laufenden Lohnsteuerabzug die KV- und PV-Beiträge, die ihm gemeldet wurden, oder eine Pauschale von 1900 Euro im Jahr. Ausnahme: Steuerklasse III, hier sind es pauschal 3 000 Euro.

Zahlt Studienrat Elias aus dem Beispiel 2 500 Euro Beitrag für die Basisabsicherung in einer privaten Krankenversicherung und 180 Euro in die Pflegeversicherung, gehören diese Beträge in Zeile 23 beziehungsweise Zeile 24 der Anlage Vorsorgeaufwand. Diese Beiträge sind komplett absetzbar. In der Mitteilung der Krankenversicherung ist der Betrag für die Absicherung des Krankengeldes bereits abgezogen, sodass anders als bei der gesetzlichen

Krankenversicherung keine Kürzung um 4 Prozent erfolgt. Elias liegt mit seinen Beiträgen zur Kranken- und Pflegeversicherung über 1900 Euro. Deshalb kann er keine weiteren abzugsfähigen Versicherungsbeiträge geltend machen (➔ ab Seite 112).

Er sollte jedoch darauf achten, ob der Selbstbehalt von 500 Euro, den er mit seiner privaten Krankenversicherung vereinbart hat und der seinen fälligen Beitrag etwas ermäßigt, immer vorteilhaft ist. Denn eine Beitragserstattung seiner Krankenversicherung mindert die abziehbaren Vorsorgeaufwendungen und damit die Steuerermäßigung. In manchen Fällen wirkt sich der Steuervorteil per Sonderausgabenabzug unter dem Strich vorteilhafter aus als eine geringere Beitragszahlung durch Selbstbehalte. Das sollten Sie vor einer Änderung Ihres Vertrags berücksichtigen.

Als Paar nicht immer gemeinsam die Steuern erklären

Manche Staatsdiener zahlen nur geringe Versicherungsbeiträge, etwa weil sie besonders günstige Tarife haben oder weil sie anstelle von Beihilfe die Heilfürsorge oder die Truppenärztliche Versorgung nutzen. Liegen ihre Beiträge zur Basisabsicherung unter 1900 Euro im Jahr, können sie mindestens die Differenz zwischen der Höhe ihrer Basis-Beiträge und 1900 Euro für weitere Versicherungsbeiträge geltend machen. Oftmals lohnt sich dann für Verheiratete die Einzelveranlagung

Auf den ersten Blick ist das nicht immer gleich zu erkennen. Wenn Sie Ihre Steuererklärung mit Elster machen, empfiehlt es sich, dass Sie beide Varianten durchrechnen und anschließend vergleichen: Rechnen Sie zuerst aus, welche Steuerbelastung auf Sie zukommt, wenn Sie eine gemeinsame Steuererklärung machen. Rechnen Sie dann für beide Partner jeweils einzeln ab und addieren Sie die Steuern, die der eine und die der andere Partner zahlen müssen. Vergleichen Sie dann, ob diese Summe niedriger ist als die zu zahlende Steuer bei der gemeinsamen Veranlagung.

Füllen Sie Ihre Steuererklärung mithilfe eines Steuerprogramms durch, können Sie das Programm meist direkt vergleichen lassen, was für Sie günstiger ist. Haben Paare zunächst eine ungünstige Wahl getroffen, lässt sich das per Einspruch gegen den Steuerbescheid korrigieren (➔ Seite 204).

Nachforderungen einplanen

Zahlen Sie nur geringe Beiträge zur Kranken- und Pflegeversicherung, könnte sich für Sie aber noch ein anderes Problem ergeben: Der Arbeitgeber berücksichtigt im Jahresverlauf in der Regel eine Vorsorgepauschale von bis zu 1900 Euro. Wenn Beamte tatsächlich weniger aufwenden als 1900 Euro (beziehungsweise 3000 Euro in Lohnsteuerklasse III), sind sie in der Regel verpflichtet, eine Steuererklärung abzugeben, und müssen einplanen, dass es zu einer Nachforderung vom Finanzamt kommen kann.

→ Zum Beispiel Nico N.

Der alleinstehende Nico ist Unteroffizier bei der Bundeswehr und erhält brutto 2700 Euro im Monat. Er erhält Truppenärztliche Versorgung und hat deshalb kaum Beiträge zur Kranken- und Pflegeversicherung. Beim laufenden Lohnsteuerabzug in der Klasse I wurde automatisch eine jährliche Vorsorgepauschale von 1900 Euro berücksichtigt. Auf dieser Grundlage zahlt Nico im Jahresverlauf rund 3968 Euro Lohnsteuer. Nico kann aber tatsächlich nur 500 Euro abzugsfähige Versicherungsbeiträge geltend machen. Das bedeutet für ihn unter dem Strich eine Nachzahlung von rund 626 Euro Einkommensteuer sowie die Pflichtabgabe einer Steuererklärung.

Hilfe

Übersicht

Tabellen und mehr

Lohnsteuerklassen

Die insgesamt sechs Lohnsteuerklassen unterscheiden sich vor allem dadurch, welche Pauschalen und Freibeträge sie beim laufenden Lohnsteuerabzug berücksichtigen. So haben etwa alleinerziehende Arbeitnehmer 2024 Anspruch auf einen Entlastungsbetrag von mindestens 4 260 Euro. Dieser wird mit Steuerklasse II berücksichtigt. Alleinerziehende zahlen dadurch im Jahresverlauf etwas weniger Lohnsteuer als Singles ohne Kinder mit Lohnsteuerklasse I. Der Arbeitgeber zieht außerdem in jeder Lohnsteuerklasse individuell unterschiedliche Beiträge zur Kranken-, Pflege- und Rentenversicherung ab. Die hier nicht aufgeführte Klasse VI gilt für ein zweites und jedes weitere Arbeitsverhältnis und berücksichtigt nur eine Vorsorgepauschale.

Freibeträge, Pauschalen*	**Euro in Lohnsteuerklassen**				
	I	**II**	**III**	**IV**	**V**
Grundfreibetrag**	11 784	11 784	23 568	11 784	0
Arbeitnehmerpauschbetrag	1 230	1 230	1 230	1 230	1 230
Sonderausgabenpauschbetrag	36	36	36	36	36
Entlastungsbetrag für Alleinerziehende für ein Kind***	0	4 260	0	0	0
Vorsorgepauschale 2024	100 Prozent des Arbeitnehmeranteils zur gesetzlichen Rentenversicherung plus Beiträge zur Kranken- und Pflegeversicherung in den Steuerklassen I bis VI				

* Kinderfreibeträge spielen bei der Berechnung der laufenden Lohnsteuer keine Rolle, sie wirken sich nur auf die Berechnung von Solidaritätszuschlag und Kirchensteuer aus.

**Der Grundfreibetrag von 11 604 Euro soll rückwirkend auf 11 784 Euro erhöht werden. Das „Gesetz zur steuerlichen Freistellung des Existenzminimums 2024" war bei Redaktionsschluss noch nicht verabschiedet.

*** Der zusätzliche Freibetrag von 240 Euro ab dem zweiten Kind und je weiterem Kind ist in der Steuerklasse nicht enthalten. Er muss deshalb als zusätzlicher Freibetrag beantragt werden.

Nettolohnvergleich

Die Höhe des monatlichen Nettolohnes richtet sich bei versicherungspflichtigen Arbeitnehmern auch nach der Lohnsteuerklasse. Den höchsten Nettolohn sichern sich Ehe- oder Lebenspartner in Steuerklasse III. Dafür hat der Partner in Klasse V den höchsten Lohnsteuerabzug. Wie hoch die Abzüge je nach Steuerklasse sind, ermitteln Sie selbst unter bmf-steuerrechner.de. Auf test.de finden Sie einen Brutto-Netto-Rechner, mit dessen Hilfe Sie überschlagen können, wie viel Netto Ihnen je nach Steuerklasse und Krankenkassenbeitrag am Monatsende bleibt.

Bruttolohn im Monat in Euro	Nettolohn in Euro 2024*					
	Lohnsteuerklassen**					
	I	II	III	IV	V	VI
1 000	790	796	790	790	694	679
2 000	1 472	1 559	1 579	1 472	1 257	1 212
3 000	2 051	2 160	2 308	2 051	1 725	1 684
4 000	2 602	2 728	2 919	2 602	2 186	2 141
5 000	3 125	3 266	3 503	3 125	2 637	2 593
6 000	3 674	3 828	4 136	3 674	3 119	3 069
7 000	4 198	4 366	4 765	4 198	3 586	3 537
8 000	4 694	4 897	5 410	4 694	4 082	4 032

* Berechnung ohne Kirchensteuer und ohne Kinderfreibeträge (außer 0,5 in Klasse II). Berücksichtigt wurden die Beitragsbemessungsgrenzen für die alten Bundesländer und der erhöhte Pflegeversicherungssatz für Kinderlose (außer in Klasse II) sowie 1,7 Prozent Zusatzbeitrag der Krankenkassen.

** Der Nettolohn in der „Unterklasse" IV + Faktor ist von einem Faktor abhängig, den das Finanzamt individuell auf der Grundlage der Löhne beider Ehepartner/Lebenspartner ermittelt. Der Nettolohn ist deshalb nicht einheitlich darstellbar. Über die Seite bmf-steuerrechner.de lässt er sich berechnen.

Behindertenpauschbetrag

Sie haben ab einem Grad der Behinderung von mindestens 20 Anspruch auf den Pauschbetrag. Damit können Sie Ihre regelmäßigen Pflege- und Betreuungskosten pauschal abrechnen, statt diese einzeln als außergewöhnliche Belastung nachzuweisen. Zusätzlich können Sie ab einem Grad der Behinderung von 70 und dem Merkzeichen „G" eine Fahrtkostenpauschale (ab Grad der Behinderung von 80 ohne Merkzeichen) als außergewöhnliche Belastung absetzen. Liegen Ihre regelmäßigen Kosten infolge der Behinderung über dem Pauschbetrag? Dann sollten Sie den Abzug als außergewöhnliche Belastung wählen. Hier wird zwar eine zumutbare Belastung angerechnet. Aber diese dürfen Sie als haushaltsnahe Pflege- und Betreuungskosten absetzen.

Grad der Behinderung	Jährlicher Pauschbetrag in Euro	Fahrtkostenpauschale[1] in Euro
20	384	–
30	620	–
40	860	–
50	1 140	–
60	1 440	–
70	1 780	900[2]
80	2 120	900
90	2 460	900
100	2 840	900
Hilflos/blind/ taubblind[4]	7 400	4 500[3]

1) Als außergewöhnliche Belastung mit Eigenanteil. 2) Mit dem Merkzeichen „G" für „erheblich gehbehindert". 3) Auch mit dem Merkzeichen „aG" für „außergewöhnlich gehbehindert".
4) Auch bei Vorlage des Bescheids über Pflegegrad 4 oder 5.

Zumutbare Belastung

Die zumutbare Belastung (➔ ab Seite 124) richtet sich nach Einkünften, Familienstand und Familiengröße. Berechnungsgrundlage ist der „Gesamtbetrag der Einkünfte" (➔ Seite 13).

Beispiel: Hat ein Paar oder ein Alleinstehender zwei Kinder und 55 000 Euro Einkünfte, erfolgt die Berechnung in folgenden Schritten.

➔1. Schritt: 2 Prozent (1. Zeile, 4. Spalte von links) von 15 340 Euro (Spalte ganz links, 1. Zeile) ergibt 306,80 Euro.

➔2. Schritt: 3 Prozent (2. Zeile, 4. Spalte von links) von 35 790 Euro (51 130 minus 15 340 Euro aus der Spalte ganz links, 2. Zeile) ergibt 1 073,70 Euro.

➔3. Schritt: 4 Prozent (3. Zeile, 4. Spalte von links) von 3 870 Euro (55 000 Euro Einkünfte minus 51 130 Euro aus der Spalte ganz links, 3. Zeile) ergibt 154,80 Euro.

Aus den drei Schritten folgt eine zumutbare Belastung von 1 535 Euro (306,80 plus 1 073,70 plus 154,80). Diese muss die Familie selbst tragen.

Einkünfte in Euro	ohne Kinder		mit Kindern*	
	alleinstehend	verheiratet/ verpartnert**	1 bis 2	3 und mehr
bis 15 340	5 %	4 %	2 %	1 %
15 341 bis 51 130	6 %	5 %	3 %	1 %
mehr als 51 130	7 %	6 %	4 %	2 %

* Gilt für Alleinstehende und Ehepaare oder eingetragene Lebenspartner. Hier zählen nur Kinder, für die den Eltern Kindergeld oder der Kinderfreibetrag zusteht (siehe Seite 143).

** bei Abgabe einer gemeinsamen Steuererklärung

Altersvorsorgeaufwand

Zum Altersvorsorgeaufwand gehören Beiträge zur gesetzlichen Rentenversicherung, zu Versorgungswerken und zu Rürup-Renten. Für diese Beiträge können 2024 bis 27 566/55 132 Euro (Alleinstehende/Ehepaare) als Sonderausgaben abgesetzt werden (100 Prozent) (→ ab Seite 106).

Jahr	abzugsfähiger Altersvorsorgeaufwand		
	in Prozent	bis Euro	
		alleinstehend	verheiratet/ verpartnert
2021	92	23 725	47 449
2022	94	24 101	48 202
2023	100	26 528	53 056
2024	100	27 566	55 132

Beispiel: Ein lediger Arbeitnehmer, der 50 000 Euro brutto verdient hat, zahlt 4 650 Euro in seine gesetzliche Rentenversicherung (RV) und 2 400 Euro in eine Rürup-Versicherung ein. Er kann 2024 die kompletten 7 050 Euro als Sonderausgaben geltend machen.

Arbeitnehmeranteil zur RV (9,3 Prozent von 50 000)	**4 650**
plus Arbeitgeberanteil zur RV (9,3 Prozent von 50 000)	+ 4 650
plus Rürup-Beiträge des Arbeitnehmers	+ 2 400
Summe	11 700
abzugsfähiger Betrag (100 Prozent von 11 700)	11 700
minus Arbeitgeberanteil zur RV	– 4 650
als Sonderausgaben des Arbeitnehmers abzugsfähig (alle Angaben in Euro)	**7 050**

Steuerpflicht: Das gilt für die Auszahlungen aus privater Vorsorge

Je nach Art des Vorsorgevertrags unterscheiden sich manche Steuerregeln deutlich. Renten und Kapitalauszahlungen sind im Alter zum Teil voll oder zu einem Großteil steuerpflichtig. Die Empfänger profitieren aber von einigen Freibeträgen.

	Steuerpflicht
Riester-Rente (auch über den Betrieb abgeschlossener Riester-Vertrag)	**Rente** und **Kapitalauszahlung** (bis zu 30 Prozent der Ersparnisse): Beides ist voll steuerpflichtig. **Vorteil:** Für Riester-Zahlungen steht den Empfängern der Altersentlastungsbetrag zu, wenn sie zu Beginn des Steuerjahres mindestens 64 Jahre alt waren. Erhalten Steuerpflichtige eine Abfindung aus ihrem Riester-Vertrag, wird diese nach der „Fünftelregelung" etwas günstiger besteuert.
Rürup-Rente	**Rente:** Ein großer Teil der Auszahlung ist steuerpflichtig. Der Anteil steigt für Neurentner jährlich an. Bei Beginn der Auszahlung 2024 sind es 83 Prozent, bei Beginn 2025 bereits 83,5 Prozent.
Betriebliche Altersvorsorge (Vertragsabschluss bis Ende 2004) Direktversicherungen, Pensionskassen und Pensionsfonds	**Renten:** Sie sind nur zum geringen Teil steuerpflichtig, wenn die Beiträge pauschal oder komplett versteuert wurden. Der steuerpflichtige Anteil richtet sich nach dem Alter bei Auszahlungsbeginn. Beruht die Rente dagegen auf steuerfrei eingezahlten Beiträgen, ist die Auszahlung steuerpflichtig. **Kapitalauszahlung:** Sie ist steuerfrei, wenn der Vertrag mindestens zwölf Jahre lief und die Beiträge pauschal oder normal versteuert wurden. Ergibt sich die Auszahlung hingegen aus steuerfrei eingezahlten Beiträgen, ist die Auszahlung komplett steuerpflichtig. **Vorteil:** Für komplett steuerpflichtige Zahlungen können die Empfänger den Altersentlastungsbetrag nutzen, wenn sie zu Beginn des Steuerjahres mindestens 64 Jahre alt waren.
Betriebliche Altersvorsorge (Vertragsabschluss seit 2005) Direktversicherungen, Pensionskassen und Pensionsfonds	**Renten** und **Kapitalauszahlungen** aus Verträgen, in die Arbeitnehmer steuerfreien Lohn oder Gehalt eingezahlt haben, sind voll steuerpflichtig. **Vorteil:** Rentner können aber vom Altersentlastungsbetrag profitieren, wenn sie zu Beginn des Steuerjahres mindestens 64 Jahre alt waren.

	Steuerpflicht
Betriebliche Altersvorsorge Unterstützungskasse und Direktzusage	**Werkspensionen** und **Kapitalauszahlungen** sind wie Arbeitslohn voll steuerpflichtig. **Vorteil:** Ab dem 63. Geburtstag können die Empfänger der Leistungen dafür den Versorgungsfreibetrag in Anspruch nehmen. Bei einer Kapitalauszahlung aus der Unterstützungskasse wendet das Finanzamt die „Fünftelregelung" an, sodass die Steuerbelastung etwas geringer ausfällt.
Private Rentenversicherung (ohne staatliche Förderung) Vertragsabschluss bis 2004	**Renten:** Sie sind nur zum geringen Teil steuerpflichtig. Der Anteil richtet sich nach dem Alter bei Auszahlungsbeginn. **Kapitalauszahlung:** Die Kapitalerträge sind steuerfrei.
Private Rentenversicherung (ohne staatliche Förderung) Vertragsabschluss seit 2005	**Renten:** Sie sind nur zu einem geringen Anteil steuerpflichtig. Er richtet sich nach dem Alter bei Beginn der Auszahlung. **Kapitalauszahlungen** sind nach Abzug der gezahlten Beiträge voll steuerpflichtig. Es sei denn, der Vertrag lief mindestens zwölf Jahre und der Versicherte erhält sein Geld frühestens mit 60 beziehungsweise mit 62 Jahren bei Vertragsabschluss nach 2011. Dann ist die Hälfte der Erträge steuerpflichtig. **Vorteil:** Über den Sparerpauschbetrag (1000 Euro/Jahr für Alleinstehende, Ehepaare 2000 Euro) bleiben die Kapitalerträge zum Teil steuerfrei.
Private Kapitallebensversicherung Vertragsabschluss bis 2004	**Kapitalleistungen** sind steuerfrei, wenn die Verträge mindestens zwölf Jahre liefen, fünf Jahre lang Beiträge gezahlt wurden und 60 Prozent der gesamten Beiträge für die Todesfallleistung vereinbart waren.
Private Kapitallebensversicherung Vertragsabschluss seit 2005	**Kapitalleistungen** sind nach Abzug der gezahlten Beiträge voll steuerpflichtig. Es sei denn, die Versicherung lief mindestens zwölf Jahre und der Versicherte erhält das Geld frühestens mit 60 beziehungsweise 62 Jahren bei Vertragsabschluss nach 2011. Dann ist die Hälfte der Erträge steuerpflichtig. **Vorteil:** Über den Sparerpauschbetrag (1000 Euro/Jahr für Alleinstehende, Ehepaare 2000 Euro) bleiben Kapitalerträge zum Teil steuerfrei.

Altersentlastungsbetrag

Der Altersentlastungsbetrag steht allen zu, die zu Beginn des Steuerjahres mindestens 64 Jahre alt waren. Wer diesen Freibetrag für das Jahr 2024 nutzen will, muss vor dem 2. Januar 1960 geboren sein. Jedoch schmilzt der Altersentlastungsbetrag von Jahr zu Jahr für jeden neuen Jahrgang. Die einmal „erworbene" Höhe bleibt lebenslang erhalten. Achtung: Den Altersentlastungsbetrag gibt es für alle anderen Einkünfte, etwa Miet-, Lohneinkünfte oder gewerbliche Einkünfte. Wer 2023 seinen 64. Geburtstag gefeiert hat, erhält für das Steuerjahr 2024 13,6 Prozent, maximal 646 Euro, als Entlastungsbetrag, etwa für Miet- oder Lohneinkünfte.

Geburt vor dem 2. Januar	Prozent	bis Euro
1941	40,0	1 900
1942	38,4	1 824
1943	36,8	1 748
1944	35,2	1 672
1945	33,6	1 596
1946	32,0	1 520
1947	30,4	1 444
1948	28,8	1 368
1949	27,2	1 292
1950	25,6	1 216
1951	24,0	1 140
1952	22,4	1 064
1953	20,8	988
1954	19,2	912
1955	17,6	836
1956	16,0	760
1957	15,2	722
1958	14,4	684

Geburt vor dem 2. Januar	Prozent	bis Euro
1959	14,0	665
1960	**13,6**	**646**
1961	13,2	627
1962	12,8	608
1964	12,0	570
1966	11,2	532
1968	10,4	494
1972	8,8	418
1976	7,2	342
1980	5,6	266
1984	4,0	190
1988	2,4	114
1989	2,0	95
1990	1,6	76
1991	1,2	57
1992	0,8	38
1993	0,4	19
1994	0,0	0

Versorgungsfreibetrag mit Zuschlag

Beamten- und Werkspensionen werden neben der Werbungskostenpauschale von 102 Euro mit dem Versorgungsfreibetrag und einem Zuschlag zum Versorgungsfreibetrag begünstigt. Beide Steuervorteile sinken schrittweise. Wer solche Versorgungsbezüge erstmals 2005 oder vorher bekam, erhält einen Versorgungsfreibetrag von 40 Prozent, maximal 3 000 Euro, und einen Zuschlag von 900 Euro. Beide Abzugsbeträge bleiben unverändert, solange der Pensionär seine Pension erhält. Wer 2024 (linke Spalte) erstmals eine Pension bezogen hat, erhält 13,6 Prozent, jedoch maximal 1 020 Euro Versorgungsfreibetrag. Hinzu kommt ein Zuschlag von 306 Euro (rechte Spalte, ➔ Seite 258). Die Beträge wurden mit dem Wachstumschancengesetz ab 2023 erhöht.

Jahr	Versorgungsfreibetrag in Prozent	Versorgungsfreibetrag bis Euro	Zuschlag in Euro
2005	40,0	3 000	900
2006	38,4	2 880	864
2007	36,8	2 760	828
2008	35,2	2 640	792
2009	33,6	2 520	756
2010	32,0	2 400	720
2011	30,4	2 280	684
2012	28,8	2 160	648
2013	27,2	2 040	612
2014	25,6	1 920	576
2015	24,0	1 800	540
2016	22,4	1 680	504
2017	20,8	1 560	468
2018	19,2	1 440	432

Jahr	Versorgungsfreibetrag in Prozent	Versorgungsfreibetrag bis Euro	Zuschlag in Euro
2019	17,6	1 320	396
2020	16,0	1 200	360
2021	15,2	1 140	342
2022	14,4	1 080	324
2023	14,0	1 050	315
2024	**13,6**	**1 020**	**306**
2025	13,2	990	297
2026	12,8	960	288
2028	12,0	900	270
2030	11,2	840	252
2032	10,4	780	234
2034	9,6	720	216
2036	8,8	660	198
2038	8,0	600	180
2040	7,2	540	162
2042	6,4	480	144
2046	4,8	360	108
2050	3,2	240	72
2054	1,6	120	36
2056	0,8	60	18
2057	0,4	30	9
2058	0,0	0	0

Der Weg zum Einkommen

Arbeitnehmer können mithilfe der etwas vereinfachten Berechnung auf ➔ Seite 260 die Schritte zum zu versteuernden Einkommen und den Inhalt ihres Steuerbescheids besser nachvollziehen.

In Zeile 1 bis 7 werden die Einkünfte ermittelt. Das ist beim Lohn überschaubar. In Zeile 3 der Übersicht tragen Sie alle weiteren steuerpflichtigen Einkünfte in Summe ein, zum Beispiel aus einer selbstständigen Nebentätigkeit, Vermietung oder einer Rente. Tragen Sie hier bitte nur Werte ein, von denen Sie bereits Werbungskosten, Betriebsausgaben, Pauschalen und Freibeträge abgezogen haben. Zinsen und andere Kapitalerträge tauchen hier nur noch auf, wenn sie nicht der Abgeltungssteuer unterlegen haben beziehungsweise wenn sie nicht der Abgeltungssteuer unterliegen sollen.

In einem zweiten Schritt (Zeile 8 bis 11) werden Aufwendungen und Kosten abgezogen, die Sie in Form von Sonderausgaben und außergewöhnlichen Belastungen hatten. So ermitteln Sie das Einkommen (Zeile 12). Davon ziehen Eltern die Kinderfreibeträge ab, wenn die für sie günstiger sind als das Kindergeld (➔ Seite 143). Für alle anderen entspricht das Einkommen auch ohne diesen Schritt dem zu versteuernden Einkommen (Zeile 14). Wie viel Einkommenssteuer darauf fällig wird, können Sie selbst ermitteln, wenn Sie auf die Seite bmf-steuerrechner.de gehen. Dort klicken Sie „Berechnung und Information zur Einkommensteuer" an, danach „Berechnung der Einkommensteuer".

Die so ermittelte Einkommenssteuer ist aber häufig noch nicht das Ende der Rechnerei. Das Finanzamt zieht davon gegebenenfalls Steuerermäßigungen ab, die sich aus Parteispenden oder aus Dienstleistungen rund um den Haushalt ergeben (➔ Anlagen Sonderausgaben und Haushaltsnahe Aufwendungen, Seite 116 und 133), ebenso bereits gezahlte Steuer, vor allem die laut Lohnsteuerbescheinigung vom Arbeitgeber abgeführte Lohnsteuer.

Hinzugezählt werden eventuell erhaltenes Kindergeld und erhaltene Riester-Zulagen, wenn Kinderfreibeträge beziehungsweise der Sonderausgabenabzug für die Riester-Rente mehr Steuerentlastung brachten

(→ Seite 116 und 160). Auch der Solidaritätszuschlag bei hohem Einkommen (5,5 Prozent der Einkommenssteuer) und gegebenenfalls 8 oder 9 Prozent Kirchensteuer kommen hinzu. Arbeitnehmerehepaare, die eine gemeinsame Steuererklärung abgeben, rechnen bis Zeile 7 jeder für sich und danach gemeinsam weiter.

Zeile	Ermittlung der Einkünfte	Euro
1	Jahresbruttolohn laut Lohnsteuerbescheinigung	
2	minus Werbungskosten (tatsächliche oder 1 230 Euro)	–
3	plus alle weiteren steuerpflichtigen Einkünfte (etwa aus gewerblicher und freiberuflicher Tätigkeit, Renten, Pensionen, Vermietung, Land- und Forstwirtschaft)	+
4	**Summe der Einkünfte**	=
5	minus Altersentlastungsbetrag (bis 40 % der begünstigten Einkünfte, bis 1 900 Euro, (→ Seite 256)	–
6	minus Entlastungsbetrag für Alleinerziehende (bis 4 260 Euro für das 1. Kind, → Seite 152)	–
7	**Gesamtbetrag der Einkünfte**	=
8	minus Verlustabzug	–
9	minus Versicherungsbeiträge	–
10	minus weitere Sonderausgaben einschließlich Kinderbetreuungskosten, mindestens 36 Euro pro Person)	–
11	minus außergewöhnliche Belastungen	–
12	**Einkommen**	=
13	minus Kinderfreibeträge (sofern sie mehr Entlastung als Kindergeld bringen)	–
14	**Zu versteuerndes Einkommen**	=

Steuersätze

Der Durchschnittssteuersatz ist der Steuersatz, den der Fiskus im Schnitt vom ersten bis zum letzten Euro des zu versteuernden Einkommens nimmt. Der Grenzsteuersatz zeigt an, wie viel Steuer für den letzten Euro des zu versteuernden Einkommens fällig wird. Die dargestellten Werte berücksichtigen nicht einen möglichen Solidaritätszuschlag, der ab einem bestimmten Einkommen fällig werden kann.

Beispiel: Ein Alleinstehender mit einem zu versteuernden Einkommen von 40 000 Euro hat 32,3 Prozent Grenzsteuersatz und 18,7 Prozent Durchschnittssteuersatz.

Zu versteuerndes Einkommen in Euro	Grenzsteuersatz	Durchschnittssteuersatz	Grenzsteuersatz	Durchschnittssteuersatz
	alleinstehend		verheiratet/verpartnert	
11 784	0,0 %	0,0 %	0,0 %	0,0 %
12 000	14,5 %	0,3 %	0,0 %	0,0 %
14 000	18,3 %	2,6 %	0,0 %	0,0 %
18 000	24,3 %	6,8 %	0,0 %	0,0 %
22 000	25,8 %	10,2 %	0,0 %	0,0 %
26 000	27,2 %	12,7 %	16,4 %	1,4 %
30 000	28,7 %	14,7 %	20,2 %	3,7 %
35 000	30,5 %	16,8 %	24,2 %	6,3 %
40 000	**32,3 %**	**18,7 %**	**25,1 %**	**8,6 %**
50 000	35,9 %	21,7 %	26,9 %	12,1 %
60 000	39,6 %	24,4 %	28,7 %	14,7 %
70 000	42,0 %	26,8 %	30,5 %	16,8 %
80 000	42,0 %	28,7 %	32,3 %	18,7 %
90 000	42,0 %	30,2 %	34,1 %	20,3 %
100 000	42,0 %	31,4 %	35,9 %	21,7 %

Steuerexperten finden

Einkünfte aus Vermietung, Auslandseinkünfte, eine Abfindung oder einfach der Wunsch, in einer komplexen Frage keinen Fehler zu machen: Manchmal geht es eben doch nicht ohne die Hilfe vom Experten – vom Steuerberater oder im Lohnsteuerhilfeverein.

Der Weg zum Steuerberater

Bei allen Steuerfragen können Sie einen der über 100 000 Steuerberater in Deutschland aufsuchen:

- → **Berater finden:** Fragen Sie zunächst im Bekannten- oder Verwandtenkreis, ob sie jemanden empfehlen können. Ohne konkrete Empfehlung bleibt die Suche übers Internet. Sie können beispielsweise den Suchdienst der Bundessteuerberaterkammer unter bstbk.de nutzen oder über den Deutschen Steuerberaterverband unter dstv.de gehen. Dort gibt es auch Hinweise auf Fachgebiete und Spezialkenntnisse der einzelnen Fachleute. Wenn Sie jemanden gefunden haben, notieren Sie sich vor dem ersten Treffen Fragen und Probleme in Stichworten.
- → **Erstes Treffen:** Haben Sie den Eindruck, den passenden Berater gefunden zu haben? Wichtig ist, dass er sich in Ihre steuerliche Situation hineinversetzen kann und Ihre Steuerprobleme verständlich erklären kann. Besteht zwischen Ihnen ein uneingeschränktes Vertrauensverhältnis? Ist der Berater oder die Beraterin für Sie leicht erreichbar und bleibt genügend Zeit für das Gespräch?
- → **Kosten:** Einige Berater nehmen für den Erstkontakt gar kein Honorar. Das sollte aber vorab telefonisch geklärt werden. Ansonsten richten sich die Kosten nach der Höhe der Einkünfte und nach dem Aufwand des Beraters. Er hat im Rahmen seiner Vergütungsverordnung aber einen erheblichen Entscheidungsspielraum. Wenn Sie selbst einige Vorarbeiten erledigen und beispielsweise Ihre Unterlagen und Belege nicht im Schuhkarton, sondern gut geordnet übergeben, ersparen Sie dem Steuerberater Aufwand und zahlen weniger Honorar.

Beratung im Verein

Alternativ wenden Sie sich an einen Lohnsteuerhilfeverein. Die Vereine dürfen für Mitglieder die Steuererklärung beim Finanzamt einreichen.

→ **Ansprechpartner finden:** Neben der Frage im Bekanntenkreis können Sie es über das Internet probieren, etwa unter beratungsstellensuche.de. Oder Sie suchen im Telefonbuch unter dem Stichwort „Lohnsteuerhilfe". Als Orientierungshilfe bei der Auswahl der Beratungsstelle können Sie darauf achten, ob sie eine ausgewiesene Qualifikation hat: Die einzelnen Beratungsstellen können an dem Prüfverfahren des ZVL – Zertifizierungsverband der Lohnsteuerhilfevereine e. V. Berlin – teilnehmen. Nach erfolgreich bestandenem Prüfverfahren erhält die Beratungsstelle das Gütesiegel des ZVL.

→ **Erstes Treffen:** Notieren Sie vorab Ihre Fragen und klären Sie zu Beginn, ob der Lohnsteuerhilfeverein Sie vertreten darf. Denn die Vereine haben nur eine begrenzte Beratungsbefugnis. Freiberufler, Gewerbetreibende und Landwirte dürfen sie nicht beraten. Beziehen Sie solche Einkünfte, müssen Sie bei Beratungsbedarf grundsätzlich zu einem Steuerberater gehen. Es gibt jedoch Ausnahmen: Erhalten Sie freiberuflich in einem Ehrenamt nur steuerfreie Einnahmen, können Sie doch vom Verein beraten werden. Beschäftigen Sie eine Haushaltshilfe, dürfen Sie sich trotz Ihrer Funktion als „Arbeitgeber" vom Lohnsteuerhilfeverein beraten lassen.

→ **Einkommensgrenzen:** Auf einigen Gebieten funktioniert die Begrenzung der Beratungsbefugnis der Vereine über die Höhe der Einnahmen. Wer Mieteinnahmen und private Veräußerungsgewinne bis zu insgesamt 18 000/36 000 Euro (Alleinstehende/Ehepaare und Lebenspartner) hatte, darf vom Lohnsteuerhilfeverein beraten werden. Zinsen und andere Kapitalerträge spielen bei der Einnahmengrenze keine Rolle, wenn die Kapitalerträge mit der Abgeltungssteuer besteuert wurden und in der Steuererklärung nicht angegeben werden.

→ **Kosten:** Der Mitgliedsbeitrag ist in der Regel nach der Einkommenshöhe gestaffelt. Im Schnitt sind es etwa zwischen 50 und 450 Euro im Jahr. Das ist gewissermaßen der jährliche Gesamtpreis der Beratung.

Begriffsübersicht

Abgeltungssteuer: Seit 2009 gilt in Deutschland eine pauschale Abgeltungssteuer auf alle Kapitalerträge wie Zinsen, Dividenden und Gewinne aus Wertpapierverkäufen. Sie beträgt 25 Prozent. Zusätzlich werden Solidaritätszuschlag und gegebenenfalls Kirchensteuer fällig. Meist kümmert sich die Bank darum, dass die fällige Steuer an das Finanzamt überwiesen wird. Es gibt aber auch bestimmte Situationen, etwa, wenn Sie Ihr Konto oder Depot bei einer Auslandsbank haben, in denen Sie selbst Ihre Kapitalerträge beim Finanzamt abrechnen müssen. Je nach Einkommenssituation kann es sich auch lohnen, dass Sie Ihre Kapitaleinkünfte freiwillig beim Finanzamt abrechnen – um sich Abgeltungssteuer zurückzuholen, die im Laufe des Jahres zu viel überwiesen wurde.

Alterseinkünftegesetz: Dieses seit 2005 geltende Gesetz hat die Besteuerung der Altersvorsorge komplett umgekrempelt. Wichtigste Neuerung war die Einführung der nachgelagerten Besteuerung: Einnahmen im Alter wie die Rente aus der gesetzlichen Rentenversicherung oder einem berufsständischen Versorgungswerk müssen demnach zu einem Großteil und ab 2058 komplett versteuert werden. Mittlerweile sind 100 Prozent der Beiträge für die Altersvorsorge steuermindernd als Sonderausgaben abzugsfähig. Hintergrund für die jüngsten gesetzlichen Verbesserungen waren Entscheidungen des Bundesfinanzhofs. Der BFH hat auf die steigende Gefahr hingewiesen, dass es bei künftigen Jahrgängen zu einer unerlaubten Doppelbesteuerung kommen könnte. Demnach würden sowohl die Vorsorgebeiträge aus bereits versteuertem Einkommen gezahlt und die daraus resultierenden Renten auch noch zum Teil besteuert. Um das zu vermeiden, können seit 2023 höhere Vorsorgeaufwendungen abgesetzt werden. Außerdem wurde die Vollbesteuerung der Renten bis zum Jahr 2058 gestreckt, statt bis 2040. Bis dahin erfolgt die jährliche Erhöhung des steuerpflichtigen Rentenanteils in 0,5-Prozentpunkte-Schritten.

Außergewöhnliche Belastung: In bestimmten Lebenssituationen ergeben sich Ausgaben, für die Sie selbst gar nichts können, zum Beispiel wenn Sie Ausgaben für Ihre Gesundheit haben oder nach einem Hochwasser größere Summen aufbringen müssen. An den Ausgaben nach möglichen Schicksalsschlägen können Sie das Finanzamt beteiligen. Viele dieser Posten, etwa wenn Sie Ausgaben für Arztbesuche, Hilfsmittel und Medikamente hatten, zählen allerdings nicht ab dem ersten Euro, sondern erst, wenn die Belastung so groß ist, dass sie nicht mehr „zumutbar", sondern eben „außergewöhnlich" ist. Wo diese Grenze verläuft, ermittelt das Finanzamt für jeden Steuerpflichtigen anhand der familiären Situation und der Höhe seiner steuerpflichtigen Einkünfte.

Betriebliche Altersversorgung: Hierbei handelt es sich um einen Sammelbegriff für alle Leistungen, die Rentner und Pensionäre (und ihre Hinterbliebenen) im Zusammenhang mit einer früheren Erwerbstätigkeit erhalten. Darunter fallen Leistungen, die ausschließlich oder teilweise vom Arbeitgeber beziehungsweise vom Arbeitnehmer finanziert wurden. Es gibt fünf Formen oder „Durchführungswege" der betrieblichen Altersversorgung: Direktzusage, Unterstützungskasse, Pensionskasse, Direktversicherung und Pensionsfonds. Das Prinzip dahinter: In der Ansparphase zweigt der Arbeitgeber einen Teil des Bruttoverdienstes ab und zahlt das Geld in einen Vorsorgevertrag ein. Als Arbeitnehmer sparen Sie so Steuern und Sozialabgaben. Dafür sind die Leistungen bei Auszahlung häufig steuerpflichtig: je nach Form, Finanzierung und Förderung sind sie entweder voll oder mit dem Ertragsanteil steuerpflichtig. Was wie zu versteuern ist, ergibt sich in der Regel aus der Leistungsmitteilung des Versicherungsträgers.

Ehegattensplitting: Ehepartner und eingetragene Lebenspartner profitieren in Deutschland vom sogenannten Splitting-Vorteil. Vereinfacht gesagt verbirgt sich dahinter folgende Rechnung: Geben die beiden Partner eine gemeinsame Steuererklärung ab (Zusammenveranlagung), ermittelt das Finanzamt für beide Partner zusammen, wie hoch das zu versteuernde Einkommen insgesamt ist. Diese Summe wird dann halbiert und die darauf zu zahlende Einkommenssteuer ermittelt. Diese fällige Steuer wird dann wiederum verdoppelt. Es wird also immer so gerechnet, als ob beide Partner genau die Hälfte des gemeinsamen Einkommens erzielt hätten – ganz gleich, wie sich die Einkommen der beiden Partner tatsächlich verteilen. Diese Rechenschritte sorgen dafür, dass Partner, deren Einkommen weit auseinanderliegen, einen besonders großen Steuervorteil durch die Hochzeit haben. Erzielen die Partner hingegen beide ein Einkommen in ähnlicher Höhe, bringt ihnen die Hochzeit keinen oder nur einen geringen Steuervorteil.

Fünftelregelung: Bestimmte Zahlungen, etwa eine Abfindung Ihres früheren Arbeitgebers, besteuert das Finanzamt etwas günstiger nach der sogenannten Fünftelregelung: Im ersten Schritt errechnet das Finanzamt, wie viel Einkommenssteuer Sie ohne die Abfindung zahlen müssten. Dann ermittelt es, wie hoch Ihre Steuer wäre, wenn ein Fünftel der Auszahlung zu Ihrem sonstigen Einkommen hinzukäme. Den Unterschiedsbetrag multipliziert es mit fünf und addiert diesen Wert dann zur ursprünglichen Steuer. Dadurch fällt die Steuer für die Abfindung etwas niedriger aus als ohne diese Rechenschritte.

Grundfreibetrag: Das ist der Teil des Einkommens, der nicht der Einkommenssteuer unterliegt. Es ist ein Steuerfreibetrag, der für jeden gilt. Er soll sicherstellen, dass ein Einkommen, das unter dem Existenzminimum liegt, nicht noch durch die Steuer verkleinert wird. 2024 liegt dieser Grundfreibetrag bei 11604 Euro im Jahr für Alleinstehende und 23208 Euro für Ehe- und Lebenspartner. Er soll rückwirkend erhöht werden auf 11784/23568 Euroerhöht werden. Das Gesetz war bei Redaktionsschluss noch nicht verabschiedet.

Kindergeld: Leistung, die allen Eltern für ihren Nachwuchs ab dem Monat der Geburt zusteht. Anspruch besteht für Kinder bis zur Vollendung des 18. Lebensjahres. Wenn sie sich in der Ausbildung befinden, gilt der Anspruch bis zur Vollendung des 25. Lebensjahres. Anspruch für arbeitslose Kinder besteht bis zum 21. Geburtstag. Voraussetzung ist in allen Fällen, dass die Kinder ihren Wohnsitz in Deutschland haben oder sich hier für gewöhnlich aufhalten. Für Kinder, die wegen fehlenden Ausbildungsplatzes eine Berufsausbildung nicht beginnen oder fortsetzen können, gelten grundsätzlich die Regelungen für Kinder in Ausbildung. Das Kindergeld wird an die Person gezahlt, in deren Obhut sich das Kind befindet. Lebt das Kind mit beiden Eltern zusammen, können diese bestimmen, wer von ihnen das Kindergeld erhalten soll. Die Auszahlung des Kindergeldes erfolgt in der Regel durch die Familienkassen bei den Agenturen für Arbeit. Für Angehörige des öffentlichen Dienstes und Empfänger von Versorgungsbezügen wird das Kindergeld von ihrem Dienstherren oder Arbeitgeber festgesetzt und ausgezahlt. Im Zuge der Steuererklärung prüft das Finanzamt, ob die Eltern über das Kindergeld hinaus noch von Steuerfreibeträgen für den Nachwuchs profitieren.

Kleinunternehmer: Sind Sie (nebenberuflich) selbstständig, kann neben der Einkommenssteuer auch Umsatzsteuer fällig werden. Das hängt davon ab, ob das Finanzamt Sie als Kleinunternehmer führt oder nicht. Als Kleinunternehmer müssen Sie von Ihren Kunden keine Umsatzsteuer erheben und an das Finanzamt weiterleiten. Sie können aber nur Kleinunternehmer sein, solange Ihr Jahresumsatz nicht über 22000 Euro liegt. Ist er höher, gelten Sie ab dem folgenden Jahr nicht mehr als Kleinunternehmer. Liegt Ihr Jahresumsatz voraussichtlich sogar über 50000, können

Sie schon im laufenden Jahr umsatzsteuerpflichtig sein. Doch selbst wenn Sie als Selbstständiger in den Grenzen für die „Kleinunternehmer-Lösung" bleiben und auf Umsatzsteuer verzichten können, prüfen Sie mit Hilfe eines Steuerprofis, ob das tatsächlich günstig für Sie ist. Denn auch bei niedrigen Umsätzen können Sie sich gegen die Befreiung von der Umsatzsteuer entscheiden. Das kann sich lohnen, etwa wenn Sie größere Aufwendungen haben.

Progressionsvorbehalt: Wenn Sie Lohnersatzleistungen beziehen, zum Beispiel Elterngeld, Kurzarbeiter- oder Krankengeld, sind diese Leistungen steuer- und sozialabgabenfrei. Trotzdem können sie dafür sorgen, dass sich Ihre Steuerlast erhöht. Denn diese Leistungen unterliegen dem sogenannten Progressionsvorbehalt: Wenn das Finanzamt Ihren persönlichen Steuersatz ermittelt, addiert es den Lohnersatz zu Ihren übrigen Einkünften. Dadurch steigt Ihr Steuersatz an und damit auch die Steuerbelastung. Auf diese Weise kann es sich zum Beispiel für Ehe- und eingetragene Lebenspartner lohnen, wenn sie keine gemeinsame Steuererklärung einreichen, sondern getrennt mit dem Finanzamt abrechnen. Denn dann werden nicht die Einkommen beider Partner vom Progressionsvorbehalt getroffen, sondern nur das Einkommen des Partners, der den Lohnersatz erhalten hat. Am besten rechnen Paare, die Lohnersatz erhalten haben, vorab aus, welche Abrechnung für sie günstiger ist – einzeln oder gemeinsam.

Sonderausgaben: Verschiedene Posten, die Sie steuerlich geltend machen können – angefangen bei den Basisbeiträgen zur Kranken- und Pflegeversicherung. Hinzu kommen zum Beispiel Kirchensteuer und Spenden. Solche Sonderausgaben können einen enormen Steuervorteil bringen. Denn wenn Sie keine Ausgaben abrechnen, berücksichtigt das Finanzamt automatisch eine Pauschale von nur 36 Euro im Jahr. Dieser Wert ist schnell übersprungen, zum Beispiel, wenn Sie in der Weihnachtszeit eine größere Summe spenden.

Werbungskosten: Ausgaben, die Sie haben, um überhaupt Einnahmen erzielen zu können. Fahren Sie als Arbeitnehmer regelmäßig in den Betrieb, können Sie die Ausgaben für den Arbeitsweg als Werbungskosten geltend machen. Vermieten Sie eine Wohnung, machen Sie die Ausgaben für Instandhaltung und Renovierung als Werbungskosten geltend. Gehen Sie in den Ruhestand und schalten Sie einen Rentenberater ein, können Sie die Ausgaben für die fachliche Unterstützung als Werbungskosten geltend machen.

Stichwortverzeichnis

C/D

E

F

G

H

I/J/K

L

M/N/O

P/Q

R

S/T

U/V

W/Z

Die Stiftung Warentest wurde 1964 auf Beschluss des Deutschen Bundestages gegründet, um dem Verbraucher durch vergleichende Tests von Waren und Dienstleistungen eine unabhängige und objektive Unterstützung zu bieten.

Redaktionsschluss: 21. September 2024
14., aktualisierte Auflage
© 2025 Stiftung Warentest, Berlin

Stiftung Warentest
Lützowplatz 11–13
10785 Berlin
Telefon 0 30 / 26 31–0
Fax 0 30 / 26 31–25 25
www.test.de
email@stiftung-warentest.de

USt-IdNr.: DE136725570

Vorständin: Julia Bönisch
Weitere Mitglieder der Geschäftsleitung: Dr. Holger Brackemann, Daniel Gläser und Dr. Birger Venn-Hein

Alle veröffentlichten Beiträge sind urheberrechtlich geschützt. Die Reproduktion – ganz oder in Teilen – bedarf ungeachtet des Mediums der vorherigen schriftlichen Zustimmung des Verlags. Alle übrigen Rechte bleiben vorbehalten.

Programmleitung: Niclas Dewitz

Autor: Udo Reuß, Berlin
Fachliche Beratung: Tobias Gerauer (StB), Peterskirchen
Projektleitung: Philipp Sperrle
Lektorat: Heike Plank, Werl
Titelentwurf: Susann Unger, Berlin
Layout: Büro Brendel, Berlin

Bildredaktion: Anne-Katrin Körbi
Grafik, Satz: Büro Brendel, Berlin
Bildnachweis: Titel: Getty Images/James Shearman, U4: Getty Images/Dani Garcia Banos Gettyimages: 4, 24, 50, 198 Klaus Vedfelt; 10 Fuse; 15 urbazon; 18 Erik Von Weber; 22 Maskot; 29, 84 Luis Alvarez; 55 Aleksandr Zubkov; 63 Tom Werner; 67 andresr; 71 Maskot; 91 Phynart Studio; 89 Yevgen Romanenko; 113, 121 Thomas_EyeDesign; 128 Morsa Images; 132 fotokraftwerk; 140, 176 Imgorthand; 147 Thomas Barwick 153, 159, 200, 221 Westend61; 164 PM Images; 168 Yves Murawski/EyeEm; 204 Sinan Kocaslan; 213 Nopparat Khokthong/ EyeEm; 217 Luis Alvarez; 228 Maskot; 232 Select-Stock; 243 Tom Werner; 247 MaskotAdobe Stock: 108 YK – stock.adobe.com

Produktion: Daniela Greven
Verlagsherstellung: Rita Brosius (Ltg.), Susanne Beeh, Romy Alig
Litho: tiff.any, Berlin
Druck: Friedrich Pustet, Regensburg

ISBN: 978-3-7471-0851-2

Wir haben für dieses Buch 100 % Recyclingpapier und mineralölfreie Druckfarben verwendet. Stiftung Warentest druckt ausschließlich in Deutschland, weil hier hohe Umweltstandards gelten und kurze Transportwege für geringe CO_2-Emissionen sorgen. Auch die Weiterverarbeitung erfolgt ausschließlich in Deutschland.

EPILOG

DIE CYBERFEMINISTINNEN

Im Sommer 1992 hing eines Morgens plötzlich ein großes Plakat an der Seitenmauer einer Kunstgalerie im australischen Sydney. Es war fünfeinhalb Meter lang und zeigte eine seltsame Zusammenstellung von Bildern: stark vergrößerte Kugelmodelle von DNA-Molekülen, bunte Ovale, die wie Vaginas aussahen, und eine Frau mit dem Horn eines Einhorns, die ihre Armmuskeln anspannt und mit dem Oberkörper aus einer Muschel ragt, als Spiegelbild. In der Mitte war eine Textkugel, konvex wie ein Wassertropfen dargestellt: »Wir sind das Virus einer neuen Weltunordnung, das das Symbolische von innen heraus stört, Saboteure des Big-Daddy-Mainframes. Die Klitoris führt in direkter Linie zur Matrix.«[1]

Die Cyberfeministinnen waren angekommen, und keinen Augenblick zu früh.

Schöpferinnen dieser Plakatwand, einem Kunstwerk mit dem Titel *A Cyberfeminist Manifesto for the 21st Century*, war ein vierköpfiges Kunstkollektiv aus Adelaide: Josephine Starrs, Julianne Pierce, Francesca da Rimini und Virginia Barratt, zusammen bekannt als VNS Matrix. Ihr »blasphemischer Text« war einige Jahre zuvor in einer Nacht entstanden, als freie Assoziation über »neue Darstellungen von Frauen, Geschlecht und Sexualität im technologischen Raum, sowohl uralt, historisch wie futuristisch, fantastisch und aktiv«, wie Barratt mir vor einigen Jahren erklärte. Im Jahr 1991 kleisterten VNS Matrix ihr Manifest an Häuserwände und faxten es an Tech-Magazine und feministische Künstlerinnen in aller Welt, um den Anbruch eines neuen Zeitalters zu verkünden: Eineinhalb Jahrhunderte, nachdem Ada Lovelace zum ersten Mal ein Computerprogramm auf Papier gekritzelt hatte, war es an der Zeit, dass Frauen zum Virus, zum Signal und zum Herzschlag des Netzes wurden.

Dieses Manifest in Plakatform fotografierte eine britische Studentin und brachte das Foto zu ihrer Professorin, der Kulturtheoretikerin Sadie Plant, die gerade einen Lehrplan entwarf, der dazu passte. In ihrem 1997 erschienenen Buch *Nullen + Einsen* erklärt Plant, dass VNS Matrix mit »die Klitoris führt in direkter Linie zur Matrix« sowohl die Gebärmutter (die auf Latein auch *matrix* heißen kann) als auch »die abstrakten Kommunikationsnetze« meinte, die sich in der Welt um sie herum »immer mehr zusammenfügen«. Damit werde anschaulich eine Vision der körperlichen Verbindung von Frauen zu vernetzten Computern erzeugt, eine Verbindung, die schon vor der Technologie selbst entstanden sei, beginnend mit Ada Lovelace und den unzähligen menschlich-weiblichen »Computern« – eine Ahnenlinie, die Plant in ihrem Buch ebenso nachzeichnet wie ich hier.

Sadie Plant und VNS Matrix gelten als die Matriarchinnen des Cyberfeminismus, einer wilden, atemlos utopischen, sehr kurzlebigen Kunstbewegung, die Mitte der 90er aufkam, als das Internet begann die Welt neu zu gestalten. Der Cyberfeminismus beschwört in vielerlei Hinsicht das gegenkulturelle, techno-utopische Gefühl der frühen Internetkultur herauf und erbt den Geist jener Cyberhippies von der Westküste, die glaubten, die computervermittelte Kommunikation werde eine freie Zivilisation des Geistes erschaffen. Die bunt zusammengewürfelte Truppe von Künstlerinnen, Programmiererinnen, Spieledesignerinnen und Schriftstellerinnen, die sich selbst als Cyberfeministinnen bezeichneten, untergruben mit Freude das, was VNS Matrix als »Big Daddy Mainframe« bezeichnete: das Patriarchat, das in der technologischen Untermauerung der Welt fest verankert war, ein von Männern errichtetes Rückgrat. »Die technologische Landschaft war staubtrocken, kartesianisch, ehrfürchtig«, sagt Barratt. »Sie war unkritisch und überwältigend männlich dominiert. Sie war ein maskulinistischer Raum, der auch als solcher kodiert war, und die Hüter des Codes hatten die Kontrolle über die Technologieproduktion.«[2]

Die technologischen Errungenschaften von Frauen waren über so viele Generationen hinweg von Zeit, Gleichgültigkeit und den sich verändernden Protokollen des Netzes selbst begraben worden, doch nun wollten die Cyberfeministinnen ihren Platz im technologischen Jetzt einfordern, und das lautstark und mit aller Kraft. Cyberfeministische Denkerinnen und Künstlerinnen verstanden das Internet als eine beispiellose Plattform für freies Denken und freie Meinungsäußerung, wie ein schlummernder Virus im Großrechner. Die Vorsilbe »Cyber« beschwor diesen Virus. Der Begriff »Cyber« war damals in aller Munde – wie etwa bei Cyberkultur, Cybersex, Cyberpunk – und stand für die kollektive Halluzination vom digitalen Raum und die nicht verortete, unkörperliche Welt der elektronischen Netze. Die Cyberfeministinnen faszinierte die Vorstellung von einem Onlineraum ohne Geografie, ohne vordefinierte Konventionen, und sie glaubten, dort könne eine neue Art von Feminismus in See stechen, frei schwimmend und ungebunden auf einem Ozean aus Glasfaserkabeln und Bits. »Das Internet war weit weniger reguliert, weit weniger kommerzialisiert als heute«, sagt Francesca da Rimini von VNS Matrix. »Es war eher eine Schmiede und ein Schlund als ein Einkaufszentrum. Die Möglichkeiten schienen endlos.«[3]

Viele Frauen, die in den frühen 90ern online gingen, sahen im Cyberfeminismus die nächste große Welle des Feminismus: Während die vorherige Generation global gedacht, aber lokal gehandelt hatte und ihre bewusstseinsbildenden Sessions in ihren Wohnzimmern abgehalten hatte, konnte das Internet den Unterschied aufheben und ein globales Wohnzimmer schaffen, in dem Pixel und Code die Arbeit von Streikposten und Fäusten übernahmen.

Die erste Generation von Feministinnen im Internet erkannte, dass Zugang zum Netz eine Frage der Gleichberechtigung war, und sie fanden heraus, wie sie die Erfahrungen aus der zweiten Welle des Feminismus bei Organisation und Durchführung von Kampagnen auf das neue Medium übertragen konnten. Zu ihren ersten Projekten im Web gehörten Informationswebsites für Missbrauchsopfer, feministische Foren und eine animierte GIF-Kerze als Mahnwache gegen häusliche Gewalt. »Wenn die Bevölkerung mit den neuen Kommunikationstechnologien vertraut wird, müssen sich Feministinnen der Herausforderung stellen, ob sie bereits online sein werden, um sie dort willkommen zu heißen«, schrieben Scarlet Pollock und

Jo Sutton, Herausgeberinnen der kanadischen feministischen Zeitschrift *Women'space.*[4]

Cyberfeministische Künstlerinnen erstellten revolutionäre CD-ROMs, schufen webbasierte Multimedia-Kunstwerke und bauten virtuelle Welten in vielerlei Formen, während sie auf der Suche nach Unterhaltung und Wissen durch das Netz schwammen. Sie schrieben unfassbaren Agitprop wie das *Cyberfeministische Manifest für das 21. Jahrhundert.* Sie bildeten Koalitionen, Mailinglisten und Diskussionsgruppen, wie das Old Boys' Network, das erklärte, Cyberfeminismus sei vor allem »eine Frage des Überlebens, der Macht und des Spaßes«.[5] VNS Matrix entwickelte sogar ein Videospiel, *All New Gen,* in dem der Spieler sich in die Datenbanken des Big-Daddy-Mainframe, der ödipalen Verkörperung des techno-industriellen Komplexes, hacken und ihn und seine Kohorten (»Circuit Boy, Streetfighter und andere totale Idioten«) in die Vergessenheit schleimen musste, um dann die Saat der Neuen Weltordnung zu säen und die Herrschaft der phallischen Macht auf der Erde zu beenden.

Wie das Netz selbst, so war auch die Bewegung expansiv und facettenreich. »Cyberfeminismus existiert nur im Plural«, erklärte die Schweizer Kunstkritikerin Yvonne Volkart im Jahr 1999.[6] Nicht einmal auf dem Höhepunkt der Verwendung des Wortes bezeichnete es einen einzelnen, spezifischen feministischen Ansatz am Beginn der Web-Revolution. Stattdessen wurde der Begriff »Cyberfeminismus« für eine ganze Reihe von Positionen verwendet, von denen sich einige gegenseitig ausschlossen. Auf der Ersten Cyberfeministischen Internationalen, die 1997 in Kassel stattfand, verzichteten die Teilnehmerinnen auf eine Definition des Begriffs und stellten stattdessen gemeinsam 100 »Anti-Thesen« zusammen, eine Liste dessen, was Cyberfeminismus *nicht* war. Laut dieser Liste war der Cyberfeminismus unter anderem: nicht käuflich, nicht postmodern, kein Modestatement, kein Picknick, kein Medienschwindel, nicht nett, nicht Lacanianisch, keine Science-Fiction und – mein persönlicher Favorit – »es geht nicht um langweiliges Spielzeug für langweilige Jungs«.[7]

Insgeheim hatten die Cyberfeministinnen jedoch Sorge, dass das, was als »das virtuelle Technologieparadies des neuen Jahrtausends« gepriesen wurde, wie die Sozialwissenschaftlerin Renate Klein 1999 schrieb, schließlich ebenso

»frauenfeindlich werden könnte wie ... ein Großteil des realen Lebens am Ende des 20. Jahrhunderts«.[8] Um dies zu verhindern, wollten sie rasch handeln und eine Onlinepräsenz erschaffen, die bunt, selbstbewusst und lebendig genug war, um eine dauerhafte Verbindung zwischen Frauen und der technologischen Kultur herzustellen, die ihr Geburtsrecht ist.

Wenn man heute als Frau online unterwegs ist, verspürt man dieselben Ängste, die Frauen und Minderheiten immer schon verfolgt haben: Die Angst, zum Schweigen gebracht, ausgegrenzt und schikaniert zu werden, ist in der digitalen Welt ebenso spürbar wie in der realen. Unser dichtes Netz von verbindenden Technologien und die zunehmende Leichtigkeit, mit der wir darin überwacht werden, hat neue Formen der Gewalt entstehen lassen: Die unerlaubte Veröffentlichung persönlicher Daten, Onlinestalker, Internettrolle, Rachepornos. Und die Anonymität, die von den Cyberfeministinnen und vielen frühen Denkern der Cyberkultur als Weg angesehen wurden, Geschlecht und andere Unterschiede zu überwinden, ermöglichte auch, dass sich Menschen im gesamten Web gewalttätig frauenfeindlich äußern können: in YouTube-Kommentaren, in Foren, auf Reddit und 4chan sowie in den Posteingängen und über die Antwortfunktion in anderen Sozialen Medien von Frauen, die öffentlich ihre Meinung vertreten. Die körperlose Neuheit, die die ersten Frauen im Netz so berauschte, hat sich gewandelt; sie ist zu dem geworden, was die Spielekritikerin Katherine Cross treffend ein »Möbiusband aus Realität und Irrealität« nennt, in dem die Internetkultur »real wird, wenn es passt, und unwirklich, wenn es nicht passt; real genug, um Menschen zu verletzen, und unwirklich genug, um dies zu rechtfertigen«.[9]

Als Bewegung verschwand der Cyberfeminismus, als die Dot-Com-Blase platzte. »Wir taten, was wir zu der Zeit tun mussten«, erklärt Barratt. »Unsere Aufgabe als Menschen, die sich als weiblich definieren, und Feministinnen bestand darin, die Torwächter zu stürzen, um Zugang zu einer mächtigen neuen Technologie zu erhalten, die enorme Auswirkungen auf die Herrschaft und Kontrolle hatte, die das Patriarchat und die kapitalistischen Systeme ausüben.«[10] Mit der Kommerzialisierung des Webs wurde klar, dass das Internet niemanden vom Sexismus oder von der Einteilung in Sozialschicht, ethnische Herkunft, Fähigkeiten und Alter befreien würde.

Stattdessen wurden oft dieselben Muster und Dynamiken fortgeschrieben, die in der Welt des realen Lebens gelten. Die kapitalistischen Systeme haben gesiegt, die persönliche Marke ist Trumpf, und wie die laufenden Kämpfe um die Netzneutralität gezeigt haben, halten die Torwächter die Schlüssel immer noch fest im Griff.

Das liegt aber nicht daran, dass die Cyberfeministinnen oder ihre Vorgängerinnen versagt hätten. Vielmehr erbt die digitale Welt die Probleme der realen Welt, wenn sich das digitale und das reale Leben fast vollständig überschneiden. Wenn man mit dem Stift über ein Möbiusband fährt, kommt man direkt zum Ausgangspunkt zurück. Auf dieser endlosen Oberfläche werden Unterscheidungen immer schwieriger. Die Computer sind heute kleiner, und wir nehmen sie mit ins Bett; sie messen, wie wir im Schlaf atmen; sie hören zu und verfolgen uns, während wir durch die Welt navigieren. Soziale Netzwerke wurden zu Imperien, indem sie uns verkaufen, was wir bereits wollen, und unsere Meinungen werden in Blasen gebildet, in einer endlosen Schleife algorithmischer Rückkopplung. Wir sind selbst zum Netz geworden, mit unserem Körper und allem anderen, mit allen Konsequenzen.

Aber das hat auch etwas Gutes. Denn wenn wir unsere Gesellschaft enger an den Bildschirm binden, erschaffen wir gleichzeitig ein immer mächtigeres Werkzeug, um sie zu verändern. Lügen können im Internet zur Wahrheit werden, wenn sie weit genug verbreitet werden, und die sozialen Medien haben verändert, wie wir reisen, essen und Revolutionen anzetteln: Jede Entscheidung, die bei der Gestaltung unserer vertraulichsten Technologien getroffen wird, wirkt sich auf unser Leben, unsere Städte, unsere sozialen Strukturen und unsere kollektive Erfahrung dessen aus, was richtig, real und wahr ist. Wenn wir Technologien entwickeln, spiegeln wir die Welt nicht nur. Wir erschaffen sie. Und wir können sie umgestalten, wenn wir uns der großen Verantwortung bewusst sind, die damit verbunden ist.

Je mehr Vielfalt am Tisch sitzt, je interessanter das Ergebnis auf dem Bildschirm ist, je menschlicher, wie Stacy Horn sagen würde, umso besser. Man muss kein Ingenieur sein und keine besondere Ebene des Denkens erreicht haben, um einen wertvollen Beitrag zu leisten. Es gibt keine richtige Ausbildung, keinen richtigen Karriereweg. Manchmal gibt es nicht einmal einen Plan. Das Internet wird von Menschen gemacht, denn es wurde für Menschen gemacht, und es tut, was wir ihm sagen.

Wir können die Welt neu gestalten.

Der erste Schritt besteht darin, sie klar zu sehen, zu erkennen, wer an den entscheidenden Punkten unserer technologischen Geschichte tatsächlich beteiligt war, ohne die vorherrschenden Mythen von Gründern in der Garage und Reichtum, von Alpha-Nerds und männlichen Programmierercliquen als gegeben hinzunehmen. Der zweite Schritt besteht darin, alle möglichen Sieges- und Überlebensstrategien von unseren Vorgängerinnen zu lernen, und ich hoffe, dass dieses Buch einige davon ans Licht gebracht hat: Ada Lovelace, die gegen die Regeln des Anstands verstieß; Grace Hoppers hartnäckige Voraussicht und die gegenseitige Unterstützung der Frauen von Resource One. Jake Feinlers klare Vision im Chaos eines sich verändernden Netzwerks. Eine Scheibe von Jaime Levys Punkrock-Mut und eine gesunde Portion von VNS Matrix's körperlicher Überzeugung, nach der das Internet unser Ort ist, wild und seltsam und verblüffend, so wie es das schon immer war.

Der letzte Schritt ist der schwierigste: Wir machen uns an die Arbeit.

ÜBER DIE AUTORIN

Claire L. Evans ist Schriftstellerin, Musikerin und Gründerin von Terraform, dem Science-Fiction-Vertical von *VICE*. Sie schrieb für *Motherboard* und *National Geographics* populärwissenschaftlichen Blog »Universe«. Heute schreibt sie außerdem für *VICE*, *The Guardian*, *WIRED* u. a. und berät Designstudenten am Art Center College of Design.

DANKSAGUNGEN

Ein Buch zu schreiben ist der ultimative Lifehack; ich kenne keinen besseren Weg, um seine Helden zu treffen. Ich bin den Menschen, die Zeit in ihrem Kalender freigeräumt und mir Zugang zu ihren Festplatten und Erinnerungen gewährt haben, zu großem Dank verpflichtet. Nicht alle haben es in die endgültige Fassung dieses Buches geschafft, aber sie alle haben einen unschätzbaren Einfluss auf mein Denken gehabt: Pat Wilcox, Pamela Hardt-English, Sherry Reson, Joan Lefkowitz, Mya Shone, Chris Macie, Lee Felsenstein, Elizabeth »Jake« Feinler, Mary Stahl, Radia Perlman, Aliza Sherman, Ellen Pack, Nancy Rhine, Naomi Pearce, Stacy Horn, Marisa Bowe, Jaime Levy, Howard Mittelmark, Dame Wendy Hall, Annette Wagner, Cathy Marshall, Judy Malloy, Karen Catlin, Nicole Yankelovich, Gina Garrubbo, Laurie Kretchmar, Marleen McDaniel, Naomi Clark, Brenda Laurel, Adriene Jenik, Amy Bruckman, Antoinette LaFarge, Cynthia DuVal, Helen Varley Jamieson, Judy (yduJ) Anderson, Juli Burk, Lisa Brenneis, Lynn Finch, Pavel Curtis, Jim Bumgardner und Yib. Ich war eine ehrfürchtige und dankbare Zuhörerin, aber das ist erst der Anfang. Es gibt mehr faszinierende Geschichten über Frauen in der IT-Branche, als ich jemals auf diesen Seiten hätte unterbringen können, und ich hoffe aufrichtig, dass ich in den kommenden Jahren noch viele, viele weitere Bücher zu diesem Thema lesen werde.

Dank gebührt auch jenen, die mir auf meinem Weg geholfen haben: Robert Kett und Martina Haidvogl vom SFMOMA, die mir halfen, das CD-ROM-Archiv des *Word*-Magazins in der ständigen Sammlung des Museums abzurufen; Wende Cover von der Internet Hall of Fame, die mich mit den ersten Netzwerkpionierinnen in Verbindung brachte; Sydney Gulbronson Olson vom Computer History Museum, die meine Anfragen zum Community Memory bearbeitete; und den heiligen Menschen des Internet Archive, ohne deren Wayback Machine die Kapitel über die Dot-Com-Ära nicht hätten geschrieben werden können. Mögen sie viele Spenden erhalten. Ich bin keine ausgebildete Historikerin, aber ich schätze die Arbeit der Wissenschaftlerinnen, die in diesem Buch zitiert werden, sehr, insbesondere in den ersten Kapiteln. Sie leisten weltverändernde Arbeit und korrigieren in vielen Fällen ungeheuerliche Ausgrenzungen. Als mich die Schreibarbeit überwältigte, wandte ich mich an die besten Autoren, die ich kenne: Brian Merchant teilte Kriegsgeschichten, Softwarestrategien und wichtige Erkenntnisse zu den ersten Kapiteln und Entwürfen mit mir; Corrina Laughlin war immer schnell mit einer E-Mail voller Recherchetipps, PDFs und Rückmeldungen zur Hand. Kathryn Borel Jr. war eine unschätzbar wertvolle Gesprächspartnerin, und Addie Wagenknecht, die Vorzeige-Cyberfeministin, hat das Buch einer gründlichen technischen Überprüfung unterzogen.

Ohne meine überaus umsichtige und ehrgeizige Literaturagentin Sarah Levitt wäre dieses Buch immer noch ein dreiseitiges Dokument in einem Ordner mit dem Namen »irgendwann«. Sie hat etwas Größeres gesehen, als ich mir je vorzustellen wagte, und sie hat mich dorthin geführt. Ich danke meiner Lektorin, Stephanie Frerich, für ihre Freude daran, Frauengeschichten zu erzählen, dafür, dass sie mir geholfen hat, dieses Buch über die schwierigen Stellen zu navigieren, und dafür, dass sie mir den Rücken gestärkt hat. Danke an Olivia Peluso und allen bei Portfolio, die mich mit so viel Sorgfalt durch diesen Prozess begleitet haben; danke an meine Redakteurin Juliann Barbato und an meinen Hersteller Ryan Boyle, die sich die Zeit genommen haben, selbst die heikelsten Dinge zu klären. Danke an meine Eltern, Colin und Rosine Evans, für den Dell und für ihre unendliche und bedingungslose Unterstützung, und an Jona Bechtolt, die mich aus mir selbst herausholt: Danke, dass du dich furchtlos mit mir in die dunkelsten Höhlen begeben hast. Du bist das Licht.

QUELLENVERZEICHNIS

Kapitel eins: Computer gesucht

1 »A Computer Wanted«, New York Times, 2. Mai 1892.

2 James Gleick, Die Information: Geschichte, Theorie, Flut (München: Redline Verlag, 2011), S. 97.

3 Charles Babbage, On the Economy of Machinery and Manufactures (London: Charles Knight, Pall Mall East, 1832), S. 153.

4 David Alan Grier, When Computers Were Human (Princeton, NJ: Princeton University Press, 2005), S. 276.

5 Sadie Plant, Nullen + Einsen: Digitale Frauen und die Kultur der neuen Technologien (Berlin: Berlin Verlag, 1998), S. 73.

6 George Gordon Byron, Lord Byron: Briefe und Tagebücher, Hg. Leslie A. Marchand (Frankfurt: Fischer Verlag, 2017), S. 85.

7 Charles Babbage, Passagen aus einem Philosophenleben (Berlin: Kadmos Verlag, 1997), S. 82.

8 Ebenda.

9 Gleick, Die Information, S. 120-126.

10 Betty Alexander Toole, Ada, the Enchantress of Numbers: Prophet of the Computer Age (Mill Valley, CA: Strawberry Press, 1992), S. 6.

11 Ebenda, S. 21.

12 Ebenda, S. 156f.

13 B. V. Bowden, »A Brief History of Computation«, in Faster Than Thought: A Symposium on Digital Computing Machines, Hg. B. V. Bowden (London: Pitman and Sons, 1953), S. 22.

14 Toole, Ada, the Enchantress, S. 33.

15 Sophia Elizabeth De Morgan, Memoir of Augustus De Morgan (London: Longmans, 1882), S. 89.

16 Toole, Ada, the Enchantress, S. 83.

17 Ebenda, S. 101.

18 Ebenda, S. 172.

19 Ebenda, S. 182.

20 Ebenda, S. 147.

21 Ebenda, S. 155.

22 Plant, Nullen + Einsen, S. 40.

23 Benjamin Woolley, Byrons Tochter: Ada Lovelace – Die Poetin der Mathematik (Berlin: Aufbau Verlag, 2005), S. 388f.

24 Toole, Ada, the Enchantress, S. 290.

25 B. V. Bowden, Vorwort zu Faster Than Thought, S. xi.

26 Grier, When Computers Were Human, S. 83.

27 Gabriele Kass-Simon, Women of Science: Righting the Record (Bloomington: Indiana University Press, 1993), S. 100.

28 Grier, When Computers Were Human, S. 81.

29 Ebenda, S. 276.

30 Beverly E. Golemba, Human Computers: The Women in Aeronautical Research (unpublished manuscript, 1994), S. 43, https://crgis.ndc.nasa.gov/crgis/images/c/c7/Golemba.pdf.

31 Sarah McLennan and Mary Gainer, »When the Computer Wore a Skirt: Langley's Computers, 1935-1970«, NASA News & Notes 29, Nr. 1 (2012), https://crgis.ndc.nasa.gov/crgis/images/c/c3/Nltr29-1.pdf.

32 Jim Hodges, »She Was a Computer When Computers Wore Skirts«, 2008, www.nasa.gov/centers/langley/news/researchernews/ rn_kjohnson.html.

Kapitel zwei: Amazing Grace

1 Kathleen Broome Williams, Grace Hopper: Admiral of the Cyber Sea (Annapolis, MD: Naval Institute Press, 2004), S. 12.

2 Williams, Grace Hopper, S. 16.

3 Grace Murray Hopper, Interview von Uta Merzbach, Juli 1968, Computer Oral History Collection, Archives Center, National Museum of American History, Smithsonian Institution, S. 16, http://amhistory.si.edu/archives/AC0196.pdf.

4 Ebenda, S. 28.

5 Ebenda, S. 25

6 Ebenda.

7 Ebenda, S. 26.

8 Ebenda, S. 29.

9 Kurt W. Beyer, Grace Hopper and the Invention of the Information Age (Cambridge, MA: MIT Press, 2009), S. 37.

10 Hopper, Interview von Merzbach, 1968, S. 29.

11 Ebenda.

12 Ebenda.

13 Beyer, Grace Hopper, S. 314.

14 Hopper, Interview von Merzbach, 1968, S. 31.

15 Grace Murray Hopper, Interview von Beth Luebbert und Henry Tropp, July 1972, Computer Oral History Collection, Archives Center, National Museum of American History, Smithsonian Institution, S. 29, http://amhistory.si.edu/archives/AC0196.pdf

16 Ebenda, S. 47.

17 Howard Aiken, Interview von Henry Tropp and I. B. Cohen, Februar 1973, Computer Oral History Collection, Archives Center, National Museum of American History, Smithsonian Institution, S. 44, http://amhistory.si.edu/archives/AC0196.pdf.

18 Ebenda.

19 Fred R. Shapiro, »Etymology of the Computer Bug: History and Folklore«, American Speech 62, Nr. 4 (1987), S. 376ff.

20 Hopper, Interview von Luebbert und Tropp, 1972, S. 27.

21 Grace Murray Hopper, Interview von Uta Merzbach, Januar 1969, Computer Oral History Collection, Archives Center, National Museum of American History, Smithsonian Institution, S. 13, http://amhistory.si.edu/archives/AC0196.pdf.

22 Ebenda, S. 10.

23 Williams, Grace Hopper, S. 13.

24 Hopper, Interview von Uta Merzbach, 1968, S. 4.

25 Thomas Haigh, Mark Priestly und Crispin Rope, ENIAC in Action: Making and Remaking the Modern Computer (Cambridge, MA: MIT Press, 2016), S. 298.

26 Mark Priestley und Thomas Haigh, Working on ENIAC: The Lost Labors of the Information Age, http://opentranscripts.org/transcript/working-on-eniac-lost-labors-information-age.

27 John Mauchly, Interview von Ute Merzbach, Juni 1973, Computer Oral History Collection, Archives Center, National Museum of American History, Smithsonian Institution, S. 22, http://amhistory.si.edu/archives /AC0196.pdf.

28 Jean Jennings Bartik, Pioneer Programmer: Jean Jennings Bartik and the Computer That Changed the World (Kirksville, MO: Truman State University Press, 2013), S. 9.

29 Nathan Ensmenger, The Computer Boys Take Over: Computers, Programmers, and the Politics of Technical Expertise (Cambridge, MA: MIT Press, 2010), S. 15.

30 Bartik, Pioneer Programmer, S. 13.

31 Haigh et al., ENIAC in Action, S. 96f.

32 John Mauchly, Interview von Henry Tropp, Januar 1973, Computer Oral History Collection, Archives Center, National Museum of American History, Smithsonian Institution, S. 70, http://amhistory.si.edu/archives /AC0196.pdf.

33 Ebenda.

34 Kay McNulty, quoted in W. Barkley Fritz, »The Women of ENIAC«, IEEE Annals of the History of Computing 18, Nr. 3 (Herbst 1996), S. 16.

35 H. H. Goldstine and Adele Goldstine, »The Electronic Numerical Integrator and Computer (ENIAC) «, IEEE Annals of the History of Computing 18, Nr. 1 (Frühling 1996), S. 10.

36 Jean J. Bartik und Frances E. »Betty« Snyder Holberton, Interview von Henry Tropp, April 1973, Computer Oral History Collection, Archives Center, National Museum of American History, Smithsonian Institution, S. 19, http://amhistory.si.edu/archives/AC0196.pdf.

37 Ebenda, S. 21.

38 Mauchly, Interview von Tropp, 1973, S. 66.

39 Bartik und Holberton, Interview von Tropp, 1973, S. 29.

40 Fritz, »The Women of ENIAC«, 1996, S. 1096.

41 The Computers: The Remarkable Story of the ENIAC Programmers, directed by Kathy Kleiman (2016, Vimeo), VOD.

42 Bartik, Pioneer Programmer, S. 84.

43 Ebenda, S. 84f.

44 Ebenda, S. 92.

45 Ebenda, S. 95.

46 Ebenda, S. 85.

47 Ebenda, S. 25.

48 Jean Jennings Bartik, »Oral History of Jean Bartik: Interviewed von Gardner Hendrie«, 1. Juli 2008, Computer History Museum, S. 31, www.computerhistory.org/collections/oralhistories.

49 Bartik und Holberton, Interview von Tropp, April 1973, S. 55.

50 T. R. Kennedy, »Electronic Computer Flashes Answers, May Speed Engineering«, New York Times, 15. Februar 1946.

51 Jennifer S. Light, »When Computers Were Women«, Technology and Culture 40 (1999), S. 474.

52 Ebenda.

53 Bartik, Pioneer Programmer, S. 85.

54 Bartik, Interview von Gardner Hendrie, Juli 2008, S. 31.

55 Janet Abbate, Recoding Gender: Women's Changing Participation in Computing (Cambridge, MA: MIT Press, 2012), S. 37.

56 Light, »When Computers Were Women«, S. 475.

57 Ebenda, S. 473.

58 Bartik, Pioneer Programmer, S. 21.

59 Jennifer S. Light, »Programming« in Gender and Technology: A Reader, Hg. Nina Lerman, Ruth Oldenziel, und Arwen P. Mohun (Baltimore, MD: The Johns Hopkins University Press, 2003), S. 295.

Kapitel drei: Unbeschwerte Zeiten

1 Williams, Grace Hopper, S. 17.

2 Hopper, Interview von Merzbach, 1969, S. 15.

3 Ebenda.

4 Abbate, Recoding Gender, S. 42.

5 Bartik, Pioneer Programmer, S. 140.

6 Frances E. »Betty« Holberton, Interview von James Ross, April 1983, Charles Babbage Institute, Center for Information Processing, University of Minnesota, Minneapolis, S. 10, www.cbi.umn.edu/oh.

7 Hopper, Interview von Merzbach, 1969, S. 3.

8 Bartik, Pioneer Programmer, S. 138ff.

9 Ebenda, S. 123.

10 Captain Grace Hopper, »Oral History of Captain Grace Hopper: Interviewed by Angeline Pantages« December 1980, Computer History Museum, S. 27, www.computerhistory.org/collections/oralhistories.

11 Beyer, Grace Hopper, S. 171.

12 Hopper, Interview von Merzbach, 1969, S. 10.

13 Holberton, Interview von Ross, 1983, S. 6f.

14 Bartik, Pioneer Programmer, S. 123.

15 Hopper, Interview von Merzbach, 1969, S. 3.

16 Grace Murray Hopper, »Keynote Address« in History of Programming Languages, Hg. Richard L. Wexelblat (New York: Academic Press, 1981), S. 9.

17 UNIVAC Conference, OH 200 (Oral history on May 17–18, 1990, Washington, DC, Charles Babbage Institute, University of Minnesota, Minneapolis, http://purl.umn.edu/104288).

18 UNIVAC Conference, 1990.

19 Ebenda.

20 Holberton, Interview von Ross, 1983, S. 14

21 UNIVAC Conference, 1990.

22 Holberton, Interview von Ross, 1983, S. 14.

23 Beyer, Grace Hopper, S. 217f.

24 Hopper, Interview von Merzbach, 1968, S. 8.

Kapitel vier: Turm von Babel

1 Jean Sammet, Programming Languages: History and Fundamentals (Englewood Cliffs, NJ: Prentice-Hall, 1969), S. 44–53.

2 John Backus, »Programming in America in the 1950s: Some Personal Impressions« in A History of Computing in the Twentieth Century, Hgg. N. Metropolis, J. Howlett, and Gian-Carlo Rota (New York: Academic Press, 1980), S. 127.

3 Abbate, Recoding Gender, S. 76.

4 Douglas Hofstadter, Gödel, Escher, Bach: Ein Endloses Geflochtenes Band (Stuttgart: Klett-Cotta, 2016), S. 306.

5 Grace Hopper, »The Education of a Computer«, ACM '52, Proceedings of the 1952 ACM National Meeting, Pittsburgh, S. 243–249.

6 Ebenda.

7 Abbate, Recoding Gender, S. 86.

8 Hopper, Interview mit Pantages, 1980, S. 7.

9 R. W. Bemer, »A View of the History of COBOL«, Honeywell Computer Journal 5, Nr. 3 (1971), S. 131.

10 Ensmenger, The Computer Boys, S. 94.

11 Betty Holberton, »COBOL Session: Transcript of Discussant's Remarks« in History of Programming Languages, S. 262.

12 Als junge Programmiererin arbeitete Jean Sammet bei der Sperry Gyroscope Company, einem Rüstungsunternehmen. 1955 kaufte Sperry Remington Rand auf und gründete Sperry Rand. Sammet fuhr oft mit dem Nachtzug nach Philadelphia, um Programme auf UNIVAC-Computern auszuführen, bevor sie verschickt wurden. Sie arbeitete als Beta-Testerin in der Programmierabteilung von Grace Hopper. Während ihrer gesamten Karriere blieb sie eine große Bewunderin von Grace. Steve Lohr, Go To: The Story of the Math Majors, Bridge Players, Engineers, Chess Wizards, Maverick Scientists, and Iconoclasts – the Programmers Who Created the Software Revolution (New York: Basic Books, 2008), S. 47.

13 Ensmenger, The Computer Boys, S. 96.

14 Ebenda, S. 100f.

15 Um fair zu sein, Dijkstra war ein strenger Richter der Programmiersprachen. Über FORTRAN schrieb er: »Je eher wir vergessen können, dass FORTRAN jemals existiert hat, desto besser, denn als Vehikel beim Denken ist es inzwischen zu ungenau«; während sich PL/I seiner Einschätzung nach »als tödliche Krankheit erweisen könnte«. Edsger W. Dijkstra, Selected Writings on Computing: A Personal Perspective (New York: Springer-Verlag, 1982), S. 130.

16 //Koh'Bol/, n: The New Hacker's Dictionary, 3. Aufl., comp. Eric S. Raymond (Cambridge, MA: MIT Press, 1996), S. 115.

17 Sammet, »COBOL Session«, S. 266.

18 Ebenda, S. 4.

19 Denise Gürer, »Pioneering Women in Computer Science«, Communications of the ACM 38(1), S. 45–54, https://courses.cs.washington.edu/coursescsep590/06au/readings/p175-gurer.pdf.

20 Abbate, Recoding Gender, S. 84.

21 Ebenda, S. 81.

Kapitel fünf: Die Computer-Girls

1 Lois Mandel, »The Computer Girls«, Cosmopolitan, 1967, S. 52–56.

2 Ebenda.

3 Nathan Ensmenger, »Making Programming Masculine«, in Gender Codes: Why Women Are Leaving Computing, Hg. Thomas Misa (Hoboken, NJ: Wiley, 2010).

4 Ebenda.

5 Abbate, Recoding Gender, S. 92.

6 Frederick Brooks, The Mythical Man-Month: Essays on Software Engineering (Boston: Addison-Wesley, 1975), S. 8.

7 Ensmenger, The Computer Boys, S. 147.

8 Abbate, Recoding Gender, S. 90.

9 Ensmenger, The Computer Boys, S. 239.

10 Ensmenger, »Making Programming Masculine«.

11 Abbate, Recoding Gender, S. 103.

12 Hopper, Interview mit Merzbach, 1968, S. 17.

13 Abbate, Recoding Gender, S. 109.

14 Plant, Nullen + Einsen, S. 41.

15 Ebenda, S. 44f.

Kapitel sechs: Die längste Höhle

1 Roger W. Brucker, »Mapping of Mammoth Cave: How Cartography Fueled Discoveries, with Emphasis on Max Kaemper's 1908 Map« (Mammoth Cave Research Symposia, Paper 4, 9. Oktober 2008, http://digitalcommons.wku.edu/mc_reserch_symp/9th_Research_Symposium _2008/Day_one/4.)

2 Ebenda.

3 Richard D. Lyons, »A Link Is Found Between Two Major Cave Systems«, New York Times, 2. Dezember 1972, www.nytimes.com/1972/12/02/archives/a-link-is-found-between-two-major-cave-systems-link-found-between-2.html?_r=0.

4 Patricia P. Crowther, Cleveland F. Pinnix, Richard B. Zopf, Thomas A. Brucker, P. Gary Eller, Stephen G. Wells, und John P. Wilcox, The Grand Kentucky Junction: A Memoir (St. Louis, MO: Cave Books, 1984), S. 96.

5 Roger W. Brucker und Richard A. Watson, The Longest Cave (Carbondale: Southern Illinois University Press, 1976), S. 213.

6 Ebenda, S. 171.

7 Dennis G. Jerz, »Somewhere Nearby Is Colossal Cave: Examining Will Crowther's Original ›Adventure‹ in Code and in Kentucky," Digital Humanities Quarterly (2007), www.digitalhumanities.org/dhq/vol/1/2/000009/000009.html.

8 James Gillies und Robert Caillau, How the Web Was Born: The Story of the World Wide Web (Oxford: Oxford University Press, 2000), S. 15.

9 Brucker und Watson, The Longest Cave, S. 171.

10 Crowther et al., The Grand Kentucky Junction, S. 10.

11 Ebenda, S. 19f.

12 Ebenda, S. 20.

13 Brucker und Watson, The Longest Cave, S. xvii.

14 Brucker, »Mapping of Mammoth Cave«.

15 Joseph P. Freeman, Cave Research Foundation Personnel Manual, 2. Ed. (Cave City, KY: Cave Research Foundation, 1975).

16 Julian Dibbell, »A Marketable Wonder: Spelunking the American Imagination«, Topic Magazine 2, www.webdelsol.com/Topic/articles/02/dibbell.html.

17 Richard Powers, Plowing the Dark (New York: Picador, 2001), S. 307.

18 Jerz, »Somewhere Nearby Is Colossal Cave«.

19 Tracy Kidder, Die Seele einer neuen Maschine (Basel Birkhäuser Verlag, 1982) S. 101.

20 www.legacy.com/obituaries/dispatch/obituary.aspx?n=john-preston-wilcox&pid=145049233.

21 Jerz, »Somewhere Nearby Is Colossal Cave«.

22 WaltBilofsky, »AdventuresinComputing«, Profiles: The Magazine for Kaypro Users 2, Nr. 1 (1984): 25, https://archive.org /stream/PROFILES_Volume_2_Number_1_1984-07_Kaypro_Corp_US /PROFILES_Volume_2_Number_1_1984-07_Kaypro_Corp_US_djvu.txt.

23 Steven Levy, Hackers: Heroes of the Computer Revolution, 25th Anniversary Edition (Sebastopol, CA: O'Reilly Media, 2010), S. 113.

24 Jerz, »Somewhere Nearby Is Colossal Cave«.

25 Mary Ann Buckles, »Interactive Fiction: The Computer Storygame ›Adventure‹ (PhD thesis, University of California, San Diego, 1985).

26 Espen J. Aarseth, Cybertext: Perspectives on Ergodic Literature (Baltimore, MD: Johns Hopkins University Press, 1997), S. 108.

27 Thomas J. Misa, »Gender Codes: Defining the Problem«, in Gender Codes: Why Women Are Leaving Computing, Hg. Thomas J. Misa (Hoboken: Wiley-IEEE Computer Society Press, 2010), S. 3.

28 »Bytes for Bites: The Kitchen Computer«, Computer History Museum, www.computerhistory.org/revolution/minicomputers/11/362.

29 Jesse Adams Stein, »Domesticity, Gender, and the 1977 Apple II Personal Computer«, Design and Culture 3, Nr. 2 (2011): S. 193–216.

Kapitel sieben: Resource One

1 Charles Raisch, »Pueblo in the City: Computer Freaks, Architects and Visionaries Turn a Vacant San Francisco Candy Factory into a Technological Commune«, Mother Jones, Mai 1976, accessed 5. Februar 2017, https://books.google.com/books?id=aOYDAAAAMBAJ&lpg=PA27&dq=mother%20jones%20pueblo%20in%20the%20city%20charles%20raisch&pg=PA28#v=onepage&q&f=true.

2 Lee Felsenstein, Interview mit der Autorin, 7. März 2017.

3 Pamela Hardt-English, Interview mit der Autorin, 6. Februar 2017.

4 Optic Nerve, »Project One«, 1972, Pacific Film Archive Film and Video Collection, https://archive.org/details/cbpf_000052.

5 Hardt-English, Interview mit der Autorin, 6. Februar 2017.

6 Ebenda.

7 Stewart Brand, »SPACEWAR: Fanatic Life and Symbolic Death Among the Computer Bums«, Rolling Stone, 7. Dezember 1972.

8 Felsenstein, Interview mit der Autorin, 7. März 2017.

9 Jane R. Speiser, Roadmap of the Promised Land (Turin: Edizioni Angolo Manzoni, 2006), S. 45.

10 Hardt-English, Interview mit der Autorin, 6. Februar 2017.

11 Stewart Brand, II Cybernetic Frontiers (New York: Random House, 1974), S. 49f.

12 Ebenda, S. 50.

13 Lee Felsenstein, »Community Memory: The First Public-Access Social Media System«, in Social Media Archaeology and Poetics, Hg. Judy Malloy (Cambridge, MA: MIT Press, 2016), S. 91.

14 Ebenda, S. 89.

15 Levy, Hackers, S. 128.

16 Hardt-English, Interview mit der Autorin, 20. Februar 2017.

17 Felsenstein, E-Mail an die Autorin, 9. April 2017.

18 Sherry Reson, Interview mit der Autorin, 20. Februar 2017.

19 Chris Macie, Interview mit der Autorin, 20. Februar 2017.

20 Reson, Interview mit der Autorin, 20. Februar 2017.

21 Joan Lefkowitz, Interview mit der Autorin, 6. März 2017.

22 Ebenda.

23 Reson, Interview mit der Autorin, 20. Februar 2017.

Kapitel Acht: Networks

1 Janet Abbate, Inventing the Internet (Cambridge, MA: MIT Press, 1999), S. 1.

2 Elizabeth »Jake« Feinler, »Oral History of Elizabeth (Jake) Feinler: Interviewed by Marc Weber«, 10. September 2009, Computer History Museum, 4, www.computerhistory.org/collections/oralhistories.

3 Elizabeth Jocelyn Feinler, »Interview von Janet Abbate«, IEEE History Center, 8. Juli 2002, http://ethw.org/Oral-History: Elizabeth_%22Jake%22_Feinler.

4 Ebenda.

5 Elizabeth »Jake« Feinler, Interview mit der Autorin, 1. September 2017.

6 Leonard Kleinrock, »An Early History of the Internet [History of Communications]«, IEEE Communications Magazine 48, Nr. 8 (August 2010).

7 Feinler, Interview mit der Autorin, 1. September 2017.

8 Ebenda.

9 Ebenda.

10 Garth O. Bruen, WHOIS Running the Internet: Protocol, Policy, and Privacy (Hoboken, NJ: Wiley, 2016), S. 27.

11 Elizabeth Feinler, »Host Tables, Top-Level Domain Names, and the Origin of Dot Com«, IEEE Annals of the History of Computing 33, Nr. 3 (März 2011), http://ieeexplore.ieee.org/stamp/stamp.jsp?arnumber=5986499.

12 Feinler, Interview mit der Autorin, 1. September 2017.

13 Ebenda.

14 Elizabeth »Jake« Feinler, Interview von Marc Weber, S. 14.

15 Ebenda.

16 Feinler, Interview mit der Autorin, 1. September 2017.

17 Ebenda.

18 Ebenda.

19 Ebenda.

20 Ebenda.

21 Feinler, Interview von Weber, S. 9.

22 Feinler, Interview mit der Autorin, 1. September 2017.

23 Internet Society, »Elizabeth Feinler—INTERNET HALL OF FAME PIONEER«, 4:40, gefilmt 23. April 2012, gepostet bei YouTube 8. Mai 2012, https://youtu.be/idb-7Z3qk_o.

24 Mary K. Stahl, Interview mit der Autorin, 7. September 2017.

25 Feinler, Interview mit der Autorin, 1. September 2017.

26 Feinler, Interview von Weber, S. 19.

27 Ebenda, S. 26.

28 Bruen, WHOIS Running the Internet, S. 7.

29 Stahl, Interview mit der Autorin, 7. September 2017.

30 Feinler, »Host Tables«.

31 Ebenda.

32 Stahl, Interview mit der Autorin, 7. September 2017.

33 Feinler, Interview mit der Autorin, 1. September 2017.

34 Ebenda.

35 Rebecca J. Rosen, »Radia Perlman: Don't Call Me the Mother of the Internet«, The Atlantic, 3. März 2014, www.theatlantic.com/technology/archive/2014/03/radia-perlman-dont-call-me -the-mother-of-the-internet/284146.

36 Feinler, Interview von Marc Weber, S. 28.

37 Radia Perlman, Interview mit der Autorin, 22. Juni 2017.

38 Ebenda.

39 Ebenda.

40 Ebenda.

41 Ebenda.

42 Ebenda.

43 Ebenda.

44 Ebenda.

45 Imagining the Internet, »Internet Hall of Fame 2014: Radia Perlman«, 16:48, gefilmt 7. April 2014, gepostet auf YouTube 15. April 2014, https://youtu.be/G3zJuMht5Kk.

46 Perlman, Interview mit der Autorin, 22. Juni 2017.

47 Ebenda.

48 Imagining the Internet, »Internet Hall of Fame 2014: Radia Perlman«, 16:48, gefilmt 7. April 2014, gepostet auf YouTube 15. April 2014, https://youtu.be/G3zJuMht5Kk.

49 Perlman, Interview mit der Autorin, 22. Juni 2017.

50 Radia Perlman, Interconnections: Bridges, Routers, Switches, and Internetworking Protocols (Boston: Addison-Wesley, 2000), S. 58.

51 Perlman, Interview mit der Autorin, 22. Juni 2017.

Kapitel Neun: Communities

1 Reyner Banham, The Architecture of Four Ecologies (Berkeley: University of California Press, 2009), S. 5.

2 Abbate, Inventing the Internet, S. 2.

3 Madeline Gonzales Allen, »Community Networking, an Evolution«, in Social Media Archaeology and Poetics, S. 291.

4 Jason Scott, BBS: The Documentary, https://archive.org/details/BBS.The.Documentary.

5 »First Memories: Aliza Sherman«, Women's Internet History Project, zuletzt verändert am 26. März 2015, http://womensinternethistory.org/2015/03/first-memories-aliza-sherman.

6 Stewart Brand, Whole Earth Software Catalog (New York: Quantum Press/Doubleday, 1984), S. 4.

7 Nancy Rhine, Interview mit der Autorin, 8. Februar 2017.

8 Naomi Pearce, Interview mit der Autorin, 16. Februar 2017.

9 Cliff Figalo, »The WELL: A Regionally Based On-Line Community on the Internet«, in Public Access to the Internet, Hgg. Brian Kahin und James Keller (Cambridge, MA: MIT Press, 1995), S. 55.

10 Rhine, Interview mit der Autorin, 8. Februar 2017.

11 Encyclopedia of New Media, Hg. Steve Jones (Thousand Oaks, CA: Sage Reference Publications, 2003), S. 481.

12 Horn, Cyberville, S. 72.

13 Stacy Horn, Interview mit der Autorin, 26. Mai 2016.

14 Ebenda.

15 Ebenda.

16 Horn, Cyberville, S. 44.

17 Horn, Interview mit der Autorin, 26. Mai 2016.

18 Horn, Cyberville, S. 44.

19 Horn, Interview mit der Autorin, 26. Mai 2016.

20 Ebenda.

21 Casey Kait und Stephen Weiss, Digital Hustlers: Living Large and Falling Hard in Silicon Alley (New York: HarperCollins, 2001), S. 56.

22 Marisa Bowe, Interview mit der Autorin, 26. Juli 2016.

23 Horn, Cyberville, S. 147.

24 Marisa Bowe, »Net Living: The East Coast Hang Out«, Wired, 1. März 1993, www.wired.com/1993/03/net-living -the-east-coast-hang-out.

25 Horn, Cyberville, S. 76.

26 Stacy Horn, »Echo«, in Social Media Archaeology and Poetics, S. 246.

27 Horn, Interview mit der Autorin, 26. Mai 2016.

28 Ebenda.

29 Aliza Sherman, Interview mit der Autorin, 2. Juni 2016.

30 Horn, Cyberville, S. 92.

31 Horn, Interview mit der Autorin, 26. Mai 2016.

32 Horn, Cyberville, S. 246.

33 Ebenda, S. 87.

34 »First Memories: Aliza Sherman«.

35 Pavel Curtis, »Mudding: Social Phenomena in Text-Based Virtual Realities," https://w2.eff.org/Net_culture/MOO_MUD_IRC/curtis_mudding.article.

36 Allucquére Rosanne Stone, »Will the Real Body Please Stand Up?: Boundary Stories About Virtual Cultures«, in Cyberspace: First Steps, Hg. Michael Benedikt (Cambridge, MA: MIT Press, 1992), S. 84.

37 Horn, Interview mit der Autorin, 26. Mai 2016.

38 Horn, Cyberville, S. 87.

39 Ebenda, S. 102.

40 Stacy Horn, E-Mail an die Autorin, 26. Februar 2016.

41 Horn, Interview mit der Autorin, 26. Mai 2016.

42 Ebenda.

43 Echo NYC About Page, Dezember 1998, https://web.archive.org/web/19990508065020/http://www.echonyc.com/about.

44 Jason Cherkovas, »New York's New Media Ground Zero«, in Silicon Alley: The Rise and Fall of a New Media District, Hg. Michael Indergaard (New York: Routledge, 2004), S. 32.

45 Howard Mittelmark, Interview mit der Autorin, 21. Juli 2016.

46 Horn, Cyberville, S. 113.

47 Mittelmark, Interview mit der Autorin, 21. Juli 2016.

48 Bowe, Interview mit der Autorin, 26. Juli 2016.

49 Ebenda.

50 Horn, Cyberville, S. 39.

51 Howard Rheingold, Virtuelle Gemeinschaft: Soziale Beziehungen im Zeitalter des Computers (Bonn, Addison-Wesley 1994), S. 275.

52 Rheingold, Virtuelle Gemeinschaft, S. 56.

53 Adrian Chen, »The Laborers Who Keep Dick Pics and Beheadings Out of Your Facebook Feed«, Wired, 23. Oktober 2014, www.wired.com/2014/10/content-moderation.

54 Horn, Cyberville, S. 96.

55 Mittelmark, Interview mit der Autorin, 21. Juli 2016.

56 Horn, »Echo«, S. 245.

57 Horn, Cyberville, S. 53.

58 Horn, Interview mit der Autorin, 26. Mai 2016.

Kapitel zehn: Hypertext

1 Jay David Bolter, Writing Space: The Computer, Hypertext, and the History of Writing (Hillsdale, NJ: Lawrence Erlbaum Associates, 1991), S. 24.

2 Jorge Luis Borges, Fiktionen (Frankfurt a.M.: Fischer Taschenbuch, 1992), S. 88.

3 Dame Wendy Hall, Interview mit der Autorin, 18. Januar 2017.

4 Richard FitzNeal (Richard Fitz Nigel), Dialogus de Scaccario, the Course of the Exchequer, and Constitutio Domus Regis, the King's Household, Hg. und Übers. Charles Johnson (Oxford: Oxford University Press, 1983), S. 64.

5 Hall, Interview mit der Autorin, 18. Januar 2017.

6 »1986: A Child's View of the Future«, Domesday Reloaded, BBC, www.bbc.co.uk/history/domesday/dblock/GB-424000-534000/page/16.

7 Hall, Interview mit der Autorin, 18. Januar 2017.

8 Web Science Trust, »Professor Wendy Hall: Making Links«, 50:28, gefilmt 14. Juli 1997, gepostet auf YouTube 12. März 2017, https://youtu.be/cFa3e-VkgMk.

9 Wendy Hall, interviewed by Jim Al-Khalili, 8. Oktober 2013, The Life Scientific, BBC Radio 4.

10 Hall, Interview mit der Autorin, 18. Januar 2017.

11 Ebenda.

12 »1979: IRA Bomb Kills Lord Mountbatten«, On This Day August 27, BBC, http://news.bbc.co.uk/onthisday/hi/dates/stories/august/27 /newsid_2511000/2511545.stm.

13 »1986: Punks in Romsey«, Domesday Reloaded, BBC, www.bbc.co.uk/history/domesday/dblock/GB-432000-120000/page/4.

14 Web Science Trust, »Professor Wendy Hall: Making Links«, 50:28, gefilmt 14. Juli 1997, gepostet auf YouTube 12. März 2017, https://youtu.be/cFa3e-VkgMk.

15 Hall, Interview mit der Autorin, 18. Januar 2017.

16 W. Hall und D. Simmons, »An Open Model for Hypermedia and Its Application to Geographical Information Systems«, Proceedings of Eurographics '92, Cambridge, UK.

17 Nicole Yankelovich, Interview mit der Autorin, 9. Januar 2017.

18 Cathy Marshall, Interview mit der Autorin, 11. Januar 2017.

19 Cathy Marshall, »The Freshman: Confessions of a CalTech Beaver«, in No Middle Initial, 25. Februar 2011, http://ccmarshall.blogspot.com.

20 Cathy Marshall, Interview mit der Autorin, 19. Dezember 2016.

21 Ebenda.

22 Eins von diesen Kordsamtteilen in unverkennbarem 70er-Jahre-Ocker, ist im Computer History Museum ausgestellt, zusammen mit einem Video der Softwareingenieurin Adele Goldberg, die darüber spricht, wie schwierig es war, während der Schwangerschaft auf

diesen Sitzsäcken zu sitzen. »Wenn man einmal darin versunken war«, erklärt sie, »kam man kaum mehr hoch.« Das heißt, es gab nicht sehr viele Frauen bei Xerox PARC. Aber diejenigen, die dabei waren, haben Außergewöhnliches geleistet. www.computerhistory.org/revolution/input-output/14/348/2300.

23 Marshall, Interview mit der Autorin, 19. Dezember 2016.

24 Cathy Marshall und Judy Malloy, »Closure Was Never a Goal of This Piece«, in Wired Women: Gender and New Realities in Cyberspace, Hg. Lynn Cherny und Elizabeth Reba Weise (Seattle: Seal Press, 1996), S. 64f.

25 Marshall, Interview mit der Autorin, 11. Januar 2017.

26 Rob Swigart, »A Writer's Desktop«, in The Art of Human-Computer Interface Design, eds. Brenda Laurel (Boston: Addison-Wesley, 1990), S. 140.

27 Randall H. Trigg und Peggy M. Irish, »Hypertext Habitats: Experiences of Writers in NoteCards«, HYPERTEXT '87, Proceedings of the ACM Conference on Hypertext, S. 89–108.

28 Esther Dyson, Release 1.0, 25. November 1987.

29 Hall, Interview mit der Autorin, 18. Januar 2017.

30 Marshall, Interview mit der Autorin, 11. Januar 2017.

31 Ebenda.

32 Trigg und Irish, »Hypertext Habitats«, S. 89–108.

33 Catherine C. Marshall, Frank M. Shipman III, James H. Coombs, »VIKI: Spatial Hypertext Supporting Emergent Structure«, ECHT '94, Proceedings of the 1994 ACM European Conference on Hypermedia technology, S. 13–23.

34 Alison Kidd, »The Marks Are on the Knowledge Worker«, CHI '94, Proceedings of the SIGCHI Conference on Human Factors in Computing Systems, S. 186–191.

35 »List of Demonstrators: Hypertext '91«, World Wide Web Consortium, www.w3.org/Conferences/HT91/Denoers.html.

36 Marshall, Interview mit der Autorin, 19. Dezember 2016.

37 Hall, Interview mit der Autorin, 18. Januar 2017.

38 Marshall, Interview mit der Autorin, 19. Dezember 2016.

39 Lynda Hardman, »Hypertext '91 Trip Report«, ACM SIGCHI Bulletin 24, Nr. 3 (1. Juli 1992).

40 Frank M. Shipman III, Catherine C. Marshall, und Mark LeMere, »Beyond Location: Hypertext Workspaces and Non-Linear Views«, in Proceedings of ACM Hypertext '99, Darmstadt, Deutschland, S. 121–130.

41 Wendy Hall, »Back to the Future with Hypertext: A Tale of Two or Three Conferences«, in Proceedings of ACM 18th Conference on Hypertext and Hypermedia 2007, Manchester, UK, S. 179f.

42 Jason Hennessey und Steven Xijin, »A cross disciplinary study of link decay and the effectiveness of mitigation techniques«, BMC Bioinformatics201314 (Suppl. 14): S5. http://bmcbioinformatics.biomedcentral.com/articles/10.1186/1471-2105-14-S14-S5.

43 Dame Wendy Hall, Interview mit der Autorin, 1. März 2017.

44 Ebenda.

45 Les Carr, Wendy Hall, Hugh Davis, und Rupert Hollom, »The Microcosm Link Service and Its Application to the World Wide Web«, in Proceedings of the First World-Wide Web Conference, 1994, Genf.

46 Hall, Interview mit der Autorin, 1. März 2017.

47 Carr et al., »The Microcosm Link Service«.

48 Hall, Interview mit der Autorin, 1. März 2017.

49 Web Science Trust, »Professor Wendy Hall: Making Links«.

50 Hall, Interview mit der Autorin, 28. Februar 2017.

51 Ebenda.

Kapitel elf: Miss Outer Boro

1 Janet Abbate, Inventing the Internet, Cambridge, MA: MIT Press 1999, S. 1.

2 Marisa Bowe, Interview mit der Autorin, 26. Juli 2016.

3 David R. Woolley, »Between PLATO and the Social Media Revolution«, Just Think of It, 10. Mai 1983, http://just.thinkofit.com/between-plato-and-the-social-media-revolution/.

4 David R. Woolley, »PLATO: The Emergence of Online Community«, Social Media Archaeology and Poetics, hg. von Judy Malloy, Cambridge, MA: MIT Press 2016, S. 115.

5 Marisa Bowe, »Wednesday September 18, 1974«, Mitarbeiter-Homepages, Word.com, http://web.archive.org/web/19970615070535/http://www.word.com:80/newstaff/mbowe/one/date30b.html.

6 Marisa Bowe, »When I Grow Up«, Vice.com, 30. November 2004, www.vice.com/read/when-I-v11n3.

7 Marisa Bowe, Interview mit der Autorin, 26. Juli 2016.

8 Digital Archaeology, »www.word.com, circa 1995«, 5:18, bei YouTube hochgeladen am 3. Juni 2011, www.youtube.com/watch?v=mxEhqmpymnQ.

9 Marisa Bowe, Interview mit der Autorin, 26. Juli 2016.

10 Ebenda.

11 Ebenda.

12 Stacy Horn, Cyberville: Clicks, Culture, and the Creation of an Online Town, New York: Warner Books 1998, S. 21.

13 Ebenda, S. 78.

14 Casey Kait und Stephen Weiss, Digital Hustlers: Living Large and Falling Hard in Silicon Alley, New York: Regan Books 2001, S. 78.

15 Marisa Bowe, Interview mit der Autorin, 26. Juli 2016.

16 Jaime Levy, Interview mit der Autorin, 6. August 2016.

17 Jaime Levy, »Web Content Producer«, Gig: Americans Talk About Their Jobs, hg. von John Bowe, Marisa Bowe und Sabin Streeter, New York: Three Rivers Press 2000, S. 364.

18 Jaime Levy, Interview mit der Autorin, 6. August 2016.

19 Jaime Levy, »Jaime Levy and Electronic Publishing from Life and Times KCET in 1993«, 5:33, bei YouTube hochgeladen am 29. Juni 2015, https://youtu.be/t5aQCQ7-WYU.

20 Ebenda.

21 Ebenda.

22 Jaime Levy, UX Strategy: How to Devise Innovative Digital Products That People Want, Sebastopol, CA: O'Reilly Media 2015, S. 119-122.

23 Jaime Levy, »Dateline NBC – ›Can You Be a Millionaire? featuring Jaime Levy (2000)‹«, 10:19, bei YouTube hochgeladen am 26. September 2016, https://www.youtube.com/watch?v=v__oMcjFkI0.

24 Austin Bunn, »Upstart Start-ups«, Village Voice, 11. November 1997, https://www.villagevoice.com/1997/11/11/upstart-start-ups/.

25 Kait und Weiss, Digital Hustlers, S. 79.

26 Ebenda.

27 »Designer Dossier: Jaime Levy, Cyberslacker«, Computer Player, Juni 1994, www.eholly-wood.net/presskit/computerplayer/body.htm.

28 Jaime Levy, »Jaime Levy and Electronic Publishing from Life and Times KCET in 1993«, 5:33, bei YouTube hochgeladen am 29. Juni 2015, https://youtu.be/t5aQCQ7-WYU.

29 Jaime Levy, Interview mit der Autorin, Los Angeles, 6. August 2016.

30 »Designer Dossier: Jaime Levy, Cyberslacker«, Computer Player, Juni 1994, www.eholly-wood.net/presskit/computerplayer/body.htm.

31 »IBM's Cyberslacker«, New York, 13. Juni 1994, http://jaimelevy.com/press/newyork2.htm.

32 Jaime Levy, Interview mit der Autorin, 6. August 2016.

33 Ebenda.

34 Andrew Smith, Totally Wired: The Wild Rise and Crazy Fall of the First Dotcom Dream, New York: Simon & Schuster 2012.

35 Kait und Weiss, Digital Hustlers, S. 225ff.

36 We live in Public, Dokumentarfilm, Regie: Ondi Timoner, 2009.

37 Jaime Levy, Interview mit der Autorin, 6. August 2016.

38 Michael Indergaard, Silicon Alley: The Rise and Fall of a New Media District, New York: Routledge 2004, S. 1.

39 Jaime Levy, Interview mit der Autorin, 6. August 2016.

40 Vanessa Grigoriadis, »Silicon Alley 10003«, New York, 6. März 2000, https://nymag.com/nymetro/news/media/internet/2285/.

41 Kait und Weiss, Digital Hustlers, S. 47.

42 Marisa Bowe, Interview mit der Autorin, 26. Juli 2016.

43 Ebenda.

44 Kait und Weiss, Digital Hustlers, S. 78.

45 Marisa Bowe, Interview mit der Autorin, 26. Juli 2016.

46 Marisa Bowe, »Wiring the Fourth Estate: Part One of the FEED Dialog on Web Journalism«, 1996, https://web.archive.org/web/19970225063402/http://www.feedmag.com/96.06dialog/96.06dialog1.html.

47 Marisa Bowe, »Letter from the Editor«, Word.com, Herbst 1995, http://web.archive.org/web/19990912085004/http://www.word.com/info/letter/index.html.

48 Marisa Bowe, Interview mit der Autorin, 26. Juli 2016.

49 »The Thirty Most Powerful Twentysomethings in America: Jaime Levy«, Swing magazine, Januar 1996, http://jaimelevy.com/press/swing.htm.

50 Marisa Bowe, Interview mit der Autorin, 26. Juli 2016.

51 Steve Silberman, »Word Down: The End of an Era«, Wired, 11. März 1998, https://web.archive.org/web/20080425015225/http://www.wired.com/culture/lifestyle/news/1998/03/10829.

52 »So What's a Web Browser, Anyway?«, New York Times, 14. August 1995, http://jaimelevy.com/press/newyorktimes.htm.

53 Michael Kaplan, »Word Up?!«, Digital Creativity, Juni-Juli 1996, S. 37.

54 Kait und Weiss, Digital Hustlers, S. 79.

55 Marisa Bowe, Interview mit der Autorin, 29. August 2016.

56 Ebenda.

57 Jaime Levy, Interview mit der Autorin, 29. August 2016.

58 Jason Calcanis, »Cybersurfer's Silicon Alley«, Paper, März 1996, S. 122.

59 Ebenda.

60 Marisa Bowe, Interview mit der Autorin, 29. August 2016.

61 Indergaard, Silicon Alley, S. 1.

62 Marisa Bowe, Interview mit der Autorin, 26. Juli 2016.

63 Ebenda.

64 Ebenda.

65 Kaplan, »Word Up?!«.

66 Naomi Clark, Interview mit der Autorin, 25. März 2017.

67 Marisa Bowe, Interview mit der Autorin, 26. Juli 2016.

68 »Hit & Run«, Suck.com, 31. Mai 2001, www.suck.com/daily/2001/05/31.

69 Silberman, »Word Down«.

70 Naomi Clark, Interview mit der Autorin, 25. März 2017.

71 Lisa Napoli, »From Oil to Fish to the Internet: Zapata Tries Another Incarnation«, New York Times, 18. Mai 1998.

72 Kaitlin Quistgaard, »On the Edge and Under the Wing«, Wired, 1. September 1998, https://web.archive.org/web/20101107173917/http://www.wired.com/culture/lifestyle/news/1998/09/14682.

73 Silberman, »Word Down«.

74 Jaime Levy, Interview mit der Autorin, 6. August 2016.

75 Levy, »Web Content Producer«, S. 364.

76 Grigoriadis, »Silicon Alley 10003«.

77 Jaime Levy, »CyberSlacker – Episode 7 (Job Hunting Blues)«, 5:41, bei YouTube hochgeladen am 11. Mai 2012, https://www.youtube.com/watch?v=9rjVSRssz04.

78 Jaime Levy, »CyberSlacker, Episode 8 (The Secret Sauce)«, 6:05, bei YouTube hochgeladen am 11. Mai 2012, https://www.youtube.com/watch?v=DbB0xBX9yEE.

79 Indergaard, Silicon Alley, S. 149.

80 Ebenda, S. 139.

81 Levy, »Web Content Producer«, S. 367.

82 Jaime Levy, Interview mit der Autorin, 6. August 2016.

83 Indergaard, Silicon Alley, S. 142.

84 Kait und Weiss, Digital Hustlers, S. 297.

85 Jaime Levy, Interview mit der Autorin, 6. August 2016.

86 Charlie Leduff, »Dot-Com Fever Followed by Bout of Dot-Com Chill; What a Long, Strange Trip: Pseudo.Com to Dot.Nowhere«, New York Times, 27. Oktober 2000, www.nytimes.com/2000/10/27/nyregion/dot-com-fever-followed-bout-dot-com-chill-what-long-strange-trip-pseudocom.html?_r=0.

87 Indergaard, Silicon Alley, S. 150.

88 Ebenda, S. 154.

89 Jaime Levy, Interview mit der Autorin, 6. August 2016.

90 Marisa Bowe, Interview mit der Autorin, 29. August 2016.

91 Jaime Levy, Interview mit der Autorin, 6. August 2016.

92 Ebenda.

93 Indergaard, Silicon Alley, S. 160.

94 Ebenda, S. 159.

95 Jaime Levy, Interview mit der Autorin, 6. August 2016.

96 Marisa Bowe, Interview mit der Autorin, 26. Juli 2016.

97 »Hit & Run«, Suck.com, 31. Mai 2001, www.suck.com/daily/2001/05/31.

Kapitel zwölf: Women.com

1 Nancy Rhine, Interview mit der Autorin, 8. Februar 2017.

2 Women's WIRE, »Women's Information Resource & Exchange brochure« (c. 1993).

3 Mike Langberg, »Women Aim to Build an On-line World That Excludes Boors, Cybermashers«, San Jose Mercury News, 1. Oktober 1993.

4 Ellen Pack, Interview mit der Autorin, 3. März 2017.

5 Connie Koenenn, »Chatting the High-Tech Way, on the Women's Wire«, Los Angeles Times, 24. Februar 1994.

6 Miriam Weisang Misrach, »Only Connect«, Elle, Februar 1994.

7 Leslie Regan Shade, »Gender and the Commodification of Community«, Andrew Feenberg und Darin Barney (Hgg.), Community in the Digital Age: Philosophy and Practice, Lanham, MD: Rowman & Littlefield Publishers 2004, S. 145.

8 Ellen Pack, Interview mit der Autorin, 3. März 2017.

9 Naomi Pearce, Interview mit der Autorin, 16. Februar 2017.

10 Nancy Rhine, Interview mit der Autorin, 8. Februar 2017.

[11] Nancy Rhine, Interview mit der Autorin, 21. Februar 2017.

[12] Nancy Rhine, Interview mit der Autorin, 8. Februar 2017.

[13] Nancy Rhine, Interview mit der Autorin, 21. Februar 2017.

[14] Max Read, »Does Even Mark Zuckerberg Know What Facebook Is?«, New York, 1. Oktober 2017, https://nymag.com/intelligencer/2017/10/does-even-mark-zuckerberg-know-what-facebook-is.html.

[15] Myra M. Hart und Sarah Thorp, »Women.com«, HBS 9 800-216, Boston: Harvard Business School Publishing 2000, S. 4.

[16] Ellen Pack, Interview mit der Autorin, 3. März 2017.

[17] Marleen McDaniel, Interview mit der Autorin, 9. März 2017.

[18] Hart and Thorp, »Women.com«, S. 5.

[19] Ellen Pack, Interview mit der Autorin, 3. März 2017.

[20] Marleen McDaniel, Interview mit der Autorin, 9. März 2017.

[21] Ebenda.

[22] Ebenda.

[23] »Women's Wire Retools Its Goals«, 31. August 1995, SFGate, www.sfgate.com/business/article/Women-s-Wire-retools-its-goals-3132265.php.

[24] Marleen McDaniel, Interview mit der Autorin, 9. März 2017.

[25] David Plotnikoff, »Women's Wire Gives Up Ghost on Halloween«, Salt Lake Tribune, 30. Oktober 1995.

[26] Ebenda.

[27] Janet Rae Dupree, »Women's Wire: Bosnia to Barbie«, York Daily Record, 12. August 1996.

[28] Nancy Rhine, Interview mit der Autorin, 21. Februar 2017.

[29] Gina Garrubbo, Interview mit der Autorin, 24. März 2017.

[30] Ebenda.

[31] Anne Rickert and Anya Sacharow, »It's a Woman's World Wide Web«, Media Metrix and Jupiter Communications, August 2000.

[32] Marleen McDaniel, Interview mit der Autorin, 9. März 2017.

[33] Hart and Thorp, »Women.com«, S. 4.

[34] Janet Rae-Dupree, »Women's Wire Blends Humor, Off-Beat Info Online«, San Jose Mercury News, 5. August, 1996.

[35] Shade, »Gender and the Commodification of Community«, S. 145.

[36] Ellen Pack, Interview mit der Autorin, 3. März 2017.

[37] Hart and Thorp, »Women.com«, S. 4.

[38] Gina Garrubbo, Interview mit der Autorin, 24. März 2017.

[39] Shade, »Gender and the Commodification of Community«, S. 145.

[40] Janelle Brown, »What Happened to the Women's Web?«, Salon, 25. August 2000, https://www.salon.com/2000/08/25/womens_web/.

[41] Marleen McDaniel, Interview mit der Autorin, 9. März 2017.

42 Erik Larson, »Free Money: The Internet IPO That Made Two Women Rich, and a Lot of People Furious«, New Yorker, 11. Oktober 1999.

43 Marleen McDaniel, Interview mit der Autorin, 9. März 2017.

44 Gina Garrubbo, Interview mit der Autorin, 24. März 2017.

45 Laurie Kretchmar, Interview mit der Autorin, 21. März 2017.

46 Janelle Brown, »What Happened to the Women's Web?".

47 Shade, »Gender and the Commodification of Community«, S. 157.

48 Francine Prose, »A Wasteland of One's Own«, New York Times, 13. Februar 2000.

49 http://web.archive.org/web/20001206145600/http://www.fuckedcompany.com:80 .

50 Larson, »Free Money«.

51 Ebenda.

52 Marleen McDaniel, Interview mit der Autorin, 9. März 2017.

53 Myra M. Hart, »Women.com (B)«, HBS 9- 802-109, Boston: Harvard Business School Publishing 2001, S. 1.

54 Larson, »Free Money«.

55 Marleen McDaniel, Interview mit der Autorin, 9. März 2017.

56 Jennifer Rewick, »iVillage.com to Buy Rival Women.com for $30 Million«, Wall Street Journal, 6. Februar 2001.

Kapitel dreizehn: Mädchenspiele

1 Jane Margolis und Allan Fisher, Unlocking the Clubhouse: Women in Computing, Cambridge, MA: MIT Press 2002, S. 4.

2 Sherry Turkle, Life on the Screen: Identity in the Age of the Internet, New York: Touchstone 1995, S. 62 (Deutsche Ausgabe: Leben im Netz: Identität in Zeiten des Internets, übers. von Thorsten Schmidt, Reinbek bei Hamburg 1998).

3 Brenda Laurel, Interview mit der Autorin, 9. August 2016.

4 Ebenda.

5 Brenda Laurel, Utopian Entrepreneur, Cambridge, MA: MIT Press 2001, S. 99.

6 Brenda Laurel, Interview mit der Autorin, 9. August 2016.

7 »An Interview with Brenda Laurel (Purple Moon)«, From Barbie to Mortal Kombat: Gender and Computer Games, hg. von Justine Cassell und Henry Jenkins, Cambridge, MA: MIT Press 1998, S. 119.

8 Brenda Laurel, Interview mit der Autorin, 9. August 2016.

9 Brenda Laurel, Computers as Theatre, 2. Auflage, Boston: Addison-Wesley 2014, S. 60.

10 Brenda Laurel, Interview mit der Autorin, 9. August 2016.

11 Akira Nakamoto, »Video Game Use and the Development of Socio-Cognitive Abilities in Children: Three Surveys of Elementary School Students«, Journal of Applied Social Psychology 24 (1994), S. 21f.

12 Justine Cassell und Henry Jenkins, »Chess for Girls? Feminism and Computer Games«, From Barbie to Mortal Kombat, S. 13.

13 »An Interview with Brenda Laurel (Purple Moon)«, S. 122.

14 Turkle, Life on the Screen, S. 56.

15 Cassell und Jenkins, »Chess for Girls?«, S. 11.

16 Sheri Graner Ray, Gender Inclusive Game Design: Expanding the Market, Hingham, MA: Charles River Media 2004, S. 6.

17 »An Interview with Brenda Laurel (Purple Moon)«, S. 122.

18 Ebenda.

19 Kacie Gaylon, E-Mail an die Autorin vom 1. November 2016.

20 Laurel, Computers as Theatre, S. 172.

21 Brenda Laurel, Interview mit der Autorin, 9. August 2016.

22 Henry Jenkins, »›Complete Freedom of Movement‹: Video Games as Gendered Play Spaces«, From Barbie to Mortal Kombat, S. 285.

23 Thomas J. Misa, »Gender Codes: Defining the Problem«, Gender Codes: Why Women Are Leaving Computing, Hoboken: Wiley-IEEE Computer Society Press 2010, S. 13.

24 »Voices from the Combat Zone: Game Grrlz Talk Back«, zusammengestellt von Henry Jenkins, From Barbie to Mortal Kombat, S. 330.

25 Rebecca Eisenberg, »Girl Games: Adventures in Lip Gloss«, Gamasutra, 12. February 1998, https://www.gamedeveloper.com/design/girl-games-adventures-in-lip-gloss.

26 Brenda Laurel, Interview mit der Autorin, 9. August 2016.

27 Ebenda.

28 Amy Harmon, »With the Best Research and Intentions, a Game Maker Fails«, New York Times, 22. März 1999, https://www.nytimes.com/1999/03/22/business/technology-with-the-best-research-and-intentions-a-game-maker-fails.html.

29 Brenda Laurel, Interview mit der Autorin, 9. August 2016.

30 Laurel, Utopian Entrepreneur, S. 4f.

Epilog: Die Cyberfeministinnen

1 Sadie Plant, Zeroes + Ones: Digital Women and the New Technoculture, London: Fourth Estate 1998, S. 59 (Deutsche Ausgabe: Nullen + Einsen: Digitale Frauen und die Kultur der neuen Technologien, übers. von Gustav Roßler, Berlin 1998).

2 Virginia Barratt, E-Mail an die Autorin vom 1. Dezember 2014.

3 Francesca da Rimini, E-Mail an die Autorin vom 2. Dezember 2014.

4 Scarlet Pollock und Jo Sutton, »Women Click: Feminism and the Internet«, Cyberfeminism: Connectivity, Critique, Creativity, hg. von Susan Hawthorne und Renate Klein, North Melbourne, Australien: Spinifex Press 1999, S. 38.

5 Old Boys' Network, »Old Boys' Network FAQ«, 2000, http://web.archive.org/web/20000424093036/http:/www.obn.org:80/faq.htm.

6 Cornelia Solfrank, »The Truth About Cyberfeminism«, 1998, https://obn.org/obn/reading_room/writings/html/truth.html.

7 Old Boys' Network, »100 Anti-Theses« 1997. https://obn.org/obn/reading_room/manifestos/html/anti.html.

8 Renate Klein, »The Politics of CyberFeminism: If I'm a Cyborg Rather Than a Goddess Will Patriarchy Go Away?«, Hawthorne und Klein (Hgg.), Cyberfeminism, S. 10.

9 Katherine Cross, »Ethics for Cyborgs: On Real Harassment in an ›Unreal‹ Place«, Loading … The Journal of the Canadian Game Studies Association 8 (2014), S. 4-21.

10 Virginia Barratt, E-Mail an die Autorin vom 6. Dezember 2014.

STICHWORTVERZEICHNIS

H

I

J

K

L

M

Z

Haben Sie Interesse an unseren Büchern?

Zum Beispiel als Geschenk für Ihre Kundenbindungsprojekte?

Dann fordern Sie unsere attraktiven Sonderkonditionen an.

Weitere Informationen erhalten Sie bei unserem Vertriebsteam unter **+49 89 651285-252**

oder schreiben Sie uns per E-Mail an:
vertrieb@m-vg.de

REDLINE | VERLAG